Sharon Morris May

Wie man sich streitet, so liebt man

Wie Konflikte Ihre Partnerschaft stärken

BRUNNEN
Verlag Giessen · Basel

Bibelzitate folgen, wenn nicht anders vermerkt, der Übersetzung
„Hoffnung für alle", revidierte Fassung.
Copyright © 1983, 1996, 2002 by Biblica Inc.™.
Verwendet mit freundlicher Genehmigung des Brunnen Verlags.
Alle weiteren Rechte weltweit vorbehalten.

Das Original erschien unter dem Titel
„How To Argue So Your Spouse will listen"
in Nashville/Tennessee bei Thomas Nelson,
a trademark of Thomas Nelson, Inc.

© 2007 Sharon Morris May, Ph.D.

Aus dem Amerikanischen von Dr. Friedemann Lux

© der deutschsprachigen Ausgabe
2011 Brunnen Verlag Gießen
www.brunnen-verlag.de
Umschlagfoto: Shutterstock
Umschlaggestaltung: Olaf Johannson, spoon design
Satz: Die Feder GmbH, Wetzlar
Herstellung: CPI – Ebner & Spiegel, Ulm
ISBN 978-3-7655-1473-9

Für meinen besten Freund und großartigen Ehemann, Mike.
Danke, dass meine Abenteuer dein Herz stets höherschlagen lassen.
Du machst mein Leben reicher. Ich bin froh, dass wir beide
gemeinsam durchs Leben gehen. Ich liebe dich.

Und für Matt, Vincent, Alan und Mitch. Ich bin stolz darauf,
dass ihr meine Söhne seid.

„Ich bete darum, dass eure Liebe immer reicher und tiefer wird und
dass ihr immer mehr Weisheit und Einsicht erlangt." (Philipper 1,9)

Was Sie erwartet

Über dieses Buch

Ulrich Giesekus
Vom Ehekrach zum konstruktiven Streitgespräch ...

... ist es manchmal ein schwieriger Weg. Sharon Morris May ist dabei eine großartige Lotsin: Sie ist eine erfahrene Therapeutin und eine renommierte Wissenschaftlerin – und kann trotzdem so schreiben, dass die Leser und Leserinnen sich weder auf die Couch noch in den Hörsaal versetzt fühlen. Im Gegenteil: mitten im Leben, sehr alltagsrelevant und persönlich. Die in Südafrika aufgewachsene Wahlkalifornierin ist nah an den Menschen, weil sie einfühlsam, authentisch und aufrichtig schreibt.

Die sogenannte „Emotionsfokussierte Paartherapie" bildet einen Teil der Grundlage: wissenschaftlich hochaktuell auf den psychologischen und hirnphysiologischen Erkenntnissen der Bindungs- und Emotionsforschung gegründet, setzt diese Methode ihren Schwerpunkt auf die Förderung sicherer, geborgener Liebesbeziehungen.

Zu dieser humanwissenschaftlichen Basis bezieht sich die Autorin auch immer wieder auf die Bedeutung des Glaubens für die Vertiefung in der Liebe, und allein diese Verbindung macht das Buch schon lesenswert. Psychologische und theologische Aspekte werden so engagiert, differenziert und auf hohem Niveau beschrieben, ohne dass das Buch je theorielastig oder trocken wird.

Ich werde dieses Buch in meiner paartherapeutischen Praxis gerne einsetzen – und wohl auch in meinem eigenen Streitverhalten in meiner Rolle als Ehepartner.

Dr. Ulrich Giesekus
Psychologe, Coach, Referent und Autor von *Liebe, die gelingt*
www.beratungenplus.de

Gary Smalley
Wie man aus dem Teufelskreis ausbrechen kann

So viele unserer Reaktionen entspringen unguten alten Mustern und so verletzen wir diejenigen, die wir lieben, ohne es zu wollen. Seit Jahren hilft Dr. Sharon Morris May Paaren, sich so zu streiten, dass sie einander näherkommen und sich nicht entfremden. In *Wie man sich streitet, so liebt man* zeigt sie, warum wir uns streiten und wie man aus dem Teufelskreis ausbrechen kann.

Dieses Buch bietet Ihnen viele Aha-Erlebnisse und ganz praktische Hilfen für den Kommunikationsalltag Ihrer Beziehung. Sind Sie verheiratet? Dann brauchen Sie dieses Buch!

Dr. Gary Smalley
Vortragsredner und Autor von *Beziehungen. Was sie schwierig macht. Wie sie gelingen.*

John Ortberg
Streiten oder Verdrängen

Wenn Sie verheiratet sind und sich noch nie gestritten haben, brauchen Sie dieses Buch nicht, sondern eines zum Thema Verdrängung. Allen anderen Paaren kann ich dieses Buch nur wärmstens empfehlen.

John Ortberg
Pastor und Autor, Menlo Park Presbyterian Church

Archibald Hart
Der Segen des gesunden Streitens

Dies ist ohne jeden Zweifel das beste Buch zum Thema „Streiten in der Ehe", das ich je gelesen habe. Die Autorin eröffnet in ihm völlig neue Perspektiven. Wie jene Zeitrafferfilme, die das Sichentfalten einer wunderbaren Blüte zeigen, entfaltet dieses Buch den Segen des gesunden Streitens.

Es betrachtet Dinge, die eine Ehe leicht ruinieren können, aus einem neuen, positiven Blickwinkel und bietet Strategien und Techniken an, die jedes Paar sich zu eigen machen kann.

Dieses Buch bietet, wie kein anderes, das ich je gelesen habe, selbst den schwierigsten Ehen Hoffnung.

Dr. Archibald Hart
Archibald Hart, renommierter Psychologe und Hirnforscher, ist Berater, Seelsorger und Vorsitzender des INCC (Internationales Netzwerk für Christliche Beratung). Der Professor für Psychologie amtiert als Ehrendekan der Graduiertenfakultät für Psychologie am Fuller Theological Seminary in Pasadena und ist Autor von *Wer zu viel hat, kommt zu kurz. Zum Wesentlichen finden. Das Leben genießen.*

**Was dieses Buch will
und wie es dazu gekommen ist**

Ich freue mich, dass Sie dieses Buch in den Händen halten. Ich hoffe, dass ich Sie auf den folgenden Seiten in eine neue, fruchtbare Streitkultur in Ihrer Ehe einführen kann. Die Art, wie Eheleute sich streiten, hat tiefe Auswirkungen auf ihre Beziehung, und das Paar, dem es gelingt, seine Streitkultur zu verändern, wird seine ganze Ehe ändern; aus dem täglichen Frust können tägliche Freude und Geborgenheit werden. Schöpfen Sie Hoffnung! Es ist möglich, sich so zu streiten, dass Sie und Ihr Partner einander hören, verstehen und schätzen. Aber bevor ich Ihnen zeige, wie das geht, möchte ich Ihnen etwas darüber sagen, wie es zu diesem Buch gekommen ist und wie ich das Verwandlungspotenzial der Prinzipien und Regeln, die Sie in den folgenden Kapiteln kennenlernen werden, entdeckt habe.

Dieses Buch basiert auf meiner Arbeit in den „Haven of Safety"-Eheseminaren und -konferenzen, in denen wir versuchen, Paaren zu helfen, die Art, wie sie sich streiten, zu verstehen und zu verändern, um so eine tiefe, herzliche Verbundenheit zu entwickeln.

Paare aus ganz Amerika, die Wachstum und Heilung für ihre Ehe suchen, kommen auf zwei bis vier Tage zu unseren Eheseminaren, und ich habe inzwischen einen Ruf als „Streitexpertin" bekommen – nicht weil mein Mann und ich uns oft bekriegen würden, sondern weil ich täglich in der Beratung mit Paaren zu tun habe, die in der Streitfalle stecken. Auf unseren Seminaren und Konferenzen haben schon Tausende von Ehemännern und -frauen die eheverändernden Konzepte kennengelernt, die Sie in diesem Buch finden werden.

Die „Haven of Safety"-Eheseminare und -konferenzen schöpfen aus zahlreichen Quellen. Um zu verstehen, *warum* wir in unseren Beziehungen Liebe und Schmerz erleben, benutze ich die Bindungstheorie, die Neurobiologie der Beziehungen und christliche Prinzipien. Um zu verstehen, *wie* Paare sich streiten, stütze ich mich auf Forschungen des Psychologen John Gottman und anderer großer Analytiker der Ehe. Ich berücksichtige ferner Grundsätze der Emotionally Focused Therapy (EFT), um zu verstehen, wie man Streit *„entwirren"* und die durch das Streiten entstandenen Wunden heilen kann.[1]

Untersuchungen haben eine hohe Wirksamkeit der EFT in der Arbeit mit Paaren belegt. Während die traditionelle Eheberatung nur 35 bis 50 Prozent der Paare hilft, hat die EFT eine Erfolgsquote von 70 bis 75 Prozent bei der Veränderung der Streitkultur und beim Aufbau und der Pflege einer *tiefen, herzlichen Verbindung.*[2] Die Veränderungen gehen ferner nicht, wie bei anderen Formen der Paartherapie meist üblich, nach ein paar Monaten wieder zurück. Noch vier Jahre nach der EFT-Therapie berichten die behandelten Paare über anhaltende Veränderungen, und 90 Prozent der EFT-Paare berichten über *signifikante* Veränderungen.

Vor allem aber wende ich in meiner Arbeit christliche Lebens- und Beziehungsgrundsätze an. Mein Leben und meine Arbeit sind daneben durch meine persönliche Beziehung zu Jesus Christus geprägt. Wenn ich einem Paar gegenübersitze, weiß ich darum, dass Gott für Ehemänner und -frauen grundsätzlich und durch mich als ihre Beraterin etwas Gutes im Sinn hat. Das „Haven of Safety"-Beziehungsmodell basiert nicht nur auf klinischer Arbeit und seriöser Forschung, es wurzelt fest in der Grundtatsache, dass Gott uns dazu erschaffen hat, in einer Beziehung zu ihm und zu anderen Menschen zu leben. Ich denke, zu diesem Zweck hat Gott uns ein Beziehungssystem mitgegeben, das uns, wenn wir es richtig verstehen, genau zeigt, wie wir Beziehungen aufbauen, warum wir einander verletzen und wie wir einander lieben können.

Hunderte von Paaren haben mir ihre Geschichten erzählt, aber die Fallbeispiele und Gespräche in diesem Buch sind keine exakten Wiedergaben einzelner dieser Geschichten, sondern Zusammenfassungen von Geschichten, Themen und Problemen, mit denen ich und auch andere Ehetherapeuten typischerweise in unserer Berufspraxis konfrontiert werden. Wenn Sie eine Geschichte finden, die Sie an Ihre eigene erinnert, dann dürfen Sie wissen, dass Sie nicht allein sind.

Ich hoffe, dass dieses Buch Ihnen helfen wird, Ihr Streiten als Paar neu und besser zu verstehen und so weiterzukommen in Ihrem Projekt, Ihre Ehe zu einem sicheren Hafen der Geborgenheit zu machen. Sie dürfen mich gerne kontaktieren, um mir mitzuteilen, wie dieses Buch Ihnen zu einer neuen, positiven Kultur des Streitens und Zuhörens verholfen hat.

Den vielen Personen in meinem Leben, die mir Lehrer und Mutmacher gewesen sind, möchte ich hiermit danken. Ich danke sehr Debbie Wickwire vom Verlag Thomas Nelson, die an dieses Projekt glaubte. Ich danke meiner Lektorin Laura Kendall, die geholfen hat, dieses Buch lesbarer zu machen. Meiner Schwester Sylvia Hart Frejd danke ich dafür, dass sie mich in meinen Träumen ermutigt hat. Und schließlich hätte ich dieses Buch nicht schreiben können ohne die Weisheit, Ermutigung und schier unglaublichen redaktionellen Hilfen meiner Schwester Dr. Catharine Hart Weber. Danke, Schwestern; gemeinsam sind wir stärker.

Sharon Morris May

„Ich bitte Gott, dass ... Christus durch den Glauben in euch lebt. In seiner Liebe sollt ihr fest verwurzelt sein; auf sie sollt ihr bauen." (Epheser 3,16-17)

Teil 1 **Warum wir so lieben,
wie wir lieben und so streiten,
wie wir streiten**

Kapitel 1   Streiten Sie sich auch manchmal?

Die Macht der Ehekriege

Wir hatten uns die ganze Woche gestritten. Wir hatten beide wacker versucht, dem anderen zu zeigen, wie wir die Sache sahen und wie wir uns fühlten. Ich fühlte mich kritisiert. Mein Mann fühlte sich zu Unrecht beschuldigt. Wir beide verteidigten uns. Jeder von uns war so mit seiner eigenen Perspektive beschäftigt, dass er keinen Blick für die des anderen hatte. Ich war sicher, dass ich recht hatte; mein Mann auch. Wir waren so damit beschäftigt, die Fehler des anderen aufzuzählen, dass wir nicht mehr imstande waren zu hören, was er denn überhaupt sagen wollte. Stundenlang saßen wir im Schmollwinkel und sagten gar nichts mehr. Unser Gefühl war: *Mein Mann/ meine Frau liebt mich nicht, ich bin ihm/ihr egal …*

Unsere Ehe war noch jung. Als wir draußen auf der Terrasse saßen, ganz erschöpft vom hundertundersten Versuch, zu einer Lösung unseres Zwistes zu kommen, fiel mir auf einmal auf, wie schön Mike aussah. Ich merkte, wie meine Wut verflog und ich stattdessen das Bedürfnis verspürte, mich an ihn zu kuscheln. War die Sache, wegen der wir uns da so stritten, denn wirklich so wichtig? War es nicht doch möglich, zu einer Einigung zu kommen? Und Mike, der mein Auftauen spürte, wurde selber weicher und zog mich behutsam an sich.

„Weißt du, Sharon", flüsterte er mit seiner tiefen Stimme, die heute noch mein Herz schmelzen lässt, egal wie ärgerlich ich auf ihn bin, „wir sind doch keine Feinde. Ich weiß, dass wir bei ein paar Dingen verschiedener Meinung sind, aber ich liebe dich wirklich, du bist mir wertvoll. Es muss doch eine Möglichkeit geben, miteinander zu reden, ohne dass wir uns so wehtun dabei."

Bei seinen Worten fühlte ich einen Kloß in der Kehle. Er hatte recht.

Wir stritten uns auf eine destruktive Art, die dabei war, das Band zwischen uns beiden langsam, aber sicher anzufressen und zu zerstören. Wie alle Paare, sehnten Mike und ich uns danach, von dem Partner gehört, verstanden und wertgeschätzt zu werden. Aber die Art, wie wir unsere Differenzen austrugen, war Gift für das emotionale Band zwischen uns. Wir mussten es lernen, uns so zu streiten, dass der andere zuhören kann – und selbst so zuzuhören, dass der andere sich verstanden fühlt.

Die Streitfalle

Es ist kein Kunststück, in die Streitfalle zu laufen. Wenn ein Paar sich streitet, sieht jeder der beiden nur *seine* Argumente, *seine* Bedürfnisse, *seine* Wunden. Da klagt die Frau dem Mann, wie schwierig ihr Tag war, und anstatt ihr einfach zuzuhören, kommt er gleich mit einem technischen Lösungsvorschlag. Wenn sie sich dann mit einem frustrierten „Ach lass, du bist in Gedanken doch nur bei *deinen* Sachen" in ihr Schneckenhaus zurückzieht, fühlt er sich hilflos; wird es ihm je gelingen, es dieser Frau recht zu machen?

Da wollen wir, dass uns der Partner zuhört – und kritisieren, verteilen Schuldzuweisungen und verteidigen uns, mit dem Ergebnis, dass wir in einem endlosen Karussell landen, das zu nichts führt: Versuchen wir dann uns hinzusetzen, um vernünftig über das Problem zu reden, streiten wir uns alsbald darüber, was das Problem denn ist. Jeder Versuch, zu klären, *wer* eigentlich *was* gesagt hat, führt nur zu noch mehr Streit. Wir fühlen uns verletzt; er/sie versteht mich einfach nicht …

Paare lernen es rasch, bestimmte Themen zu „Gefahrenzonen" zu erklären, die man besser meidet, damit nicht der nächste Streit losbricht. Da versteckt die Frau den Kontoauszug der Kreditkarte, um die unvermeidliche Strafpredigt ihres Ehemannes (oder das, was sie dafür hält) aufzuschieben. Oder der Mann spielt bewusst die Attraktivität der neuen Sekretärin herunter, damit seine Frau nicht argwöhnisch reagiert. Das kann so weit gehen, dass das Paar den Eindruck bekommt, dass bei bestimmten Themen ein Gespräch kaum möglich ist. Man verletzt sich immer häufiger, bis man anfängt, sich ernsthaft zu fragen, ob man nicht den Falschen geheiratet hat. „Wenn wir die Richtigen füreinander sind, warum streiten wir uns dann so viel?" Oder: „Warum ist es solch eine Schwerarbeit, miteinander auszukommen?"

Tatsache ist, dass die meisten Paare einander wirklich lieben, gerne zusammen sind und den ehrlichen Wunsch haben, sich gegenseitig zu unterstützen und entspannt miteinander zu leben.

Als Paarberaterin, Psychologin und Ehefrau habe ich gelernt, dass unter der Oberfläche jedes Streits letztlich die Sehnsucht, gehört, verstanden und geliebt zu werden, liegt. Aber viele Paare sind in dem Teufelskreis des Streitens gefangen. Die Art, wie sie sich streiten, hält sie in diesem Teufelskreis fest und verhindert es, dass sie anfangen, einander wirklich anzuhören und zu verstehen. Die meisten Paare wissen nicht, auf welche Weise sie sich streiten, warum sie sich streiten, was sie alles in den Streit hineinbringen und wie es zu dem Teufelskreis kommt. Die meisten merken nur, dass sie streiten, worüber sie sich streiten und wie verletzt sie sich fühlen, wenn es ihnen nicht gelingt, den Partner zu ändern oder auch nur zum Zuhören zu gewinnen. Ein Paar, das lernt, sich auf gute Weise zu streiten, wird erleben, wie sich die Beziehung, wie sich die Ehe zum Guten verändert.

Ich schreibe dieses Buch, weil jeder Mann, jede Frau den tiefen Wunsch hat, sich so mit dem Partner streiten zu können, dass dieser zuhört, versteht und auch aufmerksam und mitfühlend reagiert.

„Wir sind so verschieden"

Alle Paare streiten sich. Das Streiten an sich bedeutet noch keine Gefahr für eine Partnerschaft. Was gefährlich werden kann, ist *die Art, wie das Paar sich streitet*. Eine falsche Streitkultur kann das Band, das die Herzen der beiden verbindet, verletzen, ja zerstören.

Die Worte, die Paulus an die Christen in Galatien geschrieben hat, könnten genauso gut an viele Ehepaare heute gerichtet sein:

„Denn wer dieses eine Gebot befolgt: ‚Liebe deinen Mitmenschen wie dich selbst!', der hat das ganze Gesetz erfüllt. Wenn ihr aber wie die Wölfe übereinander herfallt, dann passt nur auf, dass ihr euch dabei nicht gegenseitig fresst!" (Galater 5,14-15).

Das Paar, das sich findet und heiratet, hat den Wunsch, miteinander alt zu werden. Aber sein Leben mit einem anderen Menschen teilen kann nicht nur schön und erfüllend sein, sondern auch kompliziert und schwierig. Die Ehe ist eine Lebensreise zweier Menschen, die gemeinsam Sinn und Erfüllung suchen –, aber die Scheidungsraten bleiben stabil oder steigen. Im Jahr 2008 ist z. B. in Deutschland die Zahl der Ehescheidungen um 3 % gegenüber dem Vorjahr angestiegen. Wie das Statistische Bundesamt (Destatis) mitteilt, wurden 2008 in Deutschland etwa 191.900 Ehen geschieden; 2007 waren rund 187.100 Ehescheidungen registriert worden. Die durchschnittliche Ehedauer bei einer Scheidung lag bei 14,1 Jahren. Damit wurden 2008 von 1000 bestehenden Ehen 11 geschieden. Das kann uns einen Eindruck davon geben, wie schwierig diese Reise sein kann. Da braucht es offensichtlich mehr als Liebe und dass man sich zueinander hingezogen fühlt! Damit die Ehe wirklich funktioniert, muss das Paar es lernen, wie man sich richtig streitet! *Wie Sie und Ihr Ehepartner sich streiten und wie Sie dabei miteinander umgehen*, hat einen tiefen Einfluss auf alle Aspekte Ihrer Ehe und Ihres Lebens.

Ein Streit zwischen Eheleuten kann mehr ruinieren als nur einen Abend oder ein Wochenende. Wenn das umstrittene Thema ungelöst bleibt, ist die Folge ein permanenter Stresszustand, der das ganze Leben beeinträchtigt. Die Art, wie Sie sich streiten, hat freilich nicht nur Konsequenzen für Ihr Eheglück, sondern zum Beispiel auch für Ihren Schlaf, die Stimmung, in der Sie am Morgen aufwachen, Ihre Laune am Arbeitsplatz, Ihre Haltung gegenüber Ihren Kindern, Ihren Kräftehaushalt am Ende des Tages, die Zukunftsträume, die Sie als Paar haben und die ganze Art, wie Sie das Leben sehen. Chronische Konflikte in der Ehe können Ihr ganzes Leben ruinieren.

Die meisten Paare sagen: „Wir streiten uns, weil wir so verschieden sind. Wir sind einfach zu verschieden, um unter einem Dach zusammenzuleben. Wir dachten, wir seien zwei Puzzleteile, die sich perfekt ergänzen, aber inzwischen wissen wir, dass wir jeder zu einem ganz anderen Puzzle gehören!"

Dass Sie und Ihr Ehepartner verschieden sind und dass es zu Konflikten kommt, wenn diese Unterschiede sichtbar werden, ist an und für sich nicht schädlich für Ihre Ehe. Das Wichtige sind nicht Ihre Unterschiede, sondern die Art, wie Sie mit ihnen umgehen. Die Paarforscher versichern uns, dass die meisten Probleme in Ihrer Ehe so oder so nicht „gelöst" werden. Über fast 70 Prozent von dem, worüber Sie und Ihr Partner heute unterschiedlicher Meinung sind, werden Sie noch in vier Jahren unterschiedlicher Meinung sein. Das liegt daran, dass die Unterschiede zwischen Partnern auf dem Gebiet ihrer Persönlichkeit und ihres Lebensstils liegen.[3] Was eine Ehe auf die Zerreißprobe stellen und jede Freude aus der Beziehung vertreiben kann, ist die Art, wie manche Partner versuchen, einander dazu zu bringen, ihre unterschiedlichen Perspektiven zu sehen und zu verstehen.

Aber wäre es dann nicht sicherer, das Streiten gleich ganz bleiben zu lassen? Eindeutig nein! Umfragen zeigen, dass Eheleute, die sich in ihrer Freundschafts- und Verlobungszeit oder in den ersten Jahren ihrer Ehe nie streiten, beste Chancen haben, später in eine Scheidung hineinzuschlittern. Die Strategie „Wir streiten uns nie" ist genauso destruktiv wie das (falsche) Streiten.

„Wir gehören zusammen"

Psychologie und Neurologie bestätigen, was die Bibel seit Jahrtausenden sagt: Unsere Beziehungen sind ein zentraler Schlüssel für unser seelisches Wohlergehen. Die Forschung zeigt immer wieder, dass der Schlüssel zu Gesundheit und Glück in unseren Beziehungen (ob dies nun die Beziehung zu Gott ist, zu unseren Kindern, unseren Freunden oder unserem Partner) die Fähigkeit ist, trotz aller Unterschiede, Enttäuschungen, Frustrationen und der daraus folgenden Streitereien einander herzlich und tief verbunden zu bleiben. Streiten ist nicht gefährlich für Ihre Ehe, sich nicht mehr verbunden zu sein, sehr wohl.

Der Schlüssel zu einer fruchtbaren Streitkultur lautet: Bleiben Sie einander verbunden und seien Sie sich bewusst, dass Sie sich verbunden bleiben wollen – wenn Sie gerade am Argumentieren und Streiten sind und auch danach. Bleiben Sie fair. Bleiben Sie einander verbunden. Behalten Sie dieses Ziel der Gemeinsamkeit im Auge.

Ob Sie sich offen streiten, dem Streit ausweichen oder beim lieben Geld, dem Sex oder der Aufteilung der Hausarbeit immer einer Meinung sind – das ist nicht so wichtig wie die Frage, ob es nach einem Streit *grundsätzlich* auf der Gefühlsebene zwischen Ihnen noch stimmt oder nicht.

Warum heiraten Paare? Um eine Verbundenheit zu erleben, die die Seele satt macht. Alle Paare kämpfen um solch eine Verbundenheit. Ehemänner und -frauen sehnen sich so tief nach dieser Art Beziehung, dass sie alles Mögliche unternehmen, um Verbundenheit zu fühlen, und wenn dies – so paradox es klingt – ein erbitterter Ehekrach nach dem anderen ist oder sogar die Scheidung (in der Hoffnung, dass der nächste Partner „es bringen" wird).

Wenn Sie mit Ihrer Frau/Ihrem Mann eine tiefe, herzliche Verbindung entwickeln, wird Ihre Ehe zu einem windgeschützten sicheren Hafen, in dem Sie Hilfe, Ermutigung und Zuspruch erfahren. Untersuchungen haben ergeben, dass einem Paar, das seine Ehe als solch einen sicheren Hafen erfährt, das Leben insgesamt besser gelingt. Solche Menschen kommen besser mit Schwierigkeiten im Leben zurecht, neigen weniger zu Depressionen, sind im Beruf erfolgreicher, werden nach Verletzungen und Operationen schneller wieder gesund, leben länger und sind gesünder. Das Gleiche gilt für Kinder aus Familien, die solche sicheren Häfen sind. Wenn Ihre Ehe stabil ist, schaffen Ihre Kinder die Schule besser, erholen sich schneller von Stress, können besser mit ihren Gefühlen umgehen, werden schneller wieder gesund, sind weniger aggressiv gegenüber Gleichaltrigen, stellen sich schneller auf neue Situationen ein und haben, wenn sie selbst heiraten, ein geringeres Scheidungsrisiko.

Wahrscheinlich haben Sie in den „Blütezeiten" etwas davon gespürt, als zwischen Ihnen und Ihrem Partner tiefe Verbundenheit spürbar war: Das Leben war einfacher, weil Sie wussten, dass Sie jederzeit auf die moralische Unterstützung Ihres Partners zählen konnten, wenn die Arbeit zu Hause oder im Beruf Ihnen über den Kopf zu wachsen drohte. Auch die Kinder schienen pflegeleichter zu sein.

Wenn Sie um die Wunden, Gefühle und „Drachen" (den Ausdruck werde ich noch erklären) wissen, die Ihre Differenzen anheizen, werden Sie den Teufelskreis erkennen, in dem Sie beim Streiten landen, und werden so fähig, aus diesem Teufelskreis auszubrechen und sich einander zuzuwenden. Sie werden sehen, wie Sie mit den Kritisier-, Schuldzuweisungs- und Verteidigungsspielen aufhören können und werden merken, dass Sie ja beide im selben Boot sitzen. Sie lernen zu sagen: „Warte. Ich fühle mich echt frustriert und ich glaube, was ich da gerade gesagt habe, hat sehr kritisch geklungen." Oder Sie lernen die Tür, die Sie gerade zugeknallt hatten, wieder zu öffnen und Ihrem Mann/Ihrer Frau zu sagen: „Ich liebe dich und ich will, dass es dir gut geht. Auch wenn wir gerade nicht einer Meinung sind, möchte ich dich nicht verletzen. Lass uns versuchen, einander zu verstehen, anstatt uns nur Vorwürfe zu machen."

Wenn Sie und Ihr Partner einander auf Dauer herzlich zugeneigt sind, ist die Bindung zwischen Ihnen sicher und fest. Ihre Beziehung wird zu einer Quelle der Kraft und Ermutigung und Sie werden die Stürme des Lebens miteinander bestehen können.

Zu lernen, sich als Paar so zu streiten, dass die tiefe, herzliche Verbundenheit zwischen Ihnen erhalten bleibt, ist einer der Hauptschlüssel zu einer dauerhaften und erfüllenden Ehe. In diesem Buch möchte ich Ihnen und Ihrem Ehepartner helfen, eine Streitkultur zu entwickeln, in der einer auf den anderen hört, seinen Standpunkt versteht und so reagiert, dass diese Verbundenheit keinen Schaden nimmt – egal wie verschieden Sie sind oder wie unterschiedlich Sie eine Sache sehen.

Wenn wir uns lieben, warum streiten wir uns dann?

Sie und Ihr Partner sind verschieden. Das ist bei allen Paaren so. Selbst dann, wenn Sie sich über eine Ehevermittlungsagentur gefunden haben, die strikt darauf achtet, wer zu wem passt, haben Sie mittlerweile entdeckt, dass Sie verschieden sind und durchaus nicht immer einer Meinung. Und oft wächst sich das zu einem Streit aus.

Niemand hat Ihnen oder Ihrem Partner beigebracht, wie man konstruktiv miteinander streitet. Mag sein, dass Sie auf der Schule oder im Studium das Diskutieren geübt haben. Oder auf einem Ehevorbereitungsseminar ein paar Tipps zum besseren Zuhören bekommen haben. Aber es gab in diesem Seminar bestimmt keine Sitzung, in der Sie es gelernt hätten, sich als Paar so zu streiten, dass Ihr Mann/Ihre Frau Ihnen tatsächlich zuhört und Sie versteht.

Und die Partnervermittlung hat Sie vielleicht über Alter, Größe, Haarfarbe, Religion und Hobbys Ihres Partners informiert, aber nicht darüber, was ihn alles ärgert, in Rage bringt und einen Streit auslösen kann – geschweige denn, wie Sie damit umgehen können. Wie die meisten Paare, sind auch Sie völlig unvorbereitet in das „Streitmesser" hineingelaufen. Als Sie heirateten, wussten Sie nicht, über was Sie sich alles streiten und wie Sie in der Hitze des Gefechts auf die Worte Ihres Partners reagieren würden. Diese Dinge haben Sie erst nach und nach auf die harte Weise in den Jahren des Ehealltags entdeckt.

An wen soll ein Paar, das die Kunst des konstruktiven Streitens lernen möchte, sich wenden? Es ist eher unwahrscheinlich, dass die Teilnehmer eines Hausbibelkreises sich darüber auslassen, wie sie sich am vergangenen Abend mit ihrem Partner gestritten haben. Zu lernen, sich so zu streiten, dass man einander wirklich zuhört, ist eine lange und schwierige Reise … und viele Paare machen sie alleine – obwohl das gar nicht nötig wäre.

Muss Ehe so anstrengend sein?

Es gibt ein paar Mythen und Klischees, von denen wir uns besser trennen – weil sie eben Mythen sind und nicht wahr: „Sich vertragen kann doch nicht so schwer sein." – „Eine gute Ehe läuft von selbst." – „Wenn wir uns so oft streiten, sind wir vielleicht doch nicht die Richtigen füreinander."

Jedes Paar streitet sich manchmal. Warum? Weil wir alle Menschen sind, die ihre ganz eigenen Gedanken, Ängste, Wunden, Wünsche und Vorstellungen haben. Wir alle haben Gefühle und reagieren entsprechend, wenn wir verletzt oder enttäuscht sind. Wo zwei Menschen mit jeweils ihrem eigenen Blick gemeinsam unterwegs sind, sind Konflikte unvermeidbar.

Und irgendwann meinen Sie, dass der oder die andere doch Ihren Blick teilen müsste. Ob es darum geht, wann die Kinder ins Bett sollen, wie oft der Mülleimer geleert werden muss oder ob die Schwiegermutter nach der Geburt des Babys auf eine oder auf vier Wochen zu Besuch kommen darf – alles Mögliche kann dann zum Konfliktauslöser werden.

Wie meine weise Mutter, Kathleen, die seit über fünfzig Jahren glücklich mit meinem Vater, Archibald Hart, verheiratet ist, es ausdrückt: „Eine Ehe ist harte Arbeit!"

Ehe bedeutet ja, dass da ein nicht perfekter Mensch versucht mit einem anderen nicht perfekten Menschen zu leben – und jeder bringt da seine ganz spezifischen Stärken, Schwächen, Egoismen, Bedürfnisse, Sehnsüchte, Träume und Ängste in die Ehe hinein. Gar nicht einfach, das unter einen Hut zu bringen. Das ist echte Arbeit! So, wie es Arbeit ist, mit über 40 fit zu bleiben. Wenn wir bereit sind, Geld, Zeit und Disziplin zu investieren, um etwas für unsere Figur und unsere Gesundheit zu tun, warum sollten wir dann weniger in das investieren, was doch wohl das Wichtigste in unserem Leben ist: die wertvolle Beziehung zu dem Menschen neben uns? Sie ist es wert, die Energie, die wir in den Bau eines sicheren Ehehafens stecken, in dem wir uns von unserem Partner gesehen, gehört, verstanden und geschätzt fühlen; das ist eine echte Investition fürs Leben!

Es gibt einen konstruktiven und einen destruktiven Streitstil, und auf den folgenden Seiten wird es darum gehen, wie Sie den destruktiven Stil abschaffen und den konstruktiven erlernen. Das ist die Reise, die in diesem Buch auf Sie wartet.

Wenn Ihre Beziehung wachsen und stark werden soll, ist es gut, auf das ganz alltägliche Miteinander zu achten. Es ist eine bewusste Entscheidung, Zeit und Energie zu investieren, um selbst innerlich zu wachsen und daran zu arbeiten, wie man miteinander umgeht, redet und reagiert. Es ist wohl auch eine willensmäßige Entscheidung, im Streit, im Groll, in Verletzungen bewusst zu sagen: Ich will mich einlassen – ich will mich einlassen darauf zu vergeben und das Verbindende zu suchen, etwas für die Verbundenheit zu tun: Ich will dem Ärger, dem Groll nicht ausweichen, sondern sorge ganz bewusst dafür, dass es dem anderen gut geht und begegne ihm freundlich, mit Achtung und Wertschätzung.

Ist es möglich, die Wunden, die Jahre des Streitens und Einander-Verletzens geschlagen haben, zu heilen? Ja, das ist möglich, und zwar, wenn Sie bereit sind, bewusst einen Neuanfang zu machen und die berühmte „zweite Meile" zu gehen – für Ihre Ehe. Die Pflege Ihrer Ehe ist eine tägliche Sache, manchmal eine tägliche Herausforderung, also etwas Stetiges. Aber die Stetigkeit lohnt sich – weil sie mit einer stetig wachsenden Verbundenheit belohnt wird … ein echter Segen!

Wie Sie von diesem Buch am meisten profitieren

Am meisten Gewinn aus diesem Buch können Sie ziehen, wenn Sie kapitelweise lesen und sich anschließend den „Fragen und Übungen" am Ende des Kapitels widmen. Nehmen Sie sich das vor, was Ihnen für Ihre Partnerschaft wichtig ist, und setzen Sie es in die Tat um. Damit Ihnen das, was Ihnen wichtig wird, in Fleisch und Blut übergeht, brauchen Sie buchstäblich neue „Verdrahtungen" in Ihrem Gehirn. Also ein Wechsel-Training. Das funktioniert so, dass dann, wenn eine altbekannte Situation wiederkehrt, Sie sich bewusst für eine andere Antwort oder Reaktion entscheiden.

Scheinbar „automatische Reaktionen", die sich vielleicht im Lauf von Jahren des alltäglichen Umgangs mit unserem Partner eingeschliffen haben, sind hartnäckig wie andere schlechte Gewohnheiten, die sich manchmal erstaunlich weit ausgebreitet haben. Es ist nicht einfach, den chronisch vorwurfsvollen Ton in der Stimme oder den automatischen Kritikreflex abzustellen. Das braucht ein Wechsel-Training! Es ist nicht einfach, aufmerksam und zugewandt zuhören zu lernen oder sich aus seinem eigenen Schneckenhaus herauszuwagen und zu sagen, welche Gefühle man gerade hat. Aber man kann es üben! Man kann auch üben, das Problem, um das es geht, einmal bewusst durch die Brille des Partners zu sehen. Wenn Ihre Ehe, Ihre Partnerschaft, Ihre Verbundenheit sich verändern und wachsen soll, und zwar nachhaltig, dann gilt es, das, was Sie in diesem Buch lernen, wieder und wieder zu probieren und zu üben, bis es Ihnen leicht und selbstverständlich geworden ist. Und das geht!

Am besten ist es, wenn Sie dieses Buch gemeinsam als Paar lesen, aber es kann sein, dass gerade so wenig Verbundenheit spürbar und die Lage so verfahren scheint, dass es zum jetzigen Zeitpunkt nicht möglich ist. Dann lesen Sie das Buch für sich und beginnen Sie die Reise zur Veränderung auf eigene Faust. Gott meint es gut mit Ihnen, er will, dass Sie sich weiterentwickeln und innerlich wachsen (vgl. 2. Korinther 3,18). Sie können entscheiden, wo Sie sich ändern und wohin Sie sich entwickeln wollen, unabhängig davon, wie Ihr Partner reagiert.

Wenn Ihr Partner das nächste Mal abweisend reagiert, wenn Sie ihm etwas zu zeigen versuchen, fahren Sie nicht Ihre alten Verteidigungsstacheln aus, um sich zu schützen, sondern versuchen Sie es anders. Überlegen Sie sich etwas, das gut ist für Sie und für Ihr Gegenüber. Sie können etwas für das Klima in Ihrer Ehe tun, auch dann, wenn Ihr Mann/Ihre Frau dieses Buch nie liest und selber nie anders wird. Sie werden Ihr Leben besser verstehen und einordnen lernen, Ihre Gefühle und die Art, wie die Vergangenheit Ihre Streitkultur bisher geprägt hat. Sie werden sehen, es gibt neue, konstruktive Methoden, Ihre Gefühle auszudrücken und mit Ihrem Partner über das zu reden, was Ihnen wichtig ist. Und dadurch werden Sie als Person und als Charakter profitieren.

Wenn Sie anfangen, Ihre Beziehung durch eine neue Brille zu sehen, wird sich das Knäuel Ihrer Konflikte zu entwirren beginnen, werden Ihre Wunden heilen – und Sie werden Wege finden, sich auf gute Weise zu streiten. Sie werden erleben, dass Sie so mit Ihrem Partner reden können, dass er Ihnen zuhört und Sie versteht. Und Eheleute, die einander zuhören und verstehen, erleben in ihrer Ehe eine tiefe, herzliche Verbundenheit, die ein Leben lang hält.

Fragen und Übungen

Wo sind Sie zurzeit in Ihrer Beziehung? Die folgende Liste von Aussagen will Ihnen helfen, Ihre derzeitige Streitkultur einzuschätzen. Ordnen Sie jede der Aussagen in eine der drei folgenden Kategorien ein: *„Trifft auf uns kaum zu"* – *„Trifft manchmal zu"* – *„Trifft meistens zu"*.

1. Wir streiten uns viel, aber sonst kümmern wir uns nicht besonders umeinander.
2. Wir machen uns keine Gedanken darüber, wie unser beider Charakter, unsere Kindheit und Erziehung oder unsere Ängste die Art, wie wir miteinander reden, prägen.
3. Wenn wir uns streiten, scheint es nicht so sehr um das sachliche „Thema" unseres Streits zu gehen.
4. Manchmal machen wir aus einer Mücke einen Elefanten.
5. Obwohl ich das gar nicht will, sage ich oft hässliche Dinge oder ziehe mich in den Schmollwinkel zurück.
6. Wenn der eine von uns versucht, die Situation zu beruhigen, meint der andere oft noch mehr aufdrehen zu müssen, um gehört und verstanden zu werden.
7. Ich bin oft so ärgerlich, wütend oder frustriert, dass ich nicht mehr sehe, dass mein Partner auch seine guten Seiten hat.

8. Es gibt Dinge aus unserer Vergangenheit, die mich sehr verletzt haben und die immer wieder bei mir hochkommen, obwohl mein Partner sich schon oft für sie entschuldigt hat.

9. Wir können uns noch nicht einmal darauf einigen, wann wir die Sache noch einmal besprechen und klären wollen.

10. Wenn wir uns über unsere Differenzen auszusprechen versuchen, geht gleich der nächste Konflikt los, mit dem Ergebnis, dass kaum je etwas geklärt wird.

11. Wir haben völlig unterschiedliche Auffassungen darüber, wie eine echte Entschuldigung für den jeweils eigenen Anteil an einem Streit aussieht.

12. Es fällt uns schwer, freundlich-herzlich, aufmerksam und mitfühlend zu bleiben, wenn es um heiße Themen geht.

13. Generell sind mein Partner und ich keine guten Freunde; wir fühlen uns einander nicht herzlich und tief oder liebend verbunden.

Auswertung: Wenn Sie bei mindestens einer der obigen Fragen mit „Trifft manchmal zu" oder „Trifft meistens zu" geantwortet haben, sollten Sie dieses Buch weiterlesen.

Kapitel 2

Was uns zusammenhält und uns einander verbunden fühlen lässt

Wie unser Beziehungssystem funktioniert

Jack und Diana hatten gerade ihre Jüngste an ihrem ersten Tag am College abgeliefert und auf der Rückfahrt fühlte Diana sich etwas niedergeschlagen. Als sie dabei war, im Auto ihre Hand auf die Jacks zu legen, sagte der: „Lass, ich bin so verschwitzt." Sie erinnerte sich, wie nervös Jack gewesen war, als er sich von seiner Tochter verabschiedete, gleichzeitig fühlte sie sich so elend und seine Reaktion fühlte sich wie eine Zurückweisung an. Sie brauchte unbedingt ein paar tröstende Worte. Aber anstatt Jack das zu sagen, verschränkte sie die Arme und schaute den Rest der Fahrt stumm geradeaus. Das Bedürfnis, getröstet zu werden, und der Schmerz von Jacks abweisenden Worten spielten Pingpong in ihr.

Nach einer Weile fragte Jack, ob alles in Ordnung sei mit ihr. Worauf Diana antwortete: „Was soll ich denn sagen? Du fährst zu schnell und willst noch nicht mal zum Mittagessen halten – was erwartest du?" Sie unterbrach sich. *Was mach ich denn da? Ich bin eine erwachsene Frau und ich weiß, dass mein Mann mich liebt. Warum mach ich so eine große Sache daraus, dass er vorhin nicht meine Hand halten wollte?*

Oder ein anderes Beispiel. Seit einer Woche kam Ricks Frau, Lauren, erst abends spät von ihrer Arbeit nach Hause und dann brachte sie noch eine ganze Mappe mit Berichten mit, die sie durchlesen musste. Gut, Rick kam mit dem Haushalt zurecht, aber er vermisste seine Frau, die an ihrem Schreibtisch über ihren Papieren brütete. Er fühlte sich irgendwie traurig und einsam –, aber er fühlte sich auch verletzt und ärgerlich.

Eines Abends, als Lauren ihn daran erinnerte, mit dem Hund noch einmal Gassi zu gehen, kamen sie aus seinem Mund, die Worte:

„Lauren, das Haus ist ein einziges Chaos, weil du immer noch nicht gelernt hast, wo die Grenze ist."

Ricks Vorwurf im Ohr, fühlte Lauren sich nicht gerade unterstützt und auch angegriffen. Sie verteidigte sich, indem sie Rick „immer so negativ" und „nervend" nannte und erklärte ihm, dass sie keine Lust hatte, mit ihm zu reden, wenn er sie doch nur kritisieren wollte. Das war nicht die Antwort, die Rick erwartet hatte. Eigentlich hatte er seiner Frau doch nur zeigen wollen, wie sehr er sie vermisste und dass er gerne etwas Zeit mit ihr hätte. Er verstummte und ging mit dem Hund hinaus.

Zur Gemeinschaft erschaffen

Immer wieder einmal fragen wir uns, warum eine tiefe, herzliche Verbindung für ein Paar so wichtig ist. Warum braucht es diese Verbundenheit? Warum legen wir solchen Wert darauf, dass unser Mann uns zuhört? Woher kommt diese Mischung aus Traurigkeit und Wut, die wir spüren, wenn unsere Frau keine Zeit für uns hat? Warum tut es uns förmlich weh, wenn unser Partner nicht für uns da zu sein scheint? Oder wenn wir den Eindruck haben, dass er uns nicht versteht oder sich gar verschließt?

> Jesus antwortete ihm: „Du sollst den Herrn, deinen Gott, lieben von ganzem Herzen, mit ganzer Hingabe und mit deinem ganzen Verstand!' Das ist das erste und wichtigste Gebot. Ebenso wichtig ist aber das zweite: ‚Liebe deinen Mitmenschen wie dich selbst!' Alle anderen Gebote und alle Forderungen der Propheten sind in diesen Geboten enthalten." (Matthäus 22,37-40)

Ganz einfach: weil Gott uns so verdrahtet hat. Wir sind Wesen, die zur Bindung, zur Gemeinschaft mit Gott und anderen Menschen erschaffen sind, und die liebende Verbundenheit, die wir in unseren engsten Beziehungen erfahren, ist etwas vom Wichtigsten im Leben.

Es geht uns dann gut, wenn wir in echter Verbundenheit leben, verbunden mit Gott und mit den Menschen, denen wir uns zuwenden und die sich uns zuwenden. So hat Gott sich das gedacht. Das Wesentliche stimmt, wenn wir denen nahe sind, die wir lieben, und sind aus dem Lot und leiden, wenn das nicht so ist.

> Wir alle erfahren Geborgenheit, wenn wir umgeben sind von Menschen, die uns vertraut sind, und fühlen uns unsicher, unfrei oder ängstlich, wenn nur Fremde um uns sind. Vor allem dann, wenn wir in Not sind oder uns etwas bedrückt, suchen wir die Nähe enger Freunde und Verwandter. Das Bedürfnis nach menschlicher Nähe und nach dem Trost, die diese Nähe mit sich bringt, ist eines der menschlichen Grundbedürfnisse. (John Bowlby)[4]

Weil unsere Beziehungen so existenziell wichtig sind für unser ganzes Lebensgefühl, hat Gott uns ein „Beziehungssystem" mitgegeben, auch „Bindungssystem" genannt. Unser Beziehungssystem hat ein einziges Ziel: uns dazu zu helfen, in Verbundenheit mit anderen zu leben. Dafür ist extra ein komplexer Mechanismus eingerichtet, der in uns starke Gefühle und ganz spezifische Reaktionen erzeugt, wenn unser Miteinander mit anderen nicht optimal läuft. Es ist dieses Beziehungssystem, das uns Sehnsucht haben lässt nach Liebe und uns Freundschaft schließen lässt, das uns dazu bringt, unsere beste Freundin anzurufen und dafür sorgt, dass wir uns traurig, wütend oder überglücklich fühlen und dass das innere Warnlämpchen aufleuchtet, wenn in Sachen Beziehung etwas gestört ist.

Dieses System hat uns überhaupt erst Liebe und Beziehungen „lernen" lassen und es ist solange wir leben in Aktion und beeinflusst, wie wir uns anderen Menschen gegenüber verhalten und wie wir mit unserem Ehepartner umgehen, wie wir ihn lieben – und wie wir uns mit ihm streiten.

Unser Beziehungssystem lässt uns Nähe und Verbundenheit zwischen uns und unserem Partner fühlen und sendet Alarmsignale, wenn das nicht so ist. Es lässt uns reagieren und streiten – so, wie es uns Nähe wahrnehmen und ausdrücken lässt. Ein aufwendiges System, das läuft, wenn wir die Nähe des Partners suchen, nicht genügend Zeit füreinander haben, uns von dem anderen verletzt oder einander nicht nahe fühlen. Und wenn wir uns streiten, dann ist unser Beziehungssystem genauso sicher im Spiel.

In diesem Kapitel möchte ich die wesentlichen Dinge in diesem Beziehungssystem erklären: wie es gearbeitet hat, als Sie aufwuchsen, und wie es heute in Ihrer Ehe arbeitet. Damit lässt sich besser verstehen, warum Sie so reagieren, wie Sie reagieren, wenn Sie sich von Ihrem Partner verletzt oder sich ihm gerade nicht nahe fühlen. Sie werden verstehen, warum Sie sich so geborgen fühlen, wenn die emotionale Verbindung zum Partner funktioniert, und verletzt und verärgert, wenn sie gestört ist. Das zu wissen wird Ihnen helfen, sich selbst und Ihren Partner ganz neu wahrzunehmen – und auch vielleicht ein bisschen oder ganz anders miteinander umzugehen und zu streiten, und zwar so, dass das Band zwischen Ihnen enger wird.

Früh übt sich ...

Vom Beginn unseres Lebens an sind wir Beziehungswesen. Unsere erste Beziehung war die zu unseren Eltern; in dieser Beziehung lernten wir alles kennen: das Leben, die Liebe und die Welt um uns herum. (Wenn ich weiter von „Eltern" rede, bezieht sich das auf alle engen Bezugspersonen Ihrer frühen Kindheit, also z. B. auch die Großmutter, den Stiefvater oder die Pflegemutter – eben die Menschen, mit denen Sie viel zu tun hatten.) Von Anfang an haben wir gelernt, die Nähe eines anderen Menschen zu suchen, diesen Menschen zu lieben – und entsprechend zu reagieren, wenn wir uns verletzt fühlten. Als wir größer wurden, erweiterte sich der Kreis unserer Bezugspersonen um unsere Geschwister, Verwandten und Freunde. Und als Sie dann heirateten, wurde Ihr Mann bzw. Ihre Frau der wichtigste Mensch und das Miteinander die wichtigste Beziehung in Ihrem Leben. Es gibt kein engeres Band als das zwischen zwei Ehepartnern. Wie es im Schöpfungsbericht heißt:
„Gott, der Herr, dachte sich: ‚Es ist nicht gut, dass der Mensch allein lebt. Er soll eine Gefährtin bekommen, die zu ihm passt!' …

Darum verlässt ein Mann seine Eltern und verbindet sich so eng mit seiner Frau, dass die beiden eins sind mit Leib und Seele" (1. Mose 2,18+24).

Jedes Zusammenspiel, jede Art von Miteinander, die wir mit unseren Eltern und anderen wichtigen Bezugspersonen hatten, hat unsere persönliche Entwicklung und die Verdrahtung unseres Gehirns und damit das Bild, das wir vom Leben haben, geprägt. Es sind ganz zentral diese Erfahrungen, die uns zu dem gemacht haben, was wir heute sind.

> Unser Gehirn ist auf Beziehungen zu anderen Menschen hin angelegt – Beziehungen, die die Art, wie unser Gehirn funktioniert und sich entwickelt, entscheidend prägen. Daher sind Bindungserfahrungen ein zentraler Faktor für unsere persönliche Entwicklung. (Daniel Siegel)[5]

Die Art und Weise, wie Ihre Eltern und Verwandten mit Ihnen umgegangen, auf Sie eingegangen sind, Sie aufzogen und wie ihre innere Verbundenheit zueinander war, hat das Fundament dafür gelegt, wie Sie heute in Ihrer Ehe lieben und auf den Partner eingehen. Aber bevor ich dies im Einzelnen beschreibe, möchte ich das Beziehungssystem, das solch ein zentraler Teil unseres Lebens ist, näher beleuchten.

Das Beziehungssystem

Wussten Sie schon, dass Ihr Körper ein komplexes Alarmsystem besitzt, das Sie warnt, wenn bei Ihren Beziehungen etwas nicht stimmt? Dieses hochwirksame System macht Sie dazu fähig, emotionale Bindung herzustellen und so die eine herzliche, tiefe Verbundenheit zwischen Ihnen und Ihnen nahen Menschen zu schaffen.[6]

Als Sie ein Kind waren, war es Ihr Beziehungssystem, das die Verbundenheit zu Ihren Eltern hergestellt hat und Sie hat spüren lassen, wie nah oder fern Sie ihnen jeweils waren. Als Sie Ihren Ehepartner kennenlernten, machte Ihr Beziehungssystem es möglich, dass Sie sich in ihn verlieben konnten. Als Sie heirateten, wurde Ihr Partner noch wichtiger für Sie, und Ihr Beziehungssystem tat seinen Teil dazu, diese Verbundenheit zu verankern. Und so paradox es klingt, aber wenn Sie sich mit Ihrem Partner streiten, dann geht es letztlich auch darum, diese Verbundenheit zu festigen.

Dieses komplexe Beziehungssystem ist nicht nur ein emotionales, sondern auch ein *neurobiologisches System* und hat große Ähnlichkeiten mit Ihrem Schmerzempfindungssystem. Ähnlich wie Ihr Gehirn Sie durch Schmerzen warnt, wenn Sie sich verletzt haben oder in Gefahr sind, warnt Ihr Beziehungssystem Sie (über eine hochkomplizierte neurobiologische Verdrahtung), wenn es mit der Verbundenheit zwischen Ihnen und einem Menschen, den Sie lieben, nicht stimmt.

Ich werde die Neurobiologie des Beziehungssystems und des Streitens in Kapitel 4 genauer beschreiben. Halten wir für den Augenblick erst einmal fest, dass unser Beziehungssystem buchstäblich von unserer Geburt bis zu unserem Tod aktiv ist. Und jetzt schauen wir uns die Hauptkomponenten dieses Systems an.

Von A wie „Alarm" bis N wie „Nähe"

Ihr Beziehungssystem sorgt in Ihrer Ehe für vier Hauptfunktionen: für *Nähe und Geborgenheit,* eine *sichere Basis* und ein *Alarmsystem.*

Jede dieser vier Komponenten ist entscheidend wichtig, um

- die Beziehung zu Ihrem Ehepartner zu entwickeln,
- die Nähe und Verbundenheit in der Beziehung zu pflegen,
- die Beziehung zu „reparieren" und zu stärken, wenn die innere Nähe verloren gegangen ist, verloren zu gehen droht oder wenn sonst etwas nicht gut läuft.

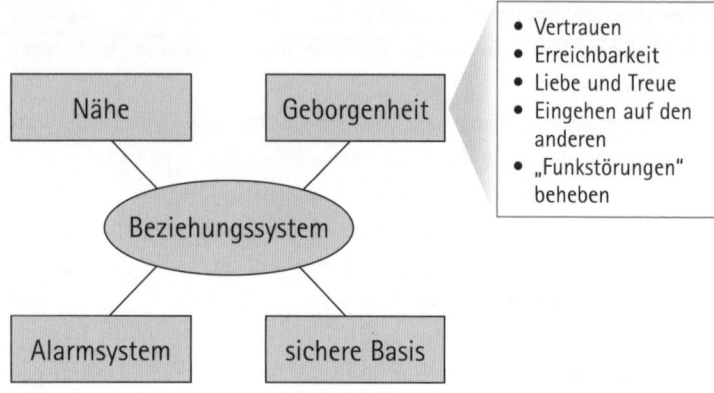

1. Nähe

Wenn wir Angst haben, uns einsam oder traurig fühlen, aber auch wenn wir uns über etwas freuen oder einfach etwas, was wir erlebt haben, mitteilen wollen, zieht es uns – auch äußerlich – automatisch zu Menschen, die uns nahe sind. Die körperliche Nähe des Menschen, den wir lieben, bedeutet Zufriedenheit, Sicherheit, Frieden. Das sieht man gut, wenn ein Kind nach dem Rock der Mutter greift oder die Hand des Ehemannes zu der seiner Frau geht, während sie die Straße entlanglaufen. Unser Beziehungssystem lässt uns die physische Nähe unserer Lieben suchen.

Eine Beziehung, die noch jung ist, wächst durch die physische Nähe des anderen. Das Baby gewöhnt sich an Gesicht und Geruch seiner Eltern und sucht ihre Nähe immer wieder.

Das Band, das Sie mit Ihrem Ehepartner verbindet, ist seit der Zeit des ersten Kennenlernens und Sich-Verliebens mehr und mehr gewachsen. Mit jeder Stunde, die Sie miteinander verbracht haben, lernten Sie sich besser kennen, und Ihre Herzen und Ihr Leben wuchsen zusammen. Das bloße Zusammensein war Dünger für das Wachsen Ihrer Beziehung. Und genauso natürlich ist es jetzt, wo Sie verheiratet sind, dass Sie Ihren Partner gerne in der Nähe haben und ihn vermissen, wenn er länger nicht da ist. Wie gut es in Sachen

Nähe funktioniert, hängt dabei zum Teil davon ab, welche Erfahrungen mit Nähe Sie in Ihrem Elternhaus gemacht haben. Unsere Kindheitserfahrungen wie auch unser persönlicher Charakter und unser Temperament entscheiden mit darüber, wie wir *Nähe* definieren und wie leicht es uns fällt, den Partner zu berühren, zu umarmen, zu liebkosen und auch sonst Nähe zu erleben und auszudrücken.

2. Geborgenheit

Als Kind waren die Eltern Ihre „Zufluchtsstätte", der Ort der Geborgenheit, an die Sie sich wenden konnten, um Liebe, Sicherheit und Zuwendung zu bekommen. Als Sie dann älter wurden, erlebten Sie Geborgenheit auch in anderen wichtigen Beziehungen und heute ist das Ihre Ehe – der Schutzschirm der Geborgenheit, das innere Zuhause, der sichere Hafen.

Die Geborgenheit in einer Ehe ist für mich wie ein Akazienbaum. Ich bin in Südafrika aufgewachsen, wo Schirmakazien das Landschaftsbild prägen. Bestimmt haben Sie sie schon einmal auf Bildern gesehen. Diese typische Akazie sieht mit ihrem weit ausladenden, eher niedrigen Geäst wie ein großer geöffneter Regenschirm aus. In der Wildnis suchen die Tiere ihren breiten Schatten, der ihnen Schutz vor der Hitze, aber auch vor den Gefahren im Busch bietet. Sie und Ihr Mann/Ihre Frau können einander etwas Ähnliches sein wie so eine Schirmakazie – ein Zufluchtsort, wo Sie beieinander am Ende eines anstrengenden Tages Behaglichkeit, Trost, Verständnis, Achtung, Sicherheit und Nähe finden.

Der 91. Psalm malt ein wunderbares Bild der Geborgenheit: „Wer unter dem Schutz des Höchsten wohnt, der kann bei ihm, dem Allmächtigen, Ruhe finden. Auch ich sage zu Gott, dem Herrn: ‚Bei dir finde ich Zuflucht, du schützt mich wie eine Burg! Mein Gott, dir vertraue ich!'" (Psalm 91,1-2). Und so wie Gott sich wünscht, dass wir bei ihm Zuflucht finden, so wünscht er uns, dass wir einander Zuflucht und Geborgenheit schenken. Sie und ich, wir können ein

Zuhause und eine Zufluchtsstätte sein, wo unser Ehepartner Sicherheit, Liebe und Fürsorge findet.

Was macht eine Ehe zu einem Ort der Geborgenheit? Es sind fünf Dinge, die alle gleich wichtig sind:

Vertrauen. Geborgenheit in der Ehe entsteht, wo der Partner innerlich und äußerlich für den andern verlässlich und vertrauenswürdig ist. Unsere Fähigkeit, anderen zu vertrauen, ist in den ersten Jahren geprägt worden, durch unsere Eltern. Sie haben darauf vertraut, dass Ihre Eltern Sie vom Kindergarten abholen, vor dem großen Hund beschützen, der gerade um die Ecke kommt, Ihnen zu Essen und zu Trinken geben usw. – so wie das jedes Kind tut. Ein Kind vertraut darauf, dass es emotional bei seinen Eltern gut aufgehoben ist, dass die Eltern berechenbar sind und nicht jähzornig, zurückweisend oder vernachlässigend. Ein Kind vertraut Vater und Mutter – egal was passiert.

Ähnlich in Ihrer Ehe: Sie wollen, Sie müssen darauf vertrauen können, dass Ihr Partner verlässlich ist, im Alltag ganz praktisch die Rechnungen rechtzeitig zahlt, nicht mehr Geld ausgibt, als Sie zur Verfügung haben, dort ist, wo er sagt, dass er ist, und ganz allgemein sein Wort hält. Aber es ist auch unsere Sehnsucht, uns unserem Partner ganz anvertrauen zu können, bis in die Tiefen unseres Herzens. Wenn Sie und Ihr Mann/Ihre Frau einander vertrauen, können Sie sich einander öffnen, unbefangen und mit einem Gefühl, beim anderen gut aufgehoben zu sein. Sie sind bereit, Ihr Herz in die Hand Ihres Partners zu legen, weil Sie wissen, dass er nur Ihr Bestes im Sinn hat. Wir alle sehnen uns nach der Gewissheit, dass uns – bei allem Streit und aller Unterschiedlichkeit – unser Partner liebt und jemand ist, dem wir unser Herz und unser Leben anvertrauen können.

Wir werden für unseren Ehepartner ein Zufluchtsort der Geborgenheit, wenn er weiß, dass er
- uns vertrauen kann
- bei uns Liebe und Treue findet
- wir für ihn erreichbar sind (emotional und physisch)
- wir auf ihn eingehen

  und dass
- wir unseren Teil tun, um „Funkstörungen" zu beheben.

Wie gut wir als Erwachsene vertrauen können, hängt zu einem guten Teil von unserer Kindheit ab. Wer seine Mutter als eine Person erlebt hat, die ihn immer wieder im Stich ließ, wird sich schwerertun, zu glauben, dass der Ehepartner immer für ihn da sein wird. Hier werden die Enttäuschungserlebnisse aus der Kindheit zunächst einmal zu einer Vertrauensbremse im Eheleben.

Liebe und Treue. Das Rückgrat jeder Ehe sind Liebe und Treue. Die Liebe vergewissert Sie, dass Ihr Partner Sie schätzt, achtet und zu Ihnen steht. Treue vergewissert Sie, dass er dies in guten wie schlechten Tagen tun wird, buchstäblich „bis der Tod euch scheidet". Wir gehören zusammen, und dieses „wir" gilt auf Dauer. Egal wie rau die See wird, durch die das Eheschiff fährt, keiner von uns beiden wird den Kahn untergehen lassen, sondern wir beide sind entschlossen, zu wachsen, uns zu ändern und für den Erhalt unserer Ehe zu kämpfen. Das Gefühl der Geborgenheit wächst, wenn wir die Gewissheit haben, dass einer den anderen liebt und entschlossen ist, bis zum Tod zusammenzuhalten, so wie Ehe erdacht und gedacht ist.

Emotional und physisch erreichbar sein. Ihre Ehe wird ein Zuhause, ein Ort der Geborgenheit, vielleicht manchmal sogar ein Zufluchtsort, wenn Sie und Ihr Partner äußerlich *und* innerlich füreinander da sind – präsent, zugewandt, aufeinander eingestellt und mit offenen Augen und Ohren für den anderen. Wie leicht oder schwer Ihnen dies fällt, hängt wieder zum Teil davon ab, wie Sie aufgewachsen sind.

Wie sehr Eltern für ihre Kinder „da" und erreichbar sind – durch körperliche Anwesenheit und emotional, durch ihre Zuwendung –, ist ein entscheidender Faktor für die Entwicklung des Kindes.

Ein Vater z. B., der sich auf seinen Sohn einstellt, versteht, was sein Sohn erlebt und braucht, und kann ihm helfen, seine Gefühle und Bedürfnisse auszudrücken und zu verstehen. Er hat eine tiefe, herzliche Verbundenheit mit seinem Sohn. Manchen Eltern fällt dies leicht, aber je nachdem, wie sie selbst aufgewachsen sind, kann es auch sein, dass sie sich mit solcher Nähe und Zugewandtheit ihren Kindern gegenüber schwertun – vielleicht kennen Sie das.

Die emotionale Nähe oder Distanz, die Sie als Kind bei Ihren Eltern erlebt haben, hat Auswirkungen auf Ihre Fähigkeit, sich Ihrem Partner zu öffnen. Wie Jack sagte: „Meine Eltern fragten mich nie, wie ich mich gerade fühlte, und so weiß ich bis heute nicht, wie ich mich so richtig auf meine Frau einstellen kann und was ich mit den Gefühlen meiner Frau machen soll."

Die Intimität in der Ehe wächst, wenn wir spüren, dass unser Partner uns wahrnimmt und versteht. Wenn Sie für Ihren Partner emotional erreichbar und offen sind, drücken Sie dies ohne Nach-zudenken nicht nur durch Ihre Worte aus, sondern auch durch Ihre Mimik, Gestik, den Klang Ihrer Stimme und den Zeitpunkt und die Intensität Ihrer Reaktionen. Ihr Partner kann über Sie sagen: „Du nimmst wahr, was ich fühle; du verstehst mich!" Eine feste Brücke der Intimität verbindet Ihre Herzen und schafft Geborgen-heit.

Wie sicher und geborgen wir uns in unserer Ehe fühlen, hängt auch von der emotionalen Verlässlichkeit des anderen ab. Wir wollen wissen, woran wir bei dem Partner sind. Ein Kind, dessen Mutter ihm versichert, wie sehr sie es liebt, aber eine halbe Stunde später den nächsten Wutanfall bekommt, weiß nicht mehr, was es denken soll. Das ist in der Ehe nicht viel anders. Ein emotional verlässlicher, er-reichbarer Partner ist einer, bei dem man nicht ständig Angst davor haben muss, dass ein ungeschickter Satz, eine überflüssige Frage oder ein kleiner Fehler den nächsten Ausbruch provoziert. Oder den nächsten Schweige-Abend.

Wenn die emotionale Verbindung in der Ehe gestört ist, kommt kein Gefühl der Geborgenheit auf. Aber wenn Sie und Ihr Mann/ Ihre Frau äußerlich und innerlich füreinander da und aufeinander eingestellt sind, fühlen Sie sich beide angenommen und verstanden.

Eingehen auf den anderen. Äußerst wichtig ist auch, dass Sie wissen, dass Ihr Ehepartner auf Sie eingeht, Sie zu verstehen versucht, Ihre Perspektive genauso wie seine eigene wahrnimmt und in Betracht zieht, mit dem Ziel, das Beste für Sie beide und Ihre Beziehung zu erreichen. Wenn Sie beide so aufeinander eingehen, machen Sie Ihre Ehe zu einem verlässlichen inneren Zuhause, zu einem „sicheren Hafen" für Sie beide.

Indem ich auf die Perspektive meines Partners eingehe, signalisiere ich ihm, dass ich ihn ernst nehme – und das fördert das „Wir"-Gefühl. Und wenn Sie – ob allein oder vor anderen – mit Achtung, rücksichtsvoll und freundlich miteinander umgehen, fühlt jeder von Ihnen sich verstanden, geachtet, gemocht und wertgeschätzt.

Das bedeutet übrigens nicht, dass Sie alles tun, was Ihr Mann oder Ihre Frau will, damit es nur ja keine Konflikte gibt. Es ist kein „Eingehen auf den anderen" und es tut Ihrer Beziehung nicht gut, wenn Sie ungutes Verhalten, Respektlosigkeit, Ungehobeltheit und Launen einfach schlucken. Und es ist genausowenig in Ordnung, wenn einer versucht, die Aufmerksamkeit des anderen mit Schmollen, Schreien oder Kritteleien zu gewinnen.

Auf den anderen eingehen bedeutet, dass z. B. die Ehefrau und der Ehemann sich abends, wenn beide wieder zu Hause sind, die Zeit nehmen, um sich voneinander erzählen zu lassen, wie der Tag war. Sie beide brauchen aktive Gespräche, in denen Sie Ihre Gefühle und Gedanken mitteilen und aufeinander eingehen. Ein anderes gutes Beispiel ist der Ehemann, der die streitenden Kinder hört, vom Computer aufsteht und seine Frau, die das Abendessen richtet, fragt: „Hey, kann ich helfen?" Das ist Freundlichkeit und Eingehen auf den anderen.

Aufeinanderzugehen schafft innere Sicherheit und Geborgenheit im Miteinander. Und das lebt eben von vielen kleinen Dingen – z. B. auch davon, dass ein Paar sich darauf verständigt (und daran hält!), dass es wichtige Entscheidungen (etwa den Kauf des neuen Kühlschranks, die Einladung der Schwiegermutter oder die Wahl des nächsten Urlaubsziels) grundsätzlich gemeinsam trifft und dass ein Partner jeweils „mit-denkt", wie der andere das Thema wohl sehen wird und sein Wohl mit im Sinn hat.

Seinen Teil tun, um „Funkstörungen" zu beheben. Ganz entscheidend dafür, ob wir uns in unserer Ehe sicher und geborgen fühlen, ist nicht zuletzt auch die Fähigkeit des Paares, die Verletzungen nicht Verletzungen sein zu lassen, sondern Schäden und Schrammen und daraus folgende Störungen in seiner Beziehung zu „reparieren". Beide sind da gefragt, nicht nur der „kommunikativere Teil": Es gilt, bewusst zu versuchen, die Sicht und Gefühle des anderen zu verstehen, zu ermitteln, warum das Gespräch zum Streit ausgeartet ist, und sich dann daranmachen, die während des Streits geschlagenen Wunden zu verbinden und – innerlich und äußerlich – wieder auf den anderen zuzugehen. Solche *Reparaturaktivitäten* stellen die Beziehung wieder her und sind ein bewusster Akt. Ein wichtiger Akt. Sie bekräftigen: Jawohl, wir beide gehören zusammen!

Beziehungsstörungen zu beheben ist mit das Stärkste, was Sie in Ihrer Ehe und für Ihre Ehe tun können. Die Forschungen von John Gottman haben gezeigt, dass bei einem Paar, dem es nicht gelingt, den Ärger auszuräumen, die innere Verbundenheit Schaden nimmt, und dass der Schmerz einer gefühlten „leeren Ehe" schließlich zum Auseinanderleben führt und möglicherweise dazu, dass ein Partner sich trennt.

Die Versöhnung nach einem Streit muss keine große Sache sein; oft reicht es schon sich zu versichern: „Ich weiß, dass es eben heftig zuging, aber du bist mir wichtiger als alles andere. Wir sind gerade verschiedener Meinung, aber du bist mir ganz wertvoll." Das ist wie Balsam für die verletzte Seele!

3. Eine sichere Basis

Manchmal ist alles, was wir brauchen, die Stimme unseres Partners: „Du schaffst das; ich glaube an dich", etwa wenn wir morgens nervös das Haus verlassen und nachher in der Firma eine wichtige Präsentation zu halten haben. Wenn Ihre Beziehung ein inneres Zuhause und ein Ort der Geborgenheit ist, wird sie zu einer Basis, von der aus Sie voller Zuversicht hinaus in die Welt gehen können. Die Liebe und Unterstützung Ihres Partners werden gleichsam zu der Rüstung, in der Sie den Abenteuern und Herausforderungen des Lebens entgegentreten. Wenn Sie wissen, dass da jemand ist, der Sie liebt, wertschätzt und an Sie glaubt, dann stärkt das Ihre innere Kraft und den Mut, zu wirken, zu wachsen und zu werden, in dem sicheren Wissen, dass Sie zu Hause echten Rückhalt erleben. Das Leben wird einfacher, wenn wir wissen, dass wir einen Menschen haben, der für uns da ist, was auch geschehen mag. Gemeinsam sind wir stärker. Immer.

4. Das Beziehungs-Alarmsystem

Wie wir gesehen haben, hat das Beziehungssystem die Aufgabe, uns ein Gefühl von Sicherheit und Gewissheit zu vermitteln, dass unsere Partnerschaft, unser Partner selbst wie ein guter Hafen ist – absolut vertrauenswürdig, zuverlässig, zugewandt und bereit, auf uns einzugehen und auch bereit, Wunden und Risse wieder zu reparieren. Wenn wir spüren, dass unser Partner für uns da ist, dann ist alles gut. Es muss nicht alles perfekt sein; es reicht, wenn es gut ist.

> Ob ein Kind oder Erwachsener sich in einem Zustand der Geborgenheit, der Angst oder der Verzweiflung befindet, hängt in weiten Teilen davon ab, inwieweit seine Hauptbeziehungsperson für ihn da ist und auf ihn eingeht. (John Bowlby)[7]

Wir sind für die Geborgenheit gemacht – den „sicheren Hafen" – und sehnen uns danach, aber sehr oft fühlen wir uns gar nicht so. Oft reicht eine unbedeutende Kleinigkeit, und wir sagen: „An mich denkst du wohl gar nicht!" Das, was Ihr Mann für gut hält, ist für Sie gar nicht gut. Oder es irritiert Sie ungemein, wie Ihre Frau etwas angeht. Oder Sie haben den Eindruck, dass der andere innerlich woanders ist und gar nicht auf die Idee kommt, Ihren Blick auf die Dinge mit in Betracht zu ziehen.

Was passiert in solchen Situationen? Unser Beziehungssystem *schlägt Alarm.* (Dies ist ganz wörtlich zu nehmen, wie wir in Kapitel 4 sehen werden; unser Gehirn löst einen Alarm aus, der unserem Körper sagt, dass Gefahr im Verzug ist.) Und was darauf folgt, löst mindestens einen Wortwechsel aus.

Unser Körper, unser Gehirn, unsere Gefühle, sie alle sind voll engagiert in diesem komplexen Prozess der Wiederherstellung der inneren Beziehung zwischen den beiden Partnern. Wenn es zwischen Ihnen und Ihrem Partner Streit gibt, können Sie Gift darauf nehmen, dass Ihr Alarmsystem in Aktion ist. Aber nur Mut: Wenn Sie einmal begriffen haben, was für Faktoren es sind, die Ihr Beziehungssystem beeinflussen, wird Ihre Streitkultur sich nachhaltig verändern. Lesen Sie also weiter.

Die große Frage: Finde ich bei dir Geborgenheit? Ihr Beziehungssystem hat das Ziel, Ihre Ehe zu einem sicheren Hafen zu machen, in dem Sie sich mit Ihrem Partner herzlich verbunden wissen. Ihr Beziehungssystem ist dabei ständig aktiv, ist ständig dabei, Ihre Beziehung auf die folgenden Dinge zu überprüfen:

- Kann ich mich darauf verlassen, dass du da bist, wenn ich dich brauche?
- Liebst du mich, achtest du mich, bin ich dir wichtig?
- Kann ich mich darauf verlassen, dass du zu mir hältst – und zu *uns?*
- Bist du emotional und physisch erreichbar?
- Gehst du liebe- und rücksichtsvoll auf mich ein?

- Wirst du dann, wenn unsere Beziehung gestört ist, alles tun, um sie zu reparieren?

**Wenn der sichere Hafen, wenn die feste Burg
Ihrer Ehe nicht so fest zu sein scheint**

Das Beziehungssystem prüft die Situation und fragt:
„Finde ich bei dir Geborgenheit?"

➡

Hörst du mir zu?		*Das Beziehungssystem*
Bist du für mich da?		*schlägt Alarm und Sie:*
Liebst und achtest du mich? ▶	*„NEIN"* ▶	*protestieren* ▶ *resignieren*
Bist du erreichbar?		▶ *ziehen sich zurück*
Verstehst du mich?		

Wenn die Antwort auf nur eine dieser Fragen „Nein" oder „Weiß nicht" lautet, tritt Ihr Beziehungs-Alarmsystem in Aktion und Sie reagieren. Sie versuchen, mit dieser Reaktion die Aufmerksamkeit Ihres Partners zu erregen und die Beziehung wiederherzustellen; vielleicht – hoffentlich – wird er merken, was falsch läuft, was er womöglich falsch macht, wird er sich entschuldigen und sein Verhalten ändern.

Situationen, in denen unser Beziehungssystem Alarm schlägt. Unsere Beziehungen sind uns so wichtig, dass unser Beziehungssystem bereits die kleinsten Veränderungen in ihnen registriert. Ein veränderter Tonfall, ein Rollen der Augen, eine gerunzelte Stirn oder hochgezogene Lippe, ein leichter Seufzer, verschränkte Arme, ein Zögern, bevor man antwortet – all dies kann unser Alarmsystem anschlagen lassen und uns signalisieren, dass etwas nicht so ist, wie es sein sollte.

Unser Alarmsystem spricht auf verschiedene Typen von Situationen an, z. B. die folgenden:

„Ich brauche dich!"
Wenn wir (etwa weil wir verletzt, traurig, einsam, verängstigt, aber

auch glücklich, fröhlich oder einfach aufgeregt sind) die Nähe und Zuwendung unseres Partners brauchen, zieht es uns instinktiv zu ihm hin. Wie war das noch, als Sie mit sechs Jahren das Bild gemalt hatten, auf das Sie so stolz waren? Sie mussten es unbedingt Ihrer Mutter zeigen! Ähnlich können wir Erwachsenen, wenn wir auf der Arbeit eine interessante Neuigkeit gehört haben, es manchmal kaum erwarten, nach Hause zu kommen und sie unserem Partner zu erzählen. Oder wir fühlen uns unwohl und brauchen einfach das Wissen, dass jemand bei uns ist.

„Komm näher!" – „Ich brauche Luft!"

Wir alle haben eine „Komfortzone", was die physische und psychische Nähe unserer Mitmenschen betrifft. Unser Alarmsystem meldet sich, wenn unser Partner zu weit weg zu sein scheint – etwa, wenn wir uns allein fühlen oder seit einer Woche schon den Eindruck haben, dass wir nicht genug miteinander reden. Aber es meldet sich auch, wenn wir den Eindruck haben, dass wir Ruhe und Raum für uns selbst brauchen; dies geschieht oft bei introvertierten Menschen, die zum Aufladen ihrer Batterien gerne alleine sind.

„Aua, das tut weh!"

Das, was unser Ehepartner sagt oder tut, kann uns wehtun oder uns das Gefühl geben, von ihm allein gelassen oder missachtet zu sein. Es irritiert und tut weh, wenn ein Partner teure Einkäufe tätigt, die nicht abgesprochen waren, oder wenn das Gegenüber ein Gespräch, das uns sehr wichtig ist, mit einem abrupten „Ich habe keine Lust, noch weiter darüber zu reden" beendet. Oder wenn unser Partner auf unsere Bitte um Hilfe mit einem unwirschen Blick reagiert. Gerade weil unser Partner uns so viel bedeutet, verletzen solche Dinge.

Gefühle, die aufkommen, wenn das System Alarm schlägt. Weil unsere Beziehungen so wichtig für unser Wohlergehen sind, erleben wir unsere stärksten Gefühle oft dann, wenn unser Alarmsystem uns signalisiert, dass die „Festung Ehe" in Gefahr ist.[8] Wenn Ihr Ehepartner emotional oder physisch „nicht da" ist, fühlen Sie sich:

- *wütend:* „Wie kannst du es wagen, mich zu ignorieren/mir nicht zu helfen/nicht meine Partei zu ergreifen/zu denken, dass ich falsch liege?"
- *verletzt:* „Au! Es tut mir weh, wenn du mich in einem negativen Licht siehst/mich abweist/verärgert bist/nicht da bist, wenn ich dich brauche."
- *verängstigt:* „Ich habe den Eindruck, du denkst gar nicht an mich, wenn du deine Entscheidungen triffst. Ich habe Angst, dass ich dir nichts wert bin."
- *zurückgesetzt:* „Ich habe den Eindruck, du willst mich gar nicht."
- *missachtet:* „Ich habe den Eindruck, dass du das, was ich in unsere Beziehung einbringe, überhaupt nicht schätzt. Du hast kein Auge für meine Stärken und Gaben."
- *allein gelassen:* „Nach unserem letzten Streit hast du mich links liegen gelassen. Was ich brauche und wie ich mich fühle, scheint dir egal zu sein."
- *traurig:* „Es tut mir weh, wenn du nicht bereit bist, die Situation auch mal aus meiner Perspektive zu sehen." – „Ich vermisse dich, wenn du dich nach einem Wortwechsel so zurückziehst." – „Ich fühle mich traurig, wenn du mich abweist oder nicht schätzt."
- *frustriert:* „Ich möchte, dass da nicht diese Mauer zwischen uns ist. Ich weiß nicht, was ich machen soll, damit du mich endlich verstehst und nicht mehr so negativ bist." – „Ich hab dir doch schon hundert Mal gesagt, dass es mir wehtut, wenn du das machst."

Wie reagieren wir, wenn unser Beziehungssystem Alarm schlägt?

Wir Menschen haben eine reflexmäßige, angeborene Art, zu reagieren, wenn die Beziehung zu einem nahen Menschen (besonders unserem Ehepartner) gestört wird. Eine ganze Kette von Reaktionen wird in Gang gesetzt, die unter anderem von unserem individuellen

Charakter und von unseren früheren Beziehungserfahrungen geprägt sind. Laut John Bowlby sieht diese Kette folgendermaßen aus:

1. Protest

Die meisten Paarstreite entstehen durch den „Protest" eines der Partner gegen die (tatsächliche oder scheinbare) Gefühllosigkeit oder Unerreichbarkeit des anderen. Dieser Protest ist gewöhnlich durch Wut, Verletztheit und Frustration gekennzeichnet.

In dem ersten Beispiel vom Anfang dieses Kapitels lässt Dianas Beziehungssystem sie Jacks Hand suchen, als sie traurig ist. Aber er geht nicht darauf ein; er ist physisch und emotional nicht erreichbar für sie. Dies lässt ihre Beziehungsalarmglocken schrillen. In ihre Sehnsucht nach Körperkontakt mit ihrem Mann mischt sich ihr wütender Protest. Sie ist hin- und hergerissen zwischen „Ich vermisse dich so" und „Ich bin sauer, dass du nicht für mich da bist".

In dem zweiten Eingangsbeispiel (Rick und Lauren) ist Ricks Wut eine „Wut der Hoffnung". „Wut der Hoffnung" (John Bowlby benutzt diesen Begriff) sagt so viel wie: „Es fuchst mich, dass du mich verletzt hast/nicht für mich da warst. Aber ich habe Hoffnung, dass du dann, wenn ich dir das sage, meine Verletzung siehst, in dich gehst und den Wunsch hast, sie zu heilen und die Verbindung zwischen uns beiden wiederherzustellen." Hinter Ricks Ärger steht die *Hoffnung,* dass seine Frau seine Verletztheit sehen und sich bemühen wird, mehr Zeit für ihn zu haben.

In den meisten Ehen wird der Protest mit der Zeit immer lauter und heftiger. Da sagt die Frau: „Wenn ich nicht laut werde, wird er das Problem immer nur durch seine Brille sehen und mich nie verstehen." Oder der Mann wiederholt seine Meinung wie ein Rechtsanwalt, der ein Schwurgericht überzeugen möchte: „Wenn meine Frau die Sache nur einmal aus meiner Perspektive sehen könnte, wäre sie nicht so sauer auf mich." Und so fahren Paare sich in einem emotionalen Protestduell fest und wollen doch eigentlich nur gesehen, gehört und verstanden werden.

2. Resignation

Wenn wir einsehen, dass all unser Protestieren und Wiederholen unseren Partner nicht zu bewegen vermag, kommt die nächste Stufe: Wir fangen an zu resignieren. Wie Diana, die starr nach vorne schaute. Die Resignation kommt, wenn wir den Eindruck haben, dass nichts, was wir sagen, etwas bringt. Was ich auch sage oder tue, ich kann nichts erreichen. Und es beginnt die Traurigkeit der Resignation. Aber wir vermissen unseren Partner immer noch. Trotz aller Diskussionen sehnen wir uns nach wie vor nach Intimität und Gemeinschaft.

Rick protestiert gegen Laurens Abwesenheit, aber er dringt nicht zu ihr durch und das Gespräch entgleist zum Ehekrach. Er trauert über den Verlust der Wärme und Nähe seiner Frau. In seinem Herzen weiß er, dass er eigentlich nur ein bisschen Eheglück mit Lauren sucht, aber diese Sehnsucht und seine Verletztheit und sein Frust machen sich in Form von Wut und Schuldzuweisungen Luft.

Diese Erfahrung ist typisch für viele Paare. Nach Jahren der Diskussionen und des Gefühls, dass der Partner einen nie verstehen wird, kommt es zu einer lang anhaltenden, tiefen Resignation. Diese Resignation vermehrt die negativen Szenen oft noch und führt schließlich in eine tiefe Depression. Der Grund dafür ist, dass man tief drinnen immer noch eine „Wut der Hoffnung" hat – eine Wut, die einen überfällt und die sagt: „Ich liebe dich immer noch und sehne mich nach dir, aber ich weiß nicht, was ich mit all dem Schrott, der sich zwischen uns angesammelt hat, machen soll." Trotz aller Konflikte sehnt das Paar sich im Tiefsten immer noch danach, die Beziehung wiederherzustellen; es weiß nur nicht, wie es das machen soll.

Wenn das Paar monate-, vielleicht jahrelang gekämpft hat, ohne dass es ihm gelungen ist, die Beziehungsstörungen zu beheben, beginnt es sich auseinanderzuleben. Mann und Frau ziehen sich jeder in seine eigene Nische und Interessen zurück. Jeder hat seine eigenen Freunde, Hobbys und Gewohnheiten; das gemeinsame Leben beschränkt sich auf die Organisation des Haushalts und die Erziehung der Kinder. Beide beginnen das Herz voreinander zu verschließen – die defensive Art, mit den Wunden und dem Kummer umzugehen. Aber unter all der Hilflosigkeit und Resignation glimmt oft noch ein Hoffnungsfunke weiter. „Ich wollte nie, dass wir uns so auseinanderleben", erklärte Andrew seiner Frau nach 14 Jahren Ehe. „Ich wusste einfach nicht, was ich mit all dem Negativen zwischen uns machen sollte. Wir haben uns ja ständig nur gestritten. Tja, und da hab ich mich wohl irgendwann zurückgezogen und angefangen, mein Leben ohne dich zu leben; das tat weniger weh."

Die Brille, durch die wir das Leben betrachten

Als Sie aufwuchsen, wurde jede Geste und emotionale Reaktion Ihrer Bezugspersonen in Ihrem Gedächtnis gespeichert, um zu lernen, ob und wie die anderen für Sie da waren und wie Sie am besten darauf reagierten. Diese Erfahrungen lieferten Ihnen gleichsam die Vorlage dafür, wie Sie heute in Ihren Beziehungen reagieren.

Nehmen wir an, Ihre Eltern und Geschwister waren immer „für Sie da"; Sie brauchten sich Ihre Zuwendung nie mühsam zu erarbeiten. Dann haben Sie dieses Muster internalisiert und gehen auch als Erwachsener freimütig auf Ihre Mitmenschen zu, bereit, Zuwendung zu empfangen, aber auch selber zu geben. Sie gehen davon aus, dass die anderen für Sie da sind, wenn Sie sie brauchen. Ganz anders ist die Situation, wenn Sie als Kind öfter Ablehnung erfuhren. Dann sind Ihnen *diese* Erfahrungen in Fleisch und Blut übergegangen. „Erwarte nicht zu viel von deinen Beziehungen,

sonst wirst du nur enttäuscht ...“ Sie tun sich schwer, auf andere
zuzugehen, lösen Ihre Probleme lieber selbst und wissen nicht so
recht, was Sie mit den Gefühlen und Bedürfnissen Ihrer Mitmenschen anfangen sollen.

Ihre Kindheitserfahrungen sind prägend für Ihre Fähigkeit,

- sich selbst, die anderen und Ihr Verhältnis zu ihnen wahrzunehmen
- Ihre Gefühle zu erkennen und einzuordnen
- Ihre Reaktionen wahrzunehmen und zu steuern
- die Welt auch einmal durch die Brille Ihrer Mitmenschen zu sehen
- sich in die Gefühle und Erfahrungen Ihrer Mitmenschen hineinzuversetzen
- Ihre eigene Perspektive und die des anderen nebeneinander zu
  halten und einfühlsam zu reagieren
- Verständnis, Zuwendung und Trost sinnvoll zum Ausdruck zu
  bringen
- seelische und körperliche Nähe zu geben und anzunehmen

Was Sie in Ihrer Kindheit erfahren und beobachtet haben, wird in
Ihnen gespeichert und so zu der „Brille“, durch die Sie sich selbst,
Ihre Mitmenschen und Ihre ganze Umwelt sehen. Es wird zu dem
Grundraster Ihres Beziehungsverhaltens, das Ihre Perspektive, Ihre
Überzeugungen und Ihre Art, zu lieben und auf Beziehungsstörun-
gen zu reagieren, entscheidend prägt. Welche Erwartungen Sie mit
Liebe verbinden, wie Sie selbst lieben und was Ihnen wehtut, wenn
Sie lieben – all diese Dinge sind von dieser Brille beeinflusst. Sie ist
gleichsam das Guckloch, durch das Sie die Welt (und Ihre Beziehun-
gen) sehen und deuten.

Und diese Prägung hört nicht mit unserer Kindheit auf. Jede neue
wichtige Beziehung schleift weiter an der Brille, durch die wir die
Welt und unsere Mitmenschen sehen. Und wenn wir dann eines Tages heiraten, bringen wir diese Brille und die ganzen Beziehungserfahrungen unserer Vergangenheit mit in die Ehe hinein, wo sie die

Art, wie wir auf unseren Partner eingehen und ihn lieben, Tag für Tag beeinflussen.

Die heilende Kraft des Geliebtwerdens

Ihre Ehe wird entweder die alte „Brille" und die Beziehungsmuster, die Sie in sie hineingebracht haben, bestätigen oder aber Ihnen Gelegenheiten für neue, gesündere Erfahrungen und Muster bieten. Ich staune immer wieder, wie Gott die Ehe dazu benutzen kann, einen Menschen nicht nur zu läutern, sondern auch zu heilen. Wenn es zu einer echten inneren Beziehung zu Ihrem Ehepartner kommt, bekommt dieser eine zentrale Rolle bei der Heilung der alten emotionalen Wunden aus Ihrer Kindheit.

Leider übertragen viele Menschen die Erfahrungen, die sie mit anderen Bezugspersonen gemacht haben, unkritisch auf Ihre Ehe. Das klingt dann z. B. so:

- „Ich wusste doch, dass du nicht für mich da sein würdest; als ich ein Kind war, hatte auch nie jemand für mich Zeit."
- „Meine Eltern haben mich nur dann beachtet, wenn ich etwas angestellt oder gequengelt habe, und das ist bei dir genauso."
- „Meine Eltern waren zu beschäftigt, um sich um mich zu kümmern; ich habe lernen müssen, selber über die Runden zu kommen. Es ist am besten, wenn man auch in der Ehe allein zurechtkommt. Das ist sicherer – und logischer."

Aber der heilende Balsam der Liebe Ihrer Frau/Ihres Mannes kann die Art, wie Sie sich und die anderen sehen, ändern. Die Liebe, Nähe und Fürsorge, die Sie in Ihrer Ehe erfahren, kann Ihnen helfen, in Ihren Beziehungen ein anderer Mensch zu werden:

- „Mein Vater war immer hart und kritisch, aber mein Mann ist so verständnisvoll; durch ihn habe ich gelernt, dass ich etwas wert bin."

- „Meine Mutter war launisch und hat mich links liegen gelassen. Meine Frau ist so sanft und verlässlich und zugänglich; durch sie habe ich gelernt, mich einem anderen Menschen anzuvertrauen."

Die Art, wie Sie sich gegenüber Ihrem Partner verhalten, wird entweder seine alten Ängste, nicht geliebt zu sein, bestätigen oder aber ihm zeigen, dass Liebe doch möglich ist, und seine alten Wunden heilen.

„Ich will doch nur, dass mich einer liebt!"

Sie haben in diesem Kapitel gelernt, dass dann, wenn wir den Eindruck haben, dass unser Ehepartner nicht für uns da ist, unser Beziehungssystem Alarm schlägt, was zu heftigen Gefühlsreaktionen führt. Dies beginnt mit der Phase des Protests, wobei hinter der Wut die Hoffnung steckt. Führt dies nicht zum Erfolg, resignieren wir, und zum Schluss ziehen wir uns in uns selbst zurück.

Das Gefühl „Du kümmerst dich ja gar nicht um mich" führt zu Angst, Wut, Frustration und einer allgemeinen Abwehrhaltung – einer Abwehrhaltung, die unsere eigentlichen Beziehungswünsche, -bedürfnisse und -ängste („Ich liebe dich doch", „Ich vermisse dich so", „Du hast mir wehgetan") oft überdeckt.[9]

Dann kommt z. B. das Gefühl „Ich vermisse dich, und ich könnte zwar auch ohne dich leben, aber ich lebe lieber mit dir" heraus als: „Wo warst du so lange? Warum kommst du schon wieder zu spät nach Hause?" In der Hitze eines Wortgefechts lassen Ehemänner und -frauen ihre Wut der Hoffnung, ihre Resignation, ihre Rückzugshaltung so hinaus, dass der weiche Kern des Herzens, der sagt: „Komm doch zu mir, versteh mich doch, hab mich doch lieb", nicht mehr zu hören ist.

Das frustrierte Paar reagiert also falsch und negativ, wenn das Beziehungs-Alarmsystem sich meldet, und lässt die Situation so noch eskalieren. Solange der Partner als abweisend erfahren wird, verharrt man in den Negativgefühlen, was die Ehe schwer belastet. Und doch haben wir tief drinnen die ganze Zeit die *Hoffnung,* dass der andere uns doch noch anhören und verstehen wird. Wir wollen doch nur, dass es wieder gut wird …

Im nächsten Kapitel werde ich Ihnen die „Bindungsstile" oder „Beziehungsstile" vorstellen, die unser Miteinander prägen und beeinflussen. In Kapitel 4 folgt dann die Physiologie unseres Beziehungs-Alarmsystems, also: Was geht vor in unserem Gehirn und unserem Körper, wenn wir spüren, dass unser Partner nicht für uns da ist? Wenn Sie erst einmal verstanden haben, warum Sie so reagieren, wie Sie reagieren, wenn Sie verletzt sind, werden Sie fähig, eine andere Art der Reaktion zu wählen – eine Reaktion, die Ihrem Partner hilft, das zu hören, was Sie ihm *eigentlich* sagen wollen.

Fragen und Übungen

1. Wie war das in Ihrer Kindheit? Waren Ihre Eltern oft genug in Ihrer Nähe und für Sie da – physisch und emotional? Wie haben sie Sie getröstet, wenn Sie traurig oder verletzt waren? Wie haben sie Ihnen, wenn Sie etwas ausgefressen hatten, gezeigt, dass „es wieder gut ist"? Wie haben Ihre Kindheitserfahrungen Ihr heutiges Verhalten als Erwachsener geprägt?
2. Wie viel Geborgenheit haben Sie und Ihr Ehepartner einander im Laufe Ihrer Ehe gegeben? Haben Sie sich immer wieder füreinander Zeit genommen, Vertrauen aufgebaut, sind Sie emotional und physisch füreinander da gewesen, sind Sie aufeinander eingegangen und haben Sie Ihre Beziehungsstörungen repariert?
3. Manchmal werden wir wütend, weil wir hoffen, dass unser Partner auf diese Weise endlich merkt, wie verletzt wir sind, und anfängt, etwas zu unternehmen. Denken Sie an die letzten Auseinandersetzungen mit Ihrem Partner zurück. Was für eine Rolle spielte Ihre „Wut der Hoffnung" in Ihnen?

Kapitel 3

Drachen und alte Wunden

*Was wirklich hinter unseren
Streitereien steckt*

Es geschah am ersten Tag meines Eheseminars mit Ray und April, das sich sehr gut angelassen hatte. Nach der Mittagspause schaute ich kurz in das Wartezimmer, um zu sehen, ob das Paar für die Nachmittagssitzung bereit war. Die beiden saßen auf dem Sofa und unterhielten sich angeregt. Die Atmosphäre schien herzlich zu sein. Na, das lief ja prima! „Ich komme gleich wieder", sagte ich, während ich hinausging, um mir einen frischen Notizblock zu holen.

Als ich zurückkam, war ich platt. In keinen drei Minuten war die Luft in dem Wartezimmer zehnmal so dick geworden. Ray saß vornübergebeugt da und stieß einen tiefen Seufzer aus, während er sich über seine gerunzelte Stirne rieb. Aprils Gesicht war wütend gerötet, und sie grummelte irgendetwas, während sie mit fahrigen Bewegungen versuchte, den Deckel auf ihren Kaffeebecher zu pressen.

Was war da los? Eben noch alles bestens und jetzt Krieg!

Als wir in meinem Büro saßen, fragte ich: „Haben Sie vorhin gerade ein Problem gehabt, in dem Wartezimmer?"

April: „Fragen Sie ihn, *er* hat sich so aufgeregt."

Ray: „Ich habe ganz ruhig dagesessen, bis sie ausgerastet ist."

April: „Ausgerastet? Ich hab ihn nur gebeten, zwei Deckel für unsere Kaffeebecher zu holen."

Ray: „Und das hab ich gemacht, aber sie war immer noch nicht zufrieden."

April: „Ich habe lediglich gesagt: ‚Mein Kaffeebecher ist so heiß, kannst du mir bitte einen Deckel holen?' Aber du hast mich nur so komisch angeguckt, wie immer, wenn ich dich um was bitte."

Ray: „So geht das immer. Sie wird wütend und ich bin wieder mal der Böse."

Wie konnte ein Kaffeebecher eine Reaktion provozieren, die man normalerweise für Lügner oder Ehebrecher reserviert? Hier ging es um einen dummen Plastikdeckel und nicht darum, dass der Mann gerade das Haushaltsgeld für das nächste halbe Jahr im Spielkasino versenkt hatte! Warum diese starke Reaktion?

Sicher ist Ihnen das auch schon passiert: Aus irgendeiner läppischen Mücke wird plötzlich ein Elefant, der einen mittleren Ehekrach auslöst. Solche Szenen sind typisch für viele Ehen. Banalitäten eskalieren zum Großkonflikt – weil hinter den Banalitäten tiefere Bedeutungen und Ängste liegen, die unser Beziehungs-Alarmsystem unvermittelt hochfahren und zu Reaktionen führen, die physiologisch wie emotional heftig sind.

In solchen Szenen geht es plötzlich nicht mehr darum, *worüber* wir uns streiten, sondern darum, *warum* wir uns streiten. Der Streit dreht sich eigentlich gar nicht um den äußeren Anlass wie in unserem Beispiel die Sache mit dem Kaffeebecherdeckel, sondern um tiefere Bedeutungen, Ängste, Wunden und Gefühle, die von den Kaffeebecherdeckeln in unserem Leben aufgewühlt werden.

Wenn das, worüber wir uns streiten, nicht das ist, worüber wir uns streiten

Bestimmt können Sie eine ganze Liste von Dingen aufschreiben, über die Ihr Partner und Sie sich streiten. Diese *Themen* dürften so ziemlich die gleichen sein wie bei den meisten anderen Paaren auch: Geld, Sex, Zeit füreinander, Aufteilung der Arbeit im Haushalt, Kinder, Schwiegermutter, Glaubensfragen und wie man dies oder das „richtig" macht. Den Anlass für diese Streitigkeiten bilden die kleinen Szenen des Alltags: Der eine kommt wieder mal so spät nach Hause, die andere hat den Mülleimer nicht geleert, man kann sich nicht einigen, was für Fernsehsendungen die Kinder sehen dürfen. Aber hinter diesen banalen Szenen steckt oft eine tiefere Bedeutung; das, worüber wir uns streiten, ist nicht immer das, worüber wir uns *wirklich* streiten.

Wenn ein Paar, das regelmäßig zur Eheberatung kommt, zu seinem nächsten Termin erscheint, sage ich gewöhnlich als Erstes: „Schön, dass Sie wieder da sind. Wie war die letzte Woche so?" Worauf die beiden mir Dinge berichten, die mit einem bestimmten Thema zusammenhängen. Jedes Paar hat seine *Reizthemen* – Dinge, die einem der Partner oder auch beiden besonders auf die Nerven gehen. Wenn das Reizthema das liebe Geld oder die Hausarbeit ist, können Sie Gift darauf nehmen, dass die meisten Ehestreite mit (berechtigten) Klagen über eine Begebenheit beginnen, die mit diesen Themen zusammenhängt; man ist wieder einmal nicht mit dem Geld ausgekommen, oder gewisse Arbeiten sind immer noch nicht gemacht. Aber keine drei Sätze, und es geht nicht mehr um den aktuellen Anlass der Auseinandersetzung, sondern um ihre *tiefere Bedeutung.*

Thema: „Wir streiten uns über das Geld."

Vorfall: „Du hast vergessen, aufzuschreiben, welchen Betrag du da gestern überwiesen hast."

Tiefere Bedeutung: „Du hast keinen Teamgeist, unsere Ziele sind dir egal. Alles muss ich selbst machen."

Was Ihr Partner da getan oder gesagt hat, hat eine tiefere Dimension. Sie streiten sich und plötzlich merken Sie: Es geht ja eigentlich gar nicht um die Überweisung, den Mülleimer, den Rasen, den Kaffeebecher, die Kinder oder die Schwiegermutter. Hinter und unter diesen Anlässen Ihrer Streitigkeiten liegt ein ganzes Geflecht von Faktoren und Problemen, die viel tiefer gehen.

Was uns unsere „Brille" schafft

Die tiefere Bedeutung hinter diesen Anlässen ist das Ergebnis von verschiedenen Faktoren in Ihrem Leben, insbesondere Ihre Persönlichkeit und Temperament, Ihr persönlicher Lebensstil und (am wichtigsten) die Narben aus Ihrer Vergangenheit.

Die „Brille", durch die Sie das Leben sehen und die darüber bestimmt, wie man etwas „richtig macht" und was Ihnen wehtut, ist erstens durch Ihre Persönlichkeit und Ihr Temperament geprägt. Jeder von uns hat einen ganz bestimmten Charakter mit in die Welt gebracht, ein So-Sein, das sein Wesen im Innersten prägt.

Man kann die Grundtemperamente nach Farben einteilen. Manche Menschen sind geborene Führungspersönlichkeiten; sie sind die Macher und die Schaffer, und ich möchte sie die *Grünen* nennen (nein, nicht Öko, sondern wie eine grüne Ampel). Der *Grüne* kommt schnell zur Sache. Aber weil er das tut, gehen ihm Menschen, die langsamer und lässiger sind als er, leicht auf die Nerven; er hat den Eindruck, dass sie ihn ausbremsen oder schlicht faul sind. Ein ganz anderer Typ sind die *Roten*. Sie sind die Fröhlichen, Lebenslustigen. Während für die Grünen Ordnung das halbe Leben ist, fühlen die Roten sich erstickt, wenn es zu viele Regeln und Termine gibt. Drittens gibt es die *Blauen*. Sie sind die geborenen Planer, die nicht verstehen können, wie man den Tag beginnen kann, ohne sich eine Liste zu machen und alles Erledigte abzuhaken; Menschen, die nicht an alle Eventualitäten denken und für alles einen Notplan bereit haben, frustrieren die Blauen. Und schließlich gibt es die *Gelben*. Sie sind die idealen Zuhörer, geduldig und loyal, aber ausgesprochen konfliktscheu; sie verstehen nicht, warum die Menschen nicht gelassener, flexibler und zufriedener sein können.

Ihr Persönlichkeitstypus prägt den Rhythmus Ihres Lebens und wie Sie die Welt um sich herum sehen, Ihre Gefühle ausdrücken, Ihre Arbeit und Ihre Ziele angehen. Er prägt auch die Bedürfnisse und Wunden, die Sie in Ihren Beziehungen erleben. Was nicht in Ihr „Schema" passt, erleben Sie oft als deplatziert, unnatürlich, ja verletzend. Aber der „Gelbe", der Angst vor Veränderungen hat, ist kein Faulpelz, Saboteur und Spaßverderber, sondern folgt eben seinem natürlichen Temperament. Der „Rote", der mitten in einer Arbeit etwas anderes anfängt, ist nicht zu dumm oder zu faul, um die Arbeit abzuschließen, sondern lässt sich, seinem Temperament folgend, eben leicht vom Reiz des Augenblicks und der Möglichkeit neuer Projekte ablenken. Der „Blaue", der darauf besteht, dass man an alle Eventualitäten denkt („Was, wenn etwas schiefgeht?"), ist kein Miesmacher, sondern folgt seiner Mentalität als Planer. Und der „Grüne" möchte mitnichten den Rest der Welt beherrschen und kontrollieren; es geht ihm einfach darum, dass das Ziel erreicht und der Job erledigt wird.

Die „Farbe" Ihrer Persönlichkeit

Rot

__ lebenslustig __ energiegeladen __ gefühlsbetont
__ spontan __ Mutmacher __ redet zu viel
__ kann sich nicht an Einzelheiten erinnern __ ruhelos
__ vergesslich __ fängt etwas an und macht es dann nicht fertig
__ ist gerne unter Menschen

Grün

__ Führungspersönlichkeit __ konzentriert __ kontrolliert gerne
__ zielorientiert __ macht den Job fertig
__ unabhängig __ „Typ A" __ mag keine Gefühle
__ wirkt leicht rücksichtslos __ weiß alles
__ kann nicht sagen: „Entschuldigung, das war falsch von mir"
__ dominiert die anderen

Blau

__ Planer __ analytisch __ Denker __ sensibel __ aufopferungsvoll
__ liebt Ordnung und Listen __ Problemlöser
__ fühlt sich oft einsam und verletzt __ zögerlich bei Projekten
__ sieht die negative Seite

Gelb

__ lässig __ geduldig __ schwimmt mit dem Strom
__ pflegeleicht __ bleibt lieber der Zuschauer __ macht sich Sorgen
__ hält sich gern im Hintergrund __ meidet Verantwortung
__ unentschlossen __ kann mit Plänen nichts anfangen
__ meidet Veränderungen

(Es gibt viele gut dokumentierte Persönlichkeitstypologien; die vier Farben sind ein einfaches, leicht verständliches Schema, das Ihnen helfen kann, Ihren Charakter und den Ihres Partners besser zu verstehen.)

Das Zweite, was die Bedeutung, die Sie einer Situation zuschreiben, prägt, ist Ihr persönlicher Lebensstil. Die „normale" oder „richtige" Art, Kaffee zu kochen oder die Wäsche aufzuhängen, ist eben *Ihre* Art. Dahinter stecken Ihr ganz persönlicher Geschmack, aber auch die Prägungen aus Ihrer Familie und Kultur. Im Laufe Ihrer Kindheit wurde die Art, wie man bei Ihnen zu Hause zu Mittag aß, den Sonntag verbrachte oder Weihnachten feierte, zu *Ihrer* Art. Die Weihnachtsgeschenke packt man am Heiligen Abend nach der Christmette aus, und nicht vorher oder erst am Ersten Weihnachtstag. So, und nur so, ist es „richtig".

Narben der Vergangenheit

Der dritte Faktor, der darüber bestimmt, wie wir eine Situation deuten, sind *die schmerzlichen Beziehungserfahrungen, die wir in der Vergangenheit gemacht haben.* Die Situationen in Ihrem Leben, die Ihnen sehr wehgetan haben, haben Narben oder wunde Stellen in Ihrer Seele hinterlassen. Vielleicht war Ihr Vater dauernd geschäftlich unterwegs, und wenn er zu Hause war, wussten Sie nie, wann er das nächste Mal fortfahren würde. Und so werden Sie heute unruhig, wenn Ihr Ehemann verreisen muss. Oder Ihre Stiefmutter hat ihre eigenen Kinder Ihnen und Ihrem Bruder vorgezogen, und jetzt sind Sie allergisch auf alles, was auch nur um drei Ecken herum nach „parteiisch" und „ungerecht" aussieht.

Kleine Drachenlehre

Die Ängste, Narben und wunden Stellen, die die Erlebnisse der Vergangenheit in unserer Seele hinterlassen haben, die sind für mich wie *Drachen.* Was uns heute wehtut, hängt zu einem guten Teil davon ab, was uns in unserem Vorleben wehgetan hat. Jedes Mal, wenn eine

Situation in unserer Beziehung einer schmerzlichen Situation aus unserer Vergangenheit ähnelt, löst dies die alten Ängste, Wunden und Reaktionen aus. Wir reagieren so, wie wir „damals" reagiert haben. Unser „Drache" wird aufgeweckt.

Was Sie früher erlebt haben	Wird Ihr „Drache" von heute
Vergangene Wunden und Ängste Wo Sie sich verängstigt, allein, ausgesetzt, ungeliebt, missverstanden, missachtet gefühlt haben	Ihre wunden Punkte Ihre Schwachstellen Wovor Sie Angst haben Was Ihnen wehtut

Einfach ausgedrückt: Wenn in unserem Alltag etwas geschieht, das einen wunden Punkt oder eine Narbe aus unserer Vergangenheit berührt, wird *unser Drache geweckt*, und wir reagieren reflexmäßig genauso, wie wir damals reagiert haben. Oft sind wir uns dessen gar nicht bewusst; wir merken nicht, dass die Art, wie wir hier und jetzt reagieren, ja von der alten Wunde und unserer damaligen Schutzreaktion bestimmt ist. Und genau dieses Nichtwissen macht unsere „Drachen" so mächtig; ehe wir es uns versehen, diktieren sie uns, wie wir auf unseren Ehepartner reagieren und wie wir uns mit ihm streiten.

Wenn Sie z. B. als Kind die Erfahrung machten, dass niemand für Sie da war und Sie selbst zurechtkommen mussten, bekommen Sie jedes Mal, wenn Ihr Mann/Ihre Frau etwas, was Ihnen wichtig ist, nicht tut, das gleiche Gefühl, im Stich gelassen zu sein. Und wenn Sie als Kind auf dieses Gefühl damit reagierten, dass Sie geflissentlich versuchten, die Gunst Ihrer Eltern zu gewinnen, werden Sie jetzt wahrscheinlich ähnlich um die Gunst Ihres Partners werben („Wenn ich ihr rote Rosen mitbringe, merkt sie vielleicht, dass ich sie brauche").

Ihre Drachen und Ihr Beziehungssystem

Wie schon erwähnt, streiten wir uns mit unserem Ehepartner meistens über Alltäglichkeiten. Aber diese Alltäglichkeiten rühren oft an unsere wunden Stellen und Narben, unsere alten Ängste und Verletzungen, und dann werden unsere Drachen geweckt, wir merken, dass der sichere Hafen unserer Ehe doch nicht so sicher ist, und unser Beziehungssystem schlägt Alarm. Worauf wir auf eine Art reagieren, die unser Herz zu schützen und unsere Beziehung wiederherzustellen versucht.

David ist ein gutes Beispiel dafür. Als Junge wurde er jedes Mal, wenn er etwas getan hatte, was seinem Vater nicht gefiel, von diesem heftig kritisiert und gedemütigt. David lernte es, mit dem Ausgeschimpftwerden dadurch fertig zu werden, dass er seinen Kopf senkte, sich in sich selbst zurückzog und sich den Rest des Abends in seinem Zimmer verkroch. Und heute, als Erwachsener? Zieht er sich jedes Mal, wenn jemand ihn herabsetzt (oder herabzusetzen scheint), ebenfalls in sein Schneckenhaus zurück und traut sich nicht mehr hinaus. Es ist Schwerarbeit für ihn, in solchen Situationen den Mund aufzumachen und seine Meinung zu sagen. Er ist ein gehorsamer Schüler seiner Kindheitserfahrungen – seiner Drachen. Jedes Mal, wenn er eine herabsetzende Bemerkung hört, geht sein Beziehungsalarm los („Achtung, hier will jemand dich demütigen") und er reagiert automatisch.

Er hört eine herabsetzende Bemerkung ▶ Sein Drache wird wach ▶ Das Beziehungssystem schlägt Alarm ▶ Er reagiert mit Rückzug.

Ein anderes Beispiel: Wenn der nicht geleerte Mülleimer die Bedeutung bekommt: „Du bist nicht für mich da", ist er mehr als ein überfließender Mülleimer; er wird zu einem persönlichen Angriff, einer Missachtung und Ablehnung, die unser Beziehungssystem unseren Partner fragen lässt: „Bist du für mich da? Bist du meine feste Burg?" Und wenn die Antwort „Nein" oder „Weiß nicht" ist, geht unser Beziehungsalarm los, und das Beziehungssystem beginnt mit seinem Reparaturversuch.

Themen	Szenen im Alltag	Tiefere Bedeutung/ Drache
Geld	Der Partner hat die letzte Überweisung nicht notiert.	Alles muss ich selbst machen, du bist nicht für mich da.
Kinder	Der Partner lässt die Kinder einen nicht jugendfreien Film sehen.	Meine Werte sind dir egal, ich muss die Kinder alleine erziehen.
Schwieger- mutter	Der Partner hat sie eingeladen, ohne mich zu fragen.	Ich bin allein, ich bin dir nicht wichtig.
Haushalt	Der Partner hat nicht beim Aufräumen geholfen.	Ich muss alles selbst machen, an mich denkt keiner.

Woher kommen unsere Wunden, Narben und Verletzungen, die unsere Drachen wach werden lassen? Um unsere Drachen besser verstehen zu können, schauen wir uns einmal an, wie sie in unseren jungen Jahren entstanden sind und die Brille, durch die wir das Leben betrachten, geprägt haben.

Wie wir in Kapitel 2 sahen, ist die Art, wie wir heute in unserer Partnerschaft lieben und reagieren, durch unser bisheriges Beziehungssystem geprägt. Die Erfahrungen, die wir als Kinder mit unseren Eltern machten, haben sich uns so eingeprägt, dass sie die Art, wie wir uns in unserer Ehe verhalten, beeinflussen. Diese durch unsere Kindheit geprägte Art, wie wir uns in einer Beziehung verhalten, nennt man auch einen *Bindungsstil* bzw., wie ich es in diesem Buch nenne, „Beziehungsstil". Unser Beziehungsstil kann uns zeigen, was die wunden Stellen, Ängste und Narben in unserem Herzen sind – unsere Drachen.

Beziehungsstile

Sicher	Ängstlich
Keine Probleme mit menschlicher Nähe	Hat Angst, dass die anderen nicht für ihn da sind
Fühlt sich liebenswert und empfindet die Mitmenschen als verlässlich	Strengt sich an, gesehen und bemerkt zu werden
Sieht die anderen als vertrauenswürdig und zugewandt	Macht sich Sorgen über Beziehungen
Ist zuversichtlich, dass Konflikte sich lösen lassen	Sehnt sich nach Nähe, hat Angst, dass andere keine Nähe wünschen
Unterstellt den anderen gute Absichten	

Distanziert	Ängstlich-distanziert
Unabhängig, selbstgenügsam	Sehnt sich nach Liebe, aber hat Angst, dass die anderen ihn verletzen und enttäuschen werden
Ersetzt Liebe und Nähe durch Dinge und Ziele	
Tut sich mit Gefühlen schwer	Empfindet sich häufig als unwürdig
Hat im Leben viel Ablehnung erfahren	Hat Angst, dass der Partner ihn verlassen würde, wenn er ihn wirklich kennen würde

Kleine Beziehungsstilkunde

Die Bindungsforschung hat vier grundlegende Beziehungsstile zutage gefördert: den *sicheren, ängstlichen, distanzierten* und *ängstlich-distanzierten* Stil. Es handelt sich hier nicht um wasserdichte Kategorien, sondern um eine Orientierungshilfe, die uns hilft, besser zu sehen, wo unsere Schwachpunkte sind und was die Brille ist, durch die wir die Welt um uns herum betrachten.

Der „sichere" Beziehungsstil

Beziehungsmuster in der Kindheit. Eltern mit einem „sicheren" Beziehungsstil sind emotional präsent, bieten Geborgenheit und gehen auf ihre Kinder ein. Sie sind in der Lage, die Bedürfnisse des Kindes zu verstehen und angemessen darauf zu reagieren. Solche Eltern erkennen kleine und große „Hilferufe" ihres Kindes, verstehen sie korrekt zu deuten und reagieren angemessen, prompt und effektiv. Das Ergebnis ist, dass das Kind in den Eltern einen Ort der Geborgenheit hat, wo es jederzeit Hilfe und Trost finden kann. Dieses Geborgenheitsgefühl wird zu einer starken Grundlage, aus der heraus das Kind sich zuversichtlich in die Welt hinausbegibt.

Ihre Eltern waren vielleicht nicht vollkommen, aber wenn sie in der Regel auf Sie und Ihre Bedürfnisse eingegangen sind, dann hatten Sie gute Chancen, sich als jemand zu erleben, der liebenswert ist und dem die anderen jederzeit die Zuwendung geben werden, nach der er sich sehnt. Dieses Gefühl wiederum hat das Fundament gelegt für eine innere Grundsicherheit, Selbstwertgefühl und Selbstvertrauen – eine gute Voraussetzung, mit Freunden auszukommen, weniger Verhaltensprobleme zu haben und in emotional schwierigen Situationen zu bestehen.

Beziehungsmuster im Erwachsenenleben. Für Ehemänner und -frauen mit einem „sicheren" Beziehungsstil ist das Thema „Nähe" kein Problem. Sie sagen oft: „Ich habe keine Angst davor, allein zu sein oder nicht genügend Liebe von meinem Partner zu bekommen." Die innere Brille, die sie aufhaben, lässt sie ihre Mitmenschen als liebenswert und ihre Beziehungen als pflegeleicht ansehen.

Nicht, dass diese Menschen nicht auch ihr Quantum an Verletzungen, Narben und empfindlichen Stellen aufzuweisen hätten. Auch Partner mit diesem Muster werden wütend und ärgern sich, sind enttäuscht, ja streiten sich (zuweilen heftig). Der Unterschied ist, dass sie davon überzeugt sind, dass der Partner sich ihre Klagen anhören und auf sie eingehen wird, und sie selbst tun dies auch. Partner mit einem „sicheren" Beziehungsstil haben es nicht nötig, auf die Pauke zu hauen oder demütigend oder destruktiv zu sein, um den Eindruck zu bekommen, dass der andere sie hört und versteht.

„Sichere" Partner sind fähig, die emotionalen Bedürfnisse ihres Gegenübers zu erkennen und auf ihn einzugehen. Schwierigkeiten und Differenzen begegnen sie mit der Einstellung, dass sie lösbar sind – mit dem Ergebnis, dass sich keine „Altlasten" ansammeln können. Egal was passiert, beim „sicheren" Paar versucht jeder der Partner stets, die Perspektive des anderen zu verstehen und bei seiner Reaktion das Wohl der Beziehung im Auge zu behalten.

Der „ängstliche" Beziehungsstil

Beziehungsmuster in der Kindheit. Eltern von der „ängstlichen" Sorte meinen es gut und wollen für ihre Kinder da sein, sind dabei aber oft nicht konsequent. Mal sind sie emotional präsent und offen, dann wieder sind sie gleichgültig oder auch überbehütend oder sogar emotional aufdringlich. Mal gehen sie auf die Bedürfnisse ihrer Kinder ein, mal sind sie müde, gereizt oder frustriert und reagieren entsprechend ungeduldig oder unwirsch.

Viele ängstliche Eltern fühlen sich mit der Erziehung ihrer Kinder überfordert und reagieren entsprechend verunsichert oder überbehütend; das führt dazu, dass das Kind seinerseits ängstlich und unselbstständig ist und sich an die anderen klammert.

Das Kind ängstlicher Eltern lernt, dass es sich auf seine engsten

Bezugspersonen letztlich nicht verlassen kann. Es ist sich nicht sicher, ob die Mutter bzw. der Vater ihm die Fürsorge und Zuwendung geben wird, die es braucht. Dies aber führt zu einer allgemeinen Verunsicherung in Beziehungen jeder Art. Liebt der andere mich wirklich? Vielleicht, vielleicht aber auch nicht …

Beziehungsmuster im Erwachsenenleben. Menschen, die ängstliche Eltern hatten, sehnen sich nach Nähe und Intimität, sind sich aber nicht sicher, ob der Ehepartner dies ebenfalls tut. „Manchmal fühle ich mich von meinem Partner geliebt, aber dann wieder nicht. Vielleicht muss ich mich noch mehr anstrengen …"

Um die Zuwendung naher Menschen um sie herum zu bekommen, erlernen ängstliche Menschen verschiedene Strategien: Die erste besteht darin, sich an den Partner zu klammern und allgemein unselbstständig zu sein. Man hat ständig Angst davor, zurückgewiesen oder kritisiert zu werden oder etwas falsch zu machen.

Die zweite Strategie besteht darin, sich häufig vor anderen zu produzieren, um gesehen, beachtet und gelobt zu werden. Wenn solche Menschen sich verletzt fühlen oder die Beziehung zu dem Partner gefährdet zu sein scheint, neigen sie zu emotionalen Überreaktionen.

Die dritte Strategie des „Ängstlichen", sich der Liebe des Partners zu versichern, besteht darin, ihm um den Bart zu streichen. Man tut, was man irgend kann, um den Ehepartner zufriedenzustellen; schon beim kleinsten Anlass entschuldigt man sich . „Ich möchte einfach in deiner Nähe sein" ist ein häufiger Satz bei ängstlichen Ehepartnern. Ist der Partner einmal nicht erreichbar oder muss Überstunden machen oder hat es gar eine Meinungsverschiedenheit gegeben, können sie schlecht damit umgehen.

Der „distanzierte" Beziehungsstil

Beziehungsmuster in der Kindheit. Wyatts Eltern liebten ihren Sohn, aber nach außen wirkten sie kalt, streng, wenig herzlich und auch körperlich „auf Abstand". Solche Eltern sind nicht in der Lage, mit den Gefühlsäußerungen ihrer Kinder umzugehen, ja sie überhaupt wirklich zuzulassen, und das Kind findet daher praktisch keinen Trost bei ihnen. Es kam bei Wyatt, wie es kommen musste: Er lernte es, seine Gefühle und Bedürfnisse unter Verschluss zu halten und alles mit sich selbst auszumachen. Die Folge war ein „distanziertes" Beziehungsverhalten.

Oder nehmen wir Elisa. Sie erinnert sich, wie sie als Kind mit ihrem blutenden Knie im Badezimmer stand und hörte, wie ihre Mutter sagte: „Stell dich nicht so an! Steh gerade, sonst hast du gleich wirklich einen Grund, zu heulen! Das hier ist doch nichts! Ich nehm dich mal mit ins Krankenhaus, da kannst du Menschen sehen, denen wirklich was wehtut!" Elisa berichtet, dass sie es nie lernte, mit ihren eigenen Gefühlen umzugehen, geschweige denn andere Menschen zu trösten.

Beziehungsmuster im Erwachsenenleben. „Distanzierte" Menschen wie Wyatt und Elisa sind als Erwachsene in ihren Beziehungen von der „Danke, ich brauche niemand, ich schaffe das schon selbst"-Sorte. Ihre „Beziehungsbrille" bringt sie zu der Meinung, dass die Menschen zwar grundsätzlich fähig sind, zu lieben, aber dass sie einen hängen lassen, wenn man sie wirklich braucht. Der Distanzierte kommt zu dem Schluss: „Beziehungen sind gut und schön, aber es ist besser, ich öffne mich niemand zu sehr. Der Mensch muss selbst zurechtkommen. Ich bin emotional nicht von meiner Frau/meinem Mann abhängig und gehe davon aus, dass sie/er auch nicht abhängig von mir ist."

Der „distanzierte" Ehepartner findet durchaus, dass er es wert ist, dass jemand ihn liebt, und dass er diese Liebe im Prinzip auch bekommen kann, aber er geht davon aus, dass der andere nicht für ihn da sein wird, und so sagt er sich: „Ich brauche ja nicht viel, ist schon gut." Der Distanzierte neigt dazu, seine inneren Probleme selbst lösen zu wollen, ohne die Hilfe des Ehepartners. Oft „tröstet" er sich über die Liebe und Intimität, die ihm entgeht, mit seiner Arbeit, einem Hobby, einer Sucht oder anderen Ablenkungen hinweg.

Der Distanzierte sagt sich wie Wyatt: „Gefühle sind lästig. Es ist besser, immer logisch und sachlich zu sein und sich nicht mit Gefühlsduseleien abzugeben. Und irgendwie ist es schwach, bedürftig oder wegen so etwas traurig zu sein." Da der Distanzierte es nie erlebt hat, dass jemand seine Bedürfnisse, Sehnsüchte und Gefühle gesehen, verstanden und gestillt hat, weiß er auch nicht, was er selbst mit ihnen machen soll. Oder mit den Bedürfnissen, Sehnsüchten und Gefühlen eines Partners. Emotionsgeladene oder zärtliche Augenblicke sind ihm eher unangenehm und überfordern ihn. Die Tränen der Ehefrau oder der Kummer des Mannes schrecken den Distanzierten nur ab und er flüchtet sich in die Rolle des Problemlösers, des tapferen Indianers, der keine Gefühle kennt, oder des Unbeteiligten. Er sagt dann z. B.: „Also gut, was kann ich für dich tun?" Oder: „Jetzt heul nicht, das macht mich nur nervös." Oder: „Was soll das – mehr für dich da sein? Ich weiß beim besten Willen nicht, was du meinst!"

Der „ängstlich-distanzierte" Beziehungsstil

Beziehungsmuster in der Kindheit. Kinder lernen es, ängstlich-distanziert zu sein, wenn sie in einem Elternhaus aufwachsen, das durch Misshandlung, Vernachlässigung oder emotionale Unberechenbarkeit gekennzeichnet ist. Ob und wie die Eltern emotional auf sie eingehen, hängt davon ab, ob sie gerade gut oder schlecht gelaunt, nüchtern oder betrunken sind usw. Das Kind weiß nie, woran es bei den Eltern ist. Oft erlebt es sie nicht als Menschen, die ihm Zuwendung und Fürsorge geben, sondern als wetterwendische Monster.

Hanna erinnert sich noch gut, was für eine Angst sie hatte, wenn sie von der Schule heimkam. Wie würde ihre Mutter heute sein? Wenn sie nüchtern war, sorgte sie gut für Hanna und unterhielt sich mit ihr. Aber wenn sie wieder einmal betrunken war oder ihre depressive Phase hatte, reichte der kleinste Anlass, und sie versohlte das Kind mit dem Gürtel. Hanna lebte in ständiger Angst vor ihrer Mutter – und gleichzeitig freute sie sich auf jeden Tag, wo sie sich auf Mamas Schoß setzen und mit ihr Lieder singen durfte. Wenn sie nur genauer gewusst hätte, wann das wieder einmal sein würde …

Beziehungsmuster im Erwachsenenleben. Der „ängstlich-distanzierte" Ehepartner sehnt sich nach Nähe und Intimität, hat aber Angst davor, dabei verletzt zu werden. Wenn sein Beziehungs-Alarmsystem ihm signalisiert: „Du bist verletzt und hast Angst; suche Zuflucht und Geborgenheit bei deiner Frau/deinem Mann", steckt er in einem Dilemma, denn seine vergangenen Beziehungserfahrungen sagen ihm ja, dass er womöglich nicht Geborgenheit, sondern Abweisung und Verletzung erleben wird.

Die Härte und Wechselhaftigkeit, die der „Ängstlich-Distanzierte" bei seinen Erziehern erfahren hat, hat ihm eine „Beziehungsbrille" auf die Nase gesetzt, die ihn sagen lässt: „Ich hätte ja so gerne mehr emotionale Nähe, aber kann ich meinem Partner wirklich trauen? Was, wenn er mich nur verletzt oder enttäuscht, wenn ich mich ihm zu sehr öffne?"

Diese Ehemänner und -frauen betrachten sich aufgrund ihrer Erlebnisse (unbewusst) als unwürdig und liebensunwert. Oft sagen sie: „Manchmal kann ich es schier nicht glauben, dass meine Frau/mein Mann mich liebt und immer noch bei mir ist." Sie glauben, dass der Partner sie glatt verlassen würde, wenn er sie *wirklich* kennen würde. Sie versuchen mit aller Kraft, dem Partner zu gefallen und sich seine Zuwendung zu verdienen, und scheuen doch gleichzeitig vor ihm zurück, worauf sie den Schluss ziehen, dass sie es halt nicht schaffen. Der Ängstlich-Distanzierte ist emotional ambivalent: „Komm zu mir, aber komm mir nicht zu nahe ..." Ständig prüft er, ob der Ehepartner für ihn da ist oder nicht, und wartet nur darauf, dass er es nicht ist („Ich hab's ja gewusst ..."). Die ehelichen Auseinandersetzungen kreisen im Grunde um das Thema: „Alles was du tust, beweist mir, dass du mich nicht liebst und dass ich dir nichts wert bin. Ich bin dir egal; das war schon immer so und das wird sich nie ändern." Nach einem Ehestreit hat der Ängstlich-Distanzierte oft den Eindruck, dass sein Partner und seine Ehe ein hoffnungsloser Fall sind.

Zurück zum Kaffeebecher: die Hintergrund-Story

Erinnern Sie sich an das Beispiel mit Ray und April am Anfang dieses Kapitels? Die simple Bitte, die Deckel für die Kaffeebecher zu holen, löste im Nu einen Beziehungsgroßalarm aus, weckte Rays und Aprils Drachen auf und führte zu einem erstklassigen Streit. Nun, schauen wir uns an, was für Beziehungsstile die beiden verkörpern und welche Drachen es waren, die aus einer Mücke einen Elefanten machten. Hier der Rest der Geschichte.

Ray wuchs in einem chaotischen Elternhaus auf. Seine Stiefmutter war eine harte Frau, die ständig etwas von ihm verlangte. Weigerte er sich, setzte es gleich zweimal Prügel: erst von der Stiefmutter und abends dann vom Vater, der den Sohn dafür bestrafte, dass er „Mama geärgert" hatte. Ray erklärt als erwachsener Mann: „Sie hat mich nie gebeten: ‚Kannst du mir bitte beim Kartoffelschälen helfen?' Es war immer gleich ein Befehl und eine Drohung: ‚Schäl die Kartoffeln, sonst setzt es was.'" Das Ergebnis ist, dass Rays Beziehungsstil ziemlich von der „distanzierten" Sorte ist. Er hat Angst, dass er nur zurückgewiesen wird, wenn er seine Fühler nach Liebe ausstreckt. Seine Drachen sagen ihm: „Die Menschen, die dir nahestehen, tun das nur, weil sie sich von dir bedienen lassen wollen."

Als also April mit heißen Fingern etwas panisch ausstieß: „Ray, hol mir schnell 'nen Deckel, der Kaffee schwappt aus dem Becher", klang diese Bitte in seinen Ohren mehr wie ein Befehl und der Drache meldete sich. Ein wütender Ray starrte seine Frau finster an, während er betont langsam aufstand, um ihrem „Befehl" zu folgen.

Womit er prompt Aprils Drachen aufweckte und bei ihr Beziehungsalarm auslöste. Denn Aprils Drache ließ sie die Situation so verstehen, dass sie nur eine Last für Ray ist und dass ihre Bedürfnisse ihm egal sind – denn so war das Verhältnis zu ihrem Vater, als sie klein war. April hat einen mehr „ängstlichen" Beziehungsstil. Sie meint, dass sie nur dann beachtet wird, wenn sie stark und heftig reagiert. Sie empfindet Ray ganz und gar nicht als ihren sicheren Hafen und Zufluchtsort – und das lässt sie ihn spüren.

Wie unser Gedächtnis Drachen speichert

Um zu sehen, was für Dinge aus unserer Vergangenheit unsere Drachen geschaffen haben, lohnt es sich, einen Ausflug zurück in unsere Kindheit zu machen. Sie erinnern sich vielleicht nicht mehr an alle Begebenheiten aus Ihrer Kindheit, aber bestimmte Begebenheiten prägen Ihre Gegenwart. Bevor ich jetzt fortfahre, muss ich Sie warnen: Ich werde gleich ein paar Ausdrücke verwenden, die Sie kurz einmal an den Biologieunterricht in der Schule erinnern werden. Lesen Sie trotzdem weiter; Ihr Partner und Sie werden es nicht bereuen.

Ein für Ihr Streiten sehr wichtiger Teil Ihres Gehirns ist der sogenannte *Hippocampus;* hier liegt Ihr Gedächtniszentrum. Ihr Hippocampus speichert sowohl Informationen, die Ihre Sinnesorgane liefern, als auch die Gefühlsinformationen, die ein anderer Teil des Gehirns, die *Amygdala,* liefert. Die Amygdala ist der Teil des Gehirns, der alles, was Sie erleben, emotional verarbeitet. Vereinfacht ausgedrückt: Der Hippocampus speichert Fakten und Situationen, die Amygdala speichert die mit diesen Fakten und Situationen verbundenen Gefühle. Wenn Sie als Kind Angst hatten oder verletzt wurden, haben Sie darauf entsprechend reagiert, und diese Situationen, zusammen mit Ihren Gefühlen und Reaktionen in Ihnen, sind alle in Ihrem Gedächtnis gespeichert.

Wenn z. B. Ihre Mutter Sie wiederholt zu spät vom Kindergarten abgeholt hat, haben sich diese Szenen in Ihr Gedächtnis eingebrannt. Wie Sie dort ganz allein warteten, als alle anderen Kinder längst fort waren. Und wie Sie sich dabei fühlten: alleingelassen, verängstigt und wütend.

Das Erstaunliche an der Sache ist, dass wir uns gar nicht bewusst an diese Kindheitsszenen erinnern müssen, um mitten in einem Ehestreit die Gefühle von damals wieder zu spüren. Das hängt damit zusammen, dass unser Gedächtnis auf zwei Weisen arbeitet:

1. *Das explizite Gedächtnis* speichert Fakten und visuelle Bilder eines Ereignisses sowie die im Zusammenhang mit diesem Ereignis erlebten Gefühle.

2. *Das implizite Gedächtnis* speichert Sinnes- und Gefühlseindrücke. Es liefert Ihnen keine Erinnerungen an die Details des betreffenden Ereignisses, sondern nur, wie Sie sich damals fühlten. Es kann sein, dass die Datenbank in Ihrem Gehirn alle Details der Szene damals (wie Sie mutterseelenallein warteten) speichert oder nur einige Details, aber Ihr emotionales Gedächtnis weiß jedenfalls, dass Sie sich in dieser Situation traurig und verlassen und voller Angst fühlten. Was bedeutet, dass jedes Mal, wenn Sie eine Situation erleben, die der damaligen auch nur teilweise ähnelt, die gleichen Gefühle in Ihnen hochkommen.

Wunden, die alte Bekannte sind

Bleiben wir bei dem Beispiel, dass Ihre Mutter Sie nicht rechtzeitig vom Kindergarten abholte. Was, wenn Sie ihr damals nicht sagen konnten, wie einsam und allein Sie sich gefühlt hatten, sondern stattdessen Ihre Tränen hinunterschluckten und schweigend im Auto saßen? Dann wiederholt sich dieses Gefühlserlebnis jedes Mal, wenn sich etwas ereignet, das dieser Situation von damals ähnelt. Wenn Ihr Ehepartner zu spät nach Hause kommt, kommt vielleicht nicht das ganze Bild, wie Sie früher allein warteten, in Ihr Gedächtnis, aber auf jeden Fall Ihre Gefühle. Sie spüren die gleiche Mischung aus Angst und Wut wie damals, wenn Ihre Mutter Verspätung hatte. Und genauso wie damals sagen Sie auch jetzt nichts, aber sind für den Rest des Tages verschlossen und eingeschnappt.

Wenn der Drache Feuer spuckt

Unsere Drachen werden so schnell geweckt, dass wir uns des Zusammenhangs zwischen dem Ereignis aus unserer Vergangenheit und unseren aktuellen Gefühlen oft gar nicht bewusst sind. Aber etwas in uns reagiert ganz automatisch auf eine ganz bestimmte Weise; so, und nur so, so sagt uns unser Unterbewusstsein, kannst du dich schützen.

Da fühlen Sie sich z. B. von Ihrem Partner überfahren – und ziehen sich in die Schmollecke zurück. Warum tun Sie das? Weil Ihr Vater das auch immer machte. Oder Sie fühlen sich angegriffen oder herabgesetzt und reagieren mit spitzen Bemerkungen – wie früher in der Schule, wenn Klassenkameraden Sie ärgerten. Und schon vorher hatten Ihnen Ihre Brüder vorgemacht, wie das geht. Oder Sie fühlen sich nicht beachtet und reagieren damit, dass Sie laut werden – gerade so wie früher, wenn Sie versuchten, von Ihrem Vater beachtet zu werden. Die alten Narben lassen uns automatisch auf eine ganz bestimmte Weise reagieren.

Aber man erlebt manchmal auch das Umgekehrte: Menschen, die dann, wenn Situationen aus Ihrer Kindheit sich wiederholen, genau entgegengesetzt reagieren. Anstelle Ihre Wut brütend zu schlucken, explodieren Sie zum Beispiel. Die Wut, die Sie als Kind gegenüber Ihren Eltern nicht hinauslassen durften, macht sich jetzt gewaltsam (und oft sehr verletzend) Luft.

Eines der Probleme bei diesem ganzen Phänomen ist, dass die Art, wie Sie als Kind auf bestimmte Situationen und Verletzungen reagierten, in Ihren heutigen Beziehungen womöglich nicht funktioniert. Ihr Mann/Ihre Frau empfindet Ihre alte Reaktion womöglich nur als verletzend oder ungehörig und reagiert mit weniger, und nicht mehr, Verständnis. Mag sein, dass Sie als Kind gut damit fuhren, sich bei Problemen zurückzuziehen und vor sich hin zu träumen; wenn Ihre Frau Sie kritisiert, bringt diese Rückzugsstrategie gar nichts. Oder Sie sind in einer Alkoholikerfamilie aufgewachsen, wo man manchmal laut werden musste, um beachtet zu werden; wenn Sie das Gleiche in Ihrer Ehe tun, machen Sie aus dem sicheren Hafen eine stürmische See – und es führt eben nicht dazu, dass Sie gehört werden!

Was tun? Wenn all diese alten Reaktionsmuster in unser Gehirn einprogrammiert sind, wie können wir unser Gehirn umprogrammieren und lernen, anders zu reagieren – auf eine Art, die garantiert, dass der andere uns hört und versteht? Nun, der Weg dahin ist eine kleine Reise, aber Sie haben sie ja bereits begonnen, indem Sie dieses Buch aufgeschlagen haben. In Kapitel 8 werde ich Ihnen nach dem

Background einige ganz praktische Schritte zeigen, die Ihnen helfen werden, die Reise fortzusetzen. Aber schauen Sie jetzt einmal in die folgenden Listen. Sie werden da manches wiedererkennen. Wie war das noch, damals, in Ihrer Kindheit …

Wie haben Sie als Kind sich selbst und die anderen gesehen? Was hat Ihnen wehgetan und wie haben Sie reagiert? Hier einige Formulierungen, die Ihnen helfen können:			
Wie ich mich selbst gesehen habe	**Wie ich die anderen gesehen habe**	**Was mir wehgetan hat**	**Wie ich reagiert habe**
liebenswert	fähig, mich zu lieben	Ich war oft allein	Ich habe mich zurückgezogen
unwürdig	bereit, mich zu lieben	vernachlässigt	Widerworte gegeben
der große Held	nicht da	missbraucht	alles mit mir selbst ausgemacht
das schwarze Schaf	gefühlsbetont	abgelehnt	Gefühle gemieden
besonders	unberechenbar	nicht beachtet	versucht, es den anderen recht zu machen
die Heulsuse	fürsorglich	nicht geachtet	geschwiegen
unerwünscht	ablehnend	herabgesetzt	Angst gehabt
allein	hart	ignoriert	meine Wut bekommen
selbstständig	verlässlich	nicht getröstet	viel geweint

Unsere Drachen entstehen nicht nur in unserer Kindheit. Im Laufe der Ehejahre brüten wir nach Verletzungen, die wir durch unseren Partner erleiden, neue Drachen aus. Es gibt ja Augenblicke, wo er oder sie nicht für uns da ist, uns enttäuscht oder rücksichts- oder gefühllos reagiert. Viele dieser Erlebnisse hinterlassen keine bleibenden Spuren. Wir empfinden sie als menschliche Schwächen und Lästigkeiten, sagen vielleicht: „Du, das hat mir gerade wehgetan" und unser Partner entschuldigt sich sogar.

Aber es gibt auch Gelegenheiten, wo unser Partner uns wirklich tief verletzt und eine Wunde reißt, die sich in unserem Gedächtnis festsetzt und unser künftiges Miteinander prägt. Diese tiefen Verletzungen werden zu den Drachen, die wir in unserer Ehe ausbrüten.

Ein Beispiel: Ihr Mann verspricht hoch und heilig, die Rechnungen pünktlich zu bezahlen, aber wieder und wieder vergisst er es. Worauf Ihr Vertrauen in Ihren Mann zu bröckeln beginnt. Jedes Mal, wenn er sagt: „Ich kümmer mich darum, lass mich das machen", zucken Sie innerlich zusammen und denken: *Die Leier kenn ich! Wahrscheinlich muss ich es wieder mal selbst machen. Ich glaube nicht, dass du dein Wort hältst; es ist besser, ich vertraue dir nicht.*

Andere Drachen

Neben unseren Kindheits- und Ehe-Erlebnissen können auch andere Lebenserfahrungen die Art, wie wir mit den Begebnissen in unserem Leben umgehen, beeinflussen. Zum Beispiel unsere Erfahrungen am Arbeitsplatz oder in unserer Freizeit. Oder folgenschwere Verlusterlebnisse. Ein paar Tage vor Rosalyns Hochzeit starb ihre Mutter. Einen Tag nach der Geburt ihres ersten Kindes verlor ihr Mann seinen Arbeitsplatz. Das Ergebnis: Rosalyn kann schier nicht mehr glauben, dass etwas Gutes in Ihrem Leben passieren kann, ohne dass gleichzeitig eine Katastrophe geschieht.

Es gibt Menschen, die sich mit Leib und Seele in ihre Ehe einbringen, nur um ein paar Jahre später eine hässliche Scheidung zu erleben. Mit dem Ergebnis, dass sie sich nach wie vor nach Liebe sehnen, aber Angst haben, sich noch einmal einem Partner anzuvertrauen. Die Angst vor neuen Wunden hat sie misstrauisch und befangen gemacht.

Auch schmerzliche Erlebnisse im Beruf können unsere emotionale Brille nachhaltig tönen. Der leitende Pastor einer großen Kirchengemeinde erzählte mir einmal: „Als die Gemeinde sich spaltete und Menschen, die ich zu meinen engsten Freunden gezählt hatte, mich verließen, war ich am Boden zerstört. Es ist Schwerarbeit für mich geworden, Menschen zu vertrauen. Ich habe ständig dieses mulmige Gefühl: Egal wie hoch und heilig jemand mir verspricht, mein Freund zu sein, wenn ich ihm nicht genau das biete, was er erwartet, geht er bestimmt."

Schlechtes Benehmen

Nach einer meiner Konferenzen kam eine Ehefrau zu mir und sagte: „Frau Morris May, ich hab mir echt Mühe gegeben, rauszufinden, was ich und was mein Ehemann an Drachen haben, aber ich finde bei ihm keine Drachen, bei ihm finde ich nur richtig schlechtes Benehmen."

Wohl allen Paaren passiert es manchmal, dass sie mit dem falschen Fuß zuerst aufgestanden sind und beim kleinsten Anlass ihre guten Manieren vergessen. Wir werden ungeduldig, grob, respektlos, unhöflich oder unverschämt. Wir benehmen und bewegen uns zu Hause ungepflegter als außerhalb und geben womöglich ab und zu Laute und Körpergeräusche von uns, die man anderswo von uns nie zu hören bekäme. Wir vergessen ganz, dass der Partner ja unser größter Schatz ist.

Noch ein paar Beispiele gefällig? Sie sind am Telefonieren, wenn Ihre Liebste/Ihr Liebster nach Hause kommt; Sie setzen das Gespräch ungerührt fort, ohne auch nur einen Gruß. – Ihre Frau war beim Arzt und Sie fragen sie nicht, wie es war. – Ihre Frau stellt Ihnen eine Frage, und Sie brummen etwas in Ihren Bart, ohne wirklich zu antworten. – Sie sind in der Küche, Ihr Mann auch, und Sie sagen: „Raus mit dir! Wie soll ich das Essen machen, wenn du dauernd im Weg bist!" – Ihre Frau wagt es, vor dem Fernseher vorbeizugehen, während das Länderspiel läuft, und Sie murmeln mürrisch: „Geh da weg! Kann man hier keinen Augenblick für sich sein?" – Sie danken Ihrer Frau nicht mehr für das gute Essen (oder Ihrem Mann dafür, wie gut er bestimmte Dinge managt).

Wenn eine Ehe in die Jahre kommt, wird der Umgangston oft rauer. Nicht wenige Ehepartner finden, dass es nicht so wichtig ist, in den kleinen Dingen des Alltags höflich zu sein; der andere wird schon nicht gleich die Scheidung einreichen und soll halt nicht so empfindlich sein … Nur sehr wenige Paare ziehen am Ende eines Tages Bilanz und überlegen sich, was für einen Umgangston sie an diesem Tag miteinander gepflegt haben.

Schauen Sie sich Ihre Einstellungen und typischen Reaktionen an. Sind sie das Ergebnis von Drachen und alten Wunden? Oder handelt es sich einfach um schlechte Manieren?

Unsere Drachen-Scheuklappen

Eines schönen Abends ging Carlos, nachdem er das Auto aus der Garage gefahren hatte, durch den Flur, als die Stimme seiner Frau aus dem Bad kam: „Hast du auch das Licht in der Garage ausgemacht?" Er hätte antworten können: „Ja! Aber danke, dass du mich erinnert hast!" Stattdessen wurde er wütend. Urplötzlich fühlte er sich wieder wie der kleine Junge, den seine Mutter ständig kontrolliert hatte, weil sie ihm nicht zutraute, einmal etwas richtig zu machen. Er ging kopfschüttelnd an der Badezimmertür vorbei und dachte: *Für was hält die mich? Für ein Baby? Für einen Trottel? Als ob ich nicht an das Licht denke …* Und aus seinem Mund kam eine bissige Antwort: „Was denkst denn du? *Du* bist doch diejenige, die immer das Licht anlässt!" Und er fühlte sich völlig im Recht, als er das sagte; seine Frau hätte ja auch den Mund halten können. Aber als er ein paar Stunden später im Bett lag, musste er denken: *War das wirklich nötig vorhin? Meine Frau hatte mich doch bloß was gefragt …*

Wie Carlos wissen viele Ehepartner nicht, warum sie so reagieren, wie sie reagieren. Sie sehen nur die aktuelle Situation; die Drachen und alten Narben, die ihre Reaktionen steuern, sehen sie nicht.

Was sind *Ihre* Drachen und wunden Stellen, die Ihnen z. B. sagen: „Du bist nicht für mich da"? Was für Dinge haben die Macht, heftige Reaktionen in Ihnen auszulösen und den Streitmotor hochdrehen zu lassen?

Unsere „Drachen" begrenzen unsere Reaktionsmöglichkeiten, indem sie automatische Reflexe in Gang setzen, die nicht unbedingt das Beste für unsere Beziehung sein müssen. Wenn Ihre Mutter Sie ständig bevormundete, sind Sie als Erwachsener womöglich allergisch gegen alles, was nach Bevormundung riecht. Ihr Drache sagt Ihnen: „Mich gängelt keiner", und wenn Sie das Gefühl haben, dass Ihre Frau oder Ihr Mann Sie gängeln will, fahren Sie automatisch die seelische Panzerabwehrkanone aus. Es ist ein großer Schritt nach vorne in der eigenen persönlichen Entwicklung, wenn Sie anfangen, Ihre Drachen und die Art, wie Sie sich verhalten, wenn diese Drachen geweckt werden, zu durchschauen. Sie werden fähig, auf Abstand zu sich selbst zu gehen und nicht mehr blind den Drachen zu gehorchen, sondern zu erkennen, warum eine bestimmte Situation solch eine Macht über Ihre Gefühle und Reaktionen hat.

Dein Drache ist mein Drache

Mit den Drachen des anderen zu leben, kann schwierig sein. Viele Paare wissen gar nicht, was die Drachen des Partners sind. Oder was sie machen sollen, wenn diese Drachen wach werden. Alles was sie wissen, ist, dass der Partner manchmal so komisch oder verletzend ist. Und da man ja einen Schuldigen suchen muss, suchen sie die Schuld bei den Eltern und in der Erziehung ihrer besseren oder schlechteren Hälfte.

Da behauptet Esther, dass Samuel so überempfindlich ist, weil sein Vater ihn ständig kritisierte, und Samuel findet, dass Esther durch ihre alkoholkranke Mutter so kontrollsüchtig geworden ist. Samuel jammert: „Wie lange muss ich noch den Kopf dafür hinhalten, was ihre Mutter ihr angetan hat? Das ist doch alles Schnee von vorgestern, warum kann sie das nicht endlich vergessen?" Und Esther sagt: „Warum soll *ich* diejenige sein, die dafür büßen muss, dass sein Vater so unmöglich war?"

Ehe – das heißt unter anderem, den Partner begleiten auf seinem Weg hin zum Verstehen seiner Drachen, auf dem Weg zu Heilung und Wachstum. Wir sind einander Weggefährten. Gemeinsam lernen wir es, einander anders zu begegnen – reifer, liebevoller, mehr im Geiste Christi. Auf unserer Reise zur Reife werden wir einander zum Freund und Helfer, Arzt und Trainer, machen wir einander Mut, versuchen wir zu lernen, unsere Drachen zu verstehen und uns nicht länger von ihnen beherrschen zu lassen. Vergessen wir nie, dass wir gemeinsam auf diesem Weg sind, auf welchem Gott das gute Werk, das er in uns angefangen hat, vollenden will.

Änderung ist möglich

Es gibt hundert Gelegenheiten für Sie und Ihren Partner, einander in der Tiefe der Seele zu berühren und aktiv mitzuwirken an der Heilung der Wunden der Vergangenheit. Wenn in einer Situation Ihr Mann oder Ihre Frau mit Liebe und Verständnis reagiert und nicht auf die negative Art, die Sie aus Ihrer Kindheit kennen, dann kann diese neue Erfahrung die Brille, durch die Sie das Leben, sich selbst und die Mitmenschen sehen, nachhaltig verändern.

Bonnie hat mir ein tolles Beispiel dafür erzählt. Sie berichtet: „Mein Vater wurde immer schrecklich wütend, wenn ich etwas vergessen hatte oder ihm irgendwelche Umstände machte. Er schrie mich dann an und strafte mich anschließend mit Nichtachtung. Ich hatte ständig Angst, etwas falsch zu machen. Ich erinnere mich noch gut, wie mein Mann und ich unsere erste Urlaubsreise machten. Als wir vielleicht zehn Kilometer gefahren waren, sagte er: ‚Gibst du mir eben mal die Straßenkarten?‘ Ich suchte und suchte – und dann erinnerte ich mich, dass ich sie auf dem Küchentisch liegen gelassen hatte. Ich war richtig erschrocken. Ich sagte: ‚Du, die hab ich zu Hause gelassen.‘ Was würde jetzt passieren? Aber mein Mann sagte nur: ‚Mist. – Na gut, dann drehen wir an der nächsten Ausfahrt halt um und holen sie.‘ Er war enttäuscht, aber nicht wütend. Ich verstand die Welt nicht mehr und fragte ihn, warum er nicht wütend war. Er antwortete, ganz ruhig: ‚Na, so was kann doch jedem mal passieren, wir waren ja auch etwas in Eile. Hätte mir auch passieren können.‘ Seine Reaktion war das Gegenteil von der meines Vaters. Was war dieser Mann freundlich und geduldig! Heute hab ich nicht mehr so eine schreckliche Angst davor, etwas falsch zu machen.“

Als Ehemann und -frau haben Sie die einmalige Chance, einander ein sicherer Hafen und eine Burg der Geborgenheit zu sein – echte Liebe zu praktizieren, indem Sie körperlich und seelisch füreinander da sind, den Partner wertschätzen und ihm fürsorglich, rücksichtsvoll und höflich begegnen. Sie haben die Gelegenheit, sich einander auf eine Art zuzuwenden, die die Wunden der Vergangenheit heilt und Ihnen eine neue „Brille“ gibt – eine Brille, durch die Sie das Leben mit dem einfühlsamen Blick der Liebe sehen. Die Ehe gibt Ihnen die unerhörte Gelegenheit, teilzuhaben an der inneren Heilung, dem Wachsen und dem Reifen des Partners. Die Liebe, die wir zueinander haben, kann unsere inneren Wunden heilen.

Und manchmal gehört zu dieser Heilung auch das Sichstreiten. Schauen wir uns also im folgenden Kapitel genauer an, was passiert, wenn wir uns streiten. Was geschieht in unserem Herzen, unserem Gehirn und unserem Körper, wenn die Beziehungsalarmglocken schrillen?

Fragen und Übungen

1. Nennen Sie die „Reizthemen" in Ihrer Ehe. Worüber streiten Sie sich am häufigsten?
2. Was für Dinge tut oder sagt Ihr Partner, aus denen Sie den Schluss ziehen: „Du bist nicht mein sicherer Hafen, du bist nicht für mich da, du gehst nicht auf mich ein"?
3. Was sind Ihre persönlichen „Drachen", wunden Stellen und Narben?
4. Wie reagieren Sie, wenn Ihre Drachen wach werden? (Werden Sie z. B. wütend, schreien Sie herum, ziehen Sie sich zurück?)
5. Beantworten Sie die Fragen 1 bis 4 noch einmal, diesmal aus der Perspektive Ihres Mannes/Ihrer Frau.

Kapitel 4

Anatomie des Streitens

Was geschieht in unserem Herzen,
unserem Gehirn und unserem Körper, wenn
die Beziehungsalarmglocken schrillen?

Jessica sah, wie ihr Mann, Randy, eine große Schachtel Pralinen aus seiner Aktentasche zog und auf die Anrichte hinter dem Esstisch stellte. *Was für ein wunderbarer Mann!*, dachte Jessica. *Er weiß genau, wie sehr ich Pralinen mag, vor allem in so einer stressigen Woche wie jetzt gerade.* Sie hätte die ganze Welt umarmen können.

Als sie fertig gegessen hatten, sagte Randy schmunzelnd: „Du, ich hab eine Überraschung. Ich hab dir auf dem Nachhauseweg ein paar Pralinen gekauft."

Küsse, Umarmungen. Jessica reißt die Verpackung ab, hebt den Deckel der Schachtel hoch – und ihr Lächeln erstarrt. „Wenn das für mich sein soll, wo sind dann die Karamellpralinen? – Aber das hätt ich mir ja denken können. Du hast dir die Pralinen ausgesucht, die *du* magst, die sind gar nicht für mich!" Ihre Stimme wird schrill. „Die hast du für dich selbst gekauft! Wie konnte ich nur so blöd sein? An mich denkst du ja nie, du bist der reinste Egoist!"

„He, jetzt mach's mal halblang!" Randy ist überrascht und schockiert. Diese Reaktion hat er nicht erwartet. „Egoist? Ich bring dir 'ne Riesenschachtel Pralinen mit, und das soll egoistisch sein?" Randys Herzschlag beschleunigt sich, er spürt, wie seine Hände klamm werden. Er fühlt sich, als ob seine Frau ihn gerade eines Verbrechens bezichtigt hätte.

„Wo sind dann meine Lieblingspralinen? Kannst du nicht *ein* Mal an mich denken?" Jessica knallt die Schachtel wütend auf den Tisch.

Randy presst hervor: „Wer ist denn hier der Egoist? Das bist doch du! *Du* siehst immer nur das Negative, *du* bist die, der man es nie recht machen kann."

„Mir kann man es ganz leicht recht machen! Du brauchst nur mal zur Abwechslung an *mich* zu denken! Ich nehm dauernd Rücksicht auf dich, aber du auf mich? Nicht die Bohne!" Jessica kämpft mit den Tränen.

Und dann stürmt sie in die Küche. Randy saust hinterher. „Den ganzen Tag reib ich mich für diese Familie auf, und das soll egoistisch sein?"

Wenn es brenzlig wird

Eine harmlose Schachtel Pralinen. Eben bedeutet sie noch: *Du bist wunderbar und liebst mich*, und im nächsten Augenblick: *Du bist ein Egoist und denkst nie an mich.* Erstaunlich, nicht wahr?

Was ist da passiert bei Jessica und Randy? Ganz offensichtlich haben die nicht vorhandenen Pralinen mit Karamellfüllung Jessicas Drachen aufgeweckt. Aber mussten sie sich so heftig melden? Warum diese geradezu hysterische Reaktion?

Und wie kommt es, dass das eine kleine Wort *Egoist* nicht nur Randys Drachen weckt, sondern auch seinen Herzschlag und Blutdruck in bedenkliche Höhen treibt, bis er selbst explodiert?

Bestimmt haben auch Sie schon ähnliche Szenen erlebt wie Randy und Jessica. Und anschließend haben Sie sich wahrscheinlich gefragt: *Warum hat mich das, was mein Mann da sagte, so auf die Palme gebracht?* Oder: *Warum ist meine Frau wegen einer Kleinigkeit so explodiert?*

Warum werden wir plötzlich so von unseren Gefühlen mitgerissen, obwohl wir uns für logisch denkende Erwachsene halten? Warum sind in dem Augenblick, wo wir uns verletzt oder wütend fühlen, alle guten Vorsätze, pfleglich miteinander umzugehen, auf einmal wie weggeblasen?

In diesem Kapitel möchte ich Ihnen diese Fragen beantworten, indem ich mir zusammen mit Ihnen die Neurobiologie des Streitens anschaue. Die folgenden Seiten mögen Ihnen zuerst wie eine Biologiestunde in Kurzform erscheinen, aber sie werden Ihnen helfen, besser zu verstehen, warum bestimmte Dinge solch starke Gefühlsreaktionen in Ihnen und Ihrem Partner hervorrufen, dass binnen Sekunden ein offener Krieg ausbricht. Wenn wir lernen wollen, uns anders und besser zu streiten, müssen wir zuerst verstehen, wie unser Gehirn funktioniert, wenn es zwischen uns kracht und blitzt.

Das Denken und das Fühlen

Im Eifer des Streitgefechts haben Ihre Gefühle mehr Macht über Ihr Gehirn, Ihren Körper, Ihre Gedanken und Ihre Reaktionen als Ihr logisches Denkvermögen. Das mag Sie überraschen, aber die Forscher versichern uns, dass dies so ist.

Der Neurowissenschaftler Joseph Le Doux von der New York University hat herausgefunden, dass die Informationen unserer Sinnesorgane über zwei ganz verschiedene Pfade in unserem Gehirn ankommen, eine „Hauptstraße" und eine „Nebenstraße". Die „Hauptstraße" führt zu unserem „Denkzentrum" und ist der traditionelle, sicherere, aber auch langsamere Weg. Die „Nebenstraße" führt zu unserem „Gefühlszentrum" und ist unzuverlässiger als die Hauptstraße – aber schneller und einfacher. So reagiert unser Gefühlszentrum wesentlich schneller als unser Denkzentrum.

Sehen wir uns diese beiden „Straßen" an – dann verstehen wir, warum wir oft so heftig reagieren und uns dabei auch noch im Recht fühlen, und warum es uns so schwerfällt, während eines Streits anders zu reagieren.

Die „Hauptstraße"

Die Information über die Welt um uns herum erreicht uns über unsere Sinne (Sehen, Hören, Fühlen und andere Sinnesorgane) und wird über Nervenbahnen weitergeführt zum *Thalamus*. Der Thalamus ist der Hauptteil des Zwischenhirns und die Zentrale, die die einlaufenden Informationen sammelt und an die verschiedenen Teile des Gehirns weiterleitet. Alle Informationen, die wir aufnehmen, gehen typischerweise durch den *Kortex* (Großhirnrinde). Der Kortex liegt gleich hinter unserer Stirn und ist sozusagen der „Chef" des Gehirns bzw. das Denkzentrum. Hier wird das, was von außen in das Gehirn kommt, gleichsam durchgesehen und geprüft. Der Kortex konsultiert dabei andere Teile des Gehirns und prüft z. B. die im Langzeitgedächtnis gespeicherten Erinnerungen, bevor er zu einem Ergebnis kommt und eine bestimmte Reaktion anordnet.

Doch die von außen kommende Information wird auch in das *limbische System* oder Gefühlszentrum geleitet, das die emotionale Bedeutung der Situation ermittelt und ständig auf der Ausschau nach Gefahrensignalen ist. Hat das limbische System diese Aufgabe erledigt, entscheidet der Kortex (das Denkzentrum), was die richtige Reaktion ist.

Wenn Sie z. B. die Straße entlanglaufen und jemanden sehen, der Ihnen vage bekannt vorkommt, wühlen Sie in Ihrem Gedächtnis und fragen sich: *Woher kenn ich den?* Ihr Gedächtnis lokalisiert das Gesicht – aha, es gehört zu einem ehemaligen Schulkameraden. Als Nächstes holt Ihr Gehirn die zu diesem Schulkameraden gehörende emotionale Information hervor. Sie erinnern sich, dass er derjenige war, der vor dem großen Fußballspiel gegen eine andere Schule das Maskottchen der gegnerischen Mannschaft klaute. War das eine Gaudi! Sie kichern unwillkürlich.

Aber diese ordentliche und systematische „Hauptstraße" des Großhirns, so fand Le Doux heraus, ist nicht immer der Pfad, den unser Gehirn benutzt. In bestimmten Situationen benutzt es eine Abkürzung und wählt die „Nebenstraße".

Die „Nebenstraße"

Was Le Doux entdeckte, war, dass in bestimmten Situationen, die entweder besonders gefühlsgeladen sind oder vom Gehirn als physisch oder emotional gefährlich eingestuft werden, die Information direkt vom Thalamus zur *Amygdala* weitergeleitet wird, und zwar unter Umgehung des Kortex. Erinnern Sie sich an die Amygdala? Sie kennen sie aus dem Abschnitt, in dem es um Erinnerungen ging, die die Alarmglocken schrillen lassen. Die Amygdala ist eine kleine mandelförmige Struktur in unserem limbischen System, also dem Gefühlszentrum des Gehirns. Wie wir oben sahen, verarbeitet dieses emotionale Alarmzentrum emotionale Informationen und versieht alles, was wir erleben, mit einer „Bedeutung". Wenn sie im Labor elektrisch stimuliert wird, erzeugt die Amygdala solche Gefühlsreaktionen wie Angst oder Wut.

Ist das gefährlich? Eine der Hauptaufgaben der Amygdala besteht darin, eine Situation auf mögliche Gefahren abzuklopfen. Unser Gefühlszentrum durchsucht in Windeseile unser Langzeitgedächtnis, um zu sehen, ob es dort etwas gibt, das der aktuellen Situation ähnelt: *Habe ich das hier schon einmal so oder ähnlich erlebt? Ist diese Person/Sache/Situation womöglich schlecht oder gefährlich für mich?* Wenn die Antwort „Ja" lautet, lässt Ihre Amygdala die Alarmglocken klingeln und befiehlt Ihrem Organismus, vermehrt die Stresshormone Adrenalin und Noradrenalin auszuschütten. Ihre Herztätigkeit beschleunigt sich, der Blutdruck steigt, Sie beginnen zu schwitzen und Ihre Pupillen weiten sich. Die Schreckreaktion kann so groß sein, dass Ihr Schmerzempfinden schlagartig weniger wird und Ihre Verdauung sich verlangsamt. Sie bekommen eine Art inneren Tunnelblick; Sie können an nichts anderes mehr denken als an die Gefahr, die da vor ihnen steht. Ihr Körper bereitet sich darauf vor, auf eine von drei Arten auf die Gefahr zu reagieren: durch *Kämpfen,* durch *Fliehen* oder durch *Erstarren,* bis die Gefahr wieder vorüber ist.

Bist du mein Liebling oder ein gefährlicher Löwe? Diese automatische Stressreaktion leistet uns gute Dienste, wenn wirklich Gefahr droht. Aber was, wenn wir nicht einen Löwen um die Straßenecke kommen sehen, sondern lediglich unser Liebling eine spitze Bemerkung macht? Was, wenn wir nicht beim Bergabfahren auf einer Passstraße merken, wie die Bremsen versagen wollen, sondern lediglich merken, dass unser Mann jetzt schon eine halbe Stunde Verspätung hat? Nun, unser Gefühlszentrum macht hier keinen Unterschied. Ja, mehr noch: Da die Beziehungen zu nahen Menschen uns sehr viel bedeuten, schlägt unser Gehirn dann, wenn wir den Eindruck haben, dass unser Partner nicht für uns da ist, genauso Alarm, wie wenn wir eine Giftschlange auf der Terrasse sehen. Mit dem Ergebnis, dass die physiologische Reaktion beim Hören einer spitzen Bemerkung ganz ähnlich ausfällt wie beim Anblick eines frei laufenden Löwen. Wenn wir eine Gefahr wittern (egal ob physischer oder seelischer Art), schaltet unser Gehirn und unser ganzer Organismus sofort auf die „Nebenstraße" um und kennt nur noch die drei Optionen „Kämpfen", „Fliehen" und „Erstarren".

Das Beziehungs-Alarmsystem

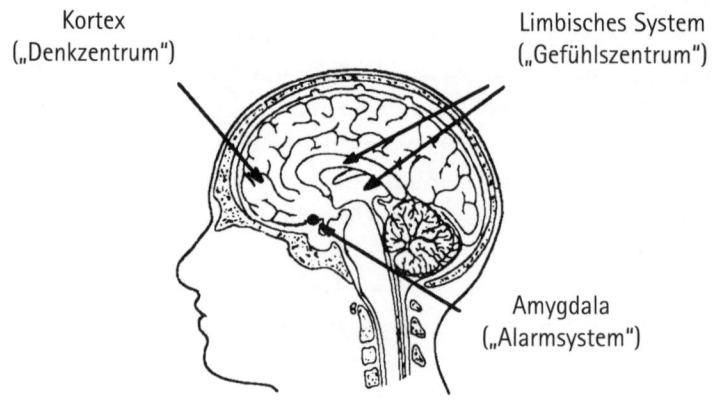

Kortex
(„Denkzentrum")

Limbisches System
(„Gefühlszentrum")

Amygdala
(„Alarmsystem")

Wenn die Gefühle das Kommando übernehmen. Es ist wichtig, sich darüber klar zu sein, dass der Informationstransport zum Gefühlszentrum des Gehirns doppelt so schnell erfolgt wie zum Denkzentrum. Das Gefühlszentrum wird einfach schneller mit Informationen versorgt – und kann entsprechend schneller reagieren. Wenn wir nicht aufpassen, kann unser Gefühlszentrum das Denkzentrum glatt überspielen bzw. kurzschließen. Wenn dies geschieht, sind wir ganz überrascht und fragen uns: *Was ist nur mit mir los? Warum hab ich das gerade gemacht?* Wir verstehen die Welt (und uns selbst) nicht mehr.

John Gottman konnte nachweisen, dass der Puls eines Ehepartners, der wütend wird, vom einen Augenblick zum nächsten um 10 bis 30 Schläge schneller werden kann. Wenn dies passiert, hat das Gefühlszentrum das Kommando übernommen und das Denkzentrum mattgesetzt.

Die Arten von Verhalten, die unseren Puls beschleunigen und unser logisches Denken abschalten, sind nach Gottmans Ergebnissen die gleichen, die mit einer Wahrscheinlichkeit von 84 Prozent zur Scheidung führen: Kritik, Verachtung, Verteidigung, Mauern. Wo es Paaren nicht gelang, ihre Streitigkeiten beizulegen, stieg die Wahrscheinlichkeit einer Scheidung sogar auf 90 Prozent.

Wie die Nebenstraße funktioniert

Das Gefühlszentrum in unserem Gehirn arbeitet sehr schnell; es braucht ganze 15 Millisekunden nach der Wahrnehmung einer potenziell gefährlichen Situation, um die Information zu verarbeiten und nach bekannten Wahrnehmungs- und Deutungsmustern zu suchen. Nehmen wir an, Sie sind in der Garage am Arbeiten und Ihre bessere Hälfte schaut herein und sagt: „Du lässt das Werkzeug nachher nicht liegen, wo sonst das Auto steht, oder?" Sofort bewertet Ihr Gefühlszentrum, *was* Ihr Partner da sagt und *wie* sie es sagt – und schon wird der Drache wach, denn die Worte und der Klang der Stimme, sie scheinen Ihnen ausgesprochen kritisch, ja herabsetzend zu sein.

Ihre Amygdala sucht rasend schnell Ihr Gedächtnis nach ähnlichen Situationen aus Ihrem Leben ab und im Nu, ohne dass Sie selbst wissen wie, stehen da Szenen vor Ihrem inneren Auge, in denen Ihre Mutter den Kopf zur Tür hereinsteckt und Ihnen sagt: „Du räumst jetzt dein Zimmer auf, sofort!" Sie fanden diese Aufforderung herabsetzend und dachten: *Ich bin doch schon dabei, warum muss sie mir das noch extra sagen?* Als Nächstes erinnern Sie sich an die ersten Jahre Ihrer Ehe und wie Ihre Frau Ihnen andauernd vorpredigte, wie man „richtig" das Geschirr spült und die Betten macht. Die aktuelle Situation braucht dem Erlebnis in Ihrem Gedächtnis gar nicht zu hundert Prozent zu gleichen; eine oberflächliche Ähnlichkeit reicht und Ihr Gehirn löst Großalarm aus. Und Sie reagieren so, wie Sie früher auch reagiert haben (oder gerne reagiert hätten); Sie antworten Ihrer Frau in sarkastischem Ton: „Ich bin doch schon dabei; warum musst du immer wie ein Polizist sein?"

Diese Antwort überrascht Ihre Frau. Sie weiß nichts davon, dass Ihr Drache erwacht ist und die alten Reflexe sich melden. Sie findet Ihre Worte einfach unverschämt und wehrt sich: „Musst du immer gleich so sarkastisch werden?" Was Sie noch mehr auf die Palme bringt und schon sind sie heraus, die Worte: „Musst du mich an meinem freien Tag jede Minute kontrollieren?" Es ist ein Volltreffer, der die Drachen Ihrer Frau lebendig macht. Sie ist absolut allergisch gegen die Behauptung, dass sie jemanden kontrolliert, denn der große Kontrolleur in ihrer Herkunftsfamilie war ihre Mutter – und so wie ihre Mutter sein, das wäre das Allerletzte für sie … Und ihr eigenes Gefühlszentrum gibt Großalarm und sie streift sich innerlich die Boxhandschuhe über. „Ich kontrollier niemand, zum Kuckuck noch mal! Mach doch, was du willst!" Spricht's, stürmt ins Haus und knallt die Tür hinter sich zu. Und Sie denken: *Was hab ich bloß falsch gemacht, dass die so ausrastet?* Ja, unser Gefühlszentrum hat es in sich!

Das Tunnelblicksyndrom

Wenn eine tatsächliche oder scheinbare Gefahr unser inneres Alarmsystem auslöst, rutschen wir in einen Zustand der physiologischen Erregung hinein, der in der Folge all das, was wir sehen und hören (oder zu sehen und zu hören meinen), sowie die Art, wie wir das Gesehene und Gehörte deuten und ganz allgemein die Information, die unsere Sinne uns liefern, verarbeiten, zutiefst prägt.

Wer in die Gefangenschaft seines Gefühlszentrums gerät, bekommt leicht einen Tunnelblick. Er starrt nur noch auf die Gefahr, die da auf ihn zuzukommen scheint; alles andere interessiert ihn nicht. Und ist man erst einmal in dem Tunnel drin, wird alles und jedes bedrohlich. Das liegt daran, dass wir die Situation durch die Brille unseres „Drachen" sehen, und der Drache sagt uns in dem Garagenbeispiel: „Mein Partner will mich nur beherrschen."

Wenn Ihre Drachen erwachen und Ihre Amygdala Alarm schlägt, gehen Sie automatisch in Abwehrstellung. Selbst wenn Sie wollten, Sie könnten Ihrem Partner gar nicht richtig zuhören, dazu schlägt Ihr Herz zu schnell, schießt das Adrenalin zu heftig durch Ihre Adern, schrillen die Alarmglocken Ihres Gefühlszentrums zu laut. Kämpfen oder flüchten – aber *zuhören?*

Ja, es ist Schwerarbeit, auf den Partner einzugehen und die Situation durch seine Brille zu sehen, wenn das Gefühlszentrum im Gehirn Amok läuft. Ihr ganzes System ist wie umprogrammiert, Sie haben nur noch einen Gedanken: *Mein Mann/meine Frau will mir was!*

Wenn Ihr sicherer Hafen nicht mehr so sicher ist

Auslösendes Ereignis ▶ Beziehungssystem
prüft die Situation ▶ Bist du mein sicherer
und fragt: Hafen?
Hörst du mir zu?
Bist du für mich da?
Gehst du auf mich ein?
Verstehst du mich?

▼

Wenn die Antwortet
lautet: „Weiß nicht"
oder „Nein"

▼

Beziehungssystem
schlägt Alarm

▼

Die Drachen erwachen

Gefühlszentrum tritt in Aktion:

Stress-/Angstreaktion: *Puls beschleunigt sich*
Blutdruck steigt
Kämpfen *Stresshormone werden ausgeschüttet*
(angreifen oder verteidigen) *Muskeln verspannen sich*
Fliehen *Aufmerksamkeit richtet sich auf die*
(innerer oder äußerer Rückzug) *„Gefahr"*
Erstarren
(oder nichts tun)

Stellen Sie sich vor, Sie haben in Ihrem Haus einen Feuermelder, der mitten in einem Gespräch, das Sie mit Ihrem Mann führen, plötzlich losgeht. Wie reagieren Sie? Sagen Sie: „Schatz, erzähl mir mal, wie das mit deinem Antrag auf Gehaltserhöhung ausgegangen ist. Wie hat dein Chef darauf reagiert?" Sehr wahrscheinlich nicht, sondern Sie springen auf und schauen nach, wo das Feuer ist. Wo ist der Feuerlöscher? Oder besser gleich die Feuerwehr rufen? Was Ihr Mann in der Firma erlebt hat, ist vergessen – so lange, bis das Feuer gelöscht ist oder der Alarm sich als Fehlalarm entpuppt hat.

Wenn Ihr Ehepartner einen emotionalen Großalarm hat, kann er Sie nicht richtig hören oder verstehen, er begreift nicht, was Sie brauchen oder wollen, und er ist definitiv nicht in der Lage, Sie zu beruhigen oder einfach für Sie da zu sein. Das ist der Grund dafür, warum es so viele Scherben gibt, wenn ein Paar sich in dem Kämpfe-oder-fliehe-Zustand befindet.

Warum Frauen eher traurig und Männer eher wütend werden

Männer und Frauen haben in der Regel unterschiedliche physiologische Reaktionen auf Stress und Gefahr, vor allem dann, wenn sie sich mitten in einer Auseinandersetzung befinden. John Gottman entdeckte bei seinen Forschungen, dass die physiologische Reaktion eines Mannes während und nach einem Streit die Beziehung strapaziert. Und wenn eine Frau ihren Mann wiederholt mit Kritik überhäuft und daraufhin sein Puls und Blutdruck nach oben gehen, steigt die Wahrscheinlichkeit einer Scheidung. Interssanterweise steigt bei der umgekehrten Konstellation – der Mann kritisiert und die Frau reagiert – das Scheidungsrisiko nicht. Wie kommt das?

Nun, Männer haben einen höheren Testosteron-Spiegel, was dazu führt, dass sie bei Stress und Gefahr in einen Zustand hochgespannter Wachsamkeit fallen – sozusagen höchste Alarmstufe. Von diesem Zustand wieder herunterzukommen und ruhig zu werden, braucht seine Zeit. Historisch gesehen macht das durchaus Sinn;

jahrtausendelang waren Männer die Torwächter, die Jäger und die Beschützer.

Frauen dagegen sind mit einem höheren Spiegel des Hormons Oxytozin ausgestattet, das ihren Geselligkeits- und Pflegeinstinkt weckt, besonders in Stresssituationen. Es fällt ihnen daher leichter, nach einer Aufregung wieder ruhig zu werden, während Männer mit ihrem vielen Testosteron und ihren anderen Stressbewältigungsstrategien deutlich länger brauchen, um rein körperlich wieder herunterzukommen.

Die Forschung hat auch ergeben, dass Frauen, die von ihren Männern kritisiert werden, eher traurig werden, während Männer in der gleichen Situation eher auf die Palme gehen. Frauen neigen also eher dazu, beziehungsbetont zu reagieren und auf Beziehungsstörungen hochsensibel zu reagieren, während Männer dazu neigen, zu kämpfen, zu beschützen und unter Stress zum Angriff überzugehen. Es leuchtet ein, dass diese Geschlechtsunterschiede zu erheblichen Problemen in unserer Streitkultur führen können – vor allem dann, wenn ein Paar sich über diese unterschiedlichen „Verdrahtungen" nicht im Klaren ist.

Die Aus-Zeit-Therapie

Es ist wichtig, dass Sie sich und Ihrem Partner Gelegenheit geben, sich nach einem Streit zu beruhigen. Wenn er das Zimmer verlässt, dann rennen Sie nicht hinterher, weil Sie unbedingt noch eine Bemerkung loswerden müssen oder darauf bestehen, dass er hier und jetzt und sofort zur Vernunft kommt. Damit treiben Sie ihn nicht nur noch tiefer in eine Ecke, in der er sich nur noch mit Zähnen und Klauen verteidigen kann; sein Kopf ist auch gar nicht klar genug für eine ruhige, besonnene Unterhaltung. Auch nicht für eine versöhnliche Liebesgeste; der Teil seines Gehirns, der ihn befähigt, weich, sanft und verständnisvoll zu sein, ist bis auf Weiteres blockiert.

Verständigen Sie sich für Streitsituationen auf eine bestimmte Sache: eine Aus-Zeit. Weil Sie gut miteinander umgehen wollen und weil die Verbundenheit wichtig ist, sagen Sie Ihrem Partner, dass Sie ein paar Minuten für sich sein müssen, weil das gut für Sie beide ist. Diese kurze (!) Versicherung soll ohne viel Worte Unausgesprochenes signalisieren: nämlich dass Sie gern eine kleine Pause zum Runterkommen und (wortwörtlich) zum Entspannen der Lage hätten (und nicht, um Ihren Anwalt anzurufen oder das lange Brotmesser zu holen). Das entspannt die Situation ganz einfach und praktisch.

Sagen Sie z. B.: „Du, ich bin gerade so wütend, ich muss mal rausgehen und zu mir kommen. Auch wenn wir gerade in Fahrt sind – du bist mir wichtig und unsere Ehe auch. Lass uns einen Moment Zeit. Ich komme in ein paar Minuten wieder. Dann können wir weiterreden." Sie gehen vorübergehend auf Distanz, weil der Gefühlssturm in Ihren Gehirnen zu stark ist, aber Sie sind sich klar darüber, dass Sie einander nach wie vor lieben und das Problem bereinigen wollen.

Warten Sie, bis Sie ruhiger sind, Ihr Herz wieder langsamer schlägt und Sie normal atmen und klar denken können, und dann setzen Sie sich wieder zusammen, um sich vernünftig zu unterhalten. Aber Vorsicht: Wenn Sie Ihrem Partner versprochen haben, bald wieder zu ihm zu kommen, um weiter mit ihm zu reden, dann lassen Sie dieses „bald" nicht zu lang werden; sonst bekommt Ihre andere Hälfte den Eindruck, dass Sie sich nur vor dem Gespräch drücken wollten, und wird Sie das nächste Mal nicht mehr so leicht gehen lassen, sondern Ihnen auf den Fersen bleiben, weil sie vermutet, dass aus dem „Wir reden nachher weiter" nichts wird.

Zurück zu der Pralinenschachtel

Was können wir aus unserem Streifzug durch unser Gehirn für das Eingangsbeispiel mit Randy und Jessica und den geschenkten Pralinen lernen?

Der Auslöser

Als Jessica die Pralinenschachtel sieht, ist sie erst ganz begeistert – nicht nur, weil sie Pralinen mag, sondern auch wegen dem, was dieses Geschenk für ihre Beziehung zu Randy signalisiert. Dass ihr Mann aufmerksam ist, an sie denkt, etwas Gutes für sie im Sinn hat. Die Glückshormone schießen durch ihren Körper, ihr Kopf füllt sich mit lieben Gedanken.

Die Drachen

Als Jessica dann die Schachtel öffnet und instinktiv ihre Lieblingspralinen erwartet, ist die Enttäuschung riesengroß. Ihr Gefühlszentrum beginnt, auf Hochtouren zu laufen: Ist es gefährlich, dass ihr Mann ihre Lieblingssüßigkeiten vergessen hat? Ihr Gehirn durchsucht die Festplatte ihres Gedächtnisses und kommt zu der Antwort *Ja!*

Hier müssen wir uns einen Augenblick Zeit nehmen und uns anschauen, was es ist, was da so fest in Jessicas Langzeitgedächtnis eingebrannt ist, dass es ihr Verhalten in der Gegenwart steuern kann. Als Jessica klein war, versprach die Mutter ihr immer wieder schöne Ausflüge: „Am Samstag gehen wir in den Zoo." Oder: „Morgen nehm ich dich mit in die Stadt, da machen wir beide einen schönen Einkaufsbummel." Aber dann kam jedes Mal etwas dazwischen. Entweder ging es ihrer Mutter nicht gut oder sie war zu beschäftigt mit Jessicas kleinem Bruder, der Epileptiker war. Jedes Mal folgte auf die große Vorfreude die große Enttäuschung. Mit dem Ergebnis, dass die Brille, durch die die groß gewordene Jessica die Welt betrachtete, ihr sagte: *Die Menschen, die du liebst, werden dich früher oder später enttäuschen und verletzen; vertraue ihnen also nicht zu sehr.* Jessica ist allergisch gegen Zurückweisungen jeder Art; alles, was auch nur um drei Ecken herum danach aussieht, rührt an die wunden Stellen in ihrer Seele.

Wenn noch etwas dazukommt ...

Dazu kam in der aktuellen Situation noch etwas anderes: Seit einigen Wochen schon fühlte Jessica sich einsam und von ihrem Mann alleingelassen. Das Ergebnis war, dass sie dazu neigte, jede Begebenheit durch die „Du kümmerst dich nicht um mich"-Brille zu sehen. Sie war emotional so ausgetrocknet, dass sie nicht in der Lage war, zu sehen, dass Randy es doch gut gemeint hatte. Sie hätte ja auch denken können: *Na gut, dann eben diese Pralinen ... Es ist doch schön, dass er so auf mich zukommt ... auch wenn's jetzt nicht meine Lieblingspralinen sind. Das ist ja nichts Böses – er hat mir eine Freude machen wollen.*

Alarm!

Jessicas Amygdala aber schlägt Alarm und ihr Körper macht sich gefechtsbereit. Ihr Herz beginnt schneller zu schlagen, ihr Blutdruck steigt, ihre Hänader werden feucht. Sie könnte „erstarren" und gar nichts sagen, aber das hat sie noch nie gemacht; wahrscheinlich wüsste sie gar nicht, wie das geht. Sie könnte die Flucht ergreifen, wie damals als kleines Mädchen, als sie in ihr Zimmer ging, um alleine zu weinen. Aber seit sie erwachsen ist, drückt sie ihren Frust gewöhnlich durch Protestieren und wütende Worte aus. Das Kämpfen ist zu ihrer Standardreaktion geworden, wenn sie sich von ihrem Mann verletzt fühlt.

Und weil das Gefühlszentrum in Sekundenbruchteilen das gesamte Gehirn und den gesamten Körper umprogrammieren kann, kommt Jessica gar nicht dazu, ihre grauen Zellen einzuschalten, die Situation vernünftig zu analysieren und sich an die Kommunikationsregeln zu erinnern, die sie auf dem letzten Eheseminar gelernt hat. Stattdessen schießen sie aus ihrem Mund, die Worte: „An mich denkst du nie, du bist der reinste Egoist!"

Sie reagiert so heftig, weil sie das Gefühl hat, dass eine sanftere, höflichere Reaktion nicht ausreichen würde, Ihrem Mann zu zeigen, wie verletzt sie sich fühlt. Hat sie ihm nicht schon öfter gesagt, was ihre Bedürfnisse sind, und er hat es glatt ignoriert? Ihr Gefühlszentrum überschüttet ihr Gehirn mit Negativinformationen: *Glaube mir, diesem Mann bist du egal! Es ist immer dasselbe, so lange Wochen schon!* Und sie fühlt sich im Recht mit ihren hysterischen Worten. Später an diesem Abend, als das Denkzentrum ihres Gehirns den Vorfall noch einmal Revue passieren lässt, ist es für alternative Reaktionen viel zu spät; die beißenden Worte sind längst heraus.

Noch einmal: Der Auslöser

Schauen wir uns jetzt die ganze Szene noch einmal aus Randys Perspektive an. Was geht in *seinem* Kopf vor? In dem Augenblick, als seine Frau ihn einen Egoisten nennt, stellt sein Beziehungssystem die Frage: *Ist Jessica gerade mein sicherer Ehehafen?* Und die Antwort ist eindeutig *Nein*.

Die Drachen

Als Nächstes fragt seine Amygdala: *Ist dieser Satz, den meine Frau da gerade gesagt hat, etwas Gefährliches?* Wieder ist die Antwort *Ja*. Das kleine Wort „Egoist" hat Randy ins Mark getroffen, denn er ist immer stolz darauf gewesen, gerecht und fair zu sein. Er weiß noch gut, wie sein Großvater ihm einen Fünf-Dollar-Schein schickte, zusammen mit einem Zettel, auf dem stand: „Ich hab in der Stadt deinen Cousin getroffen und ihm ein Mittagessen spendiert. Das Essen hat fünf Dollar gekostet, und jetzt kriegst du das Gleiche; das ist nur gerecht." Das war ein Anschauungsunterricht zum Thema „Gerechtigkeit", den Randy sein Leben lang nicht vergessen hat; er hat immer versucht, gerecht zu sein. Und er ist auch stolz darauf, dass er hart arbeitet, um seine Familie zu ernähren. Dass Jessica ihn auf einmal einen Egoisten nennt, ist ein absoluter Tiefschlag. *Wie kann sie nur – wo ich mich so für die Familie aufreibe und sogar noch im Haushalt mithelfe!*

Alarm!

Randy fühlt sich zu Unrecht angegriffen, alleingelassen, verletzt und wütend. Sein Gefühlszentrum fährt auf die höchste Alarmstufe hoch. Eigentlich ist er in Krisensituationen der geborene Kämpfer, aber er merkt, dass es zwecklos ist, seine Frau umstimmen zu wollen, und so zieht er sich zurück und sagt noch gepresst: „Ich hab die Schachtel genommen, die wir meistens haben." Was so viel heißen soll wie: „Das Problem ist nicht, dass keine Karamellpralinen dabei sind, sondern dass du so eine Staatsaffäre daraus machst."

In der Streitfalle gefangen

Dass ihr Mann sich nicht für seine „Missetat" entschuldigt, ist für Jessica der nächste Beweis, dass sie ihm egal ist. Ihr sicherer Ehehafen fühlt sich gar nicht mehr sicher an. Sie reagiert, indem sie ihren Standpunkt wiederholt, lauter und mit einem aggressiven Unterton in der Stimme: „Kannst du nicht *ein* Mal an mich denken?"

Die Bemerkung lässt in Randy das Gefühl, dass seine Frau ungerecht zu ihm ist, nur noch stärker werden. Das Gefühlszentrum in seinem Gehirn hält den Alarm aufrecht und er verteidigt sich weiter: „Wer ist denn hier der Egoist? Das bist doch du!" Und er geht zum Gegenangriff über: „Dir kann man es aber auch nie recht machen!" Was bei Jessica ungefähr so ankommt: „Wenn du so enttäuscht bist, dann stimmt ja wohl bei dir etwas nicht." Wo ist er geblieben, ihr lieber, fürsorglicher Mann?

Die beiden werden förmlich überschwemmt von schwarzen Gedanken. Ihr Puls schnellt um bis zu dreißig Schläge nach oben, Hauttemperatur und Blutdruck sind spürbar erhöht. Beide sind sie in ihrem Tunnelblick gefangen, sie fühlen sich meilenweit voneinander entfernt; sie empfinden sich nicht mehr als Partner, sondern als Gegner.

Sie streiten sich, als ob ihr Leben von den richtigen Süßigkeiten abhinge. Aber der Streit geht gar nicht mehr um Süßigkeiten. Er geht (eigentlich die ganze Zeit schon) um etwas ganz anderes: wie sicher der Hafen ihrer Ehe ist.

Raus aus der Gefühlsfalle!

Wenn das Gefühlszentrum Ihres Gehirns Sie überfällt und mit negativen Gedanken überschüttet, sind Sie viel zu sehr damit beschäftigt, sich zu verteidigen und den vermeintlichen Feind zu bekämpfen, um Ihrem Partner zuzuhören. Wenn Ihr Puls auf 130 ist, das Adrenalin durch Ihre Adern schießt und Ihr Körper in höchster Alarmbereitschaft ist, so als ob Sie einem wütenden Gorilla gegenüberstehen, sind Sie nicht in der Verfassung, sich zu überlegen, was Ihr Partner da *eigentlich* sagen will.

Es dürfte auch klar sein, dass in solchen Augenblicken die Streithähne blind sind für alles, was nichts mit ihrem Streit zu tun hat. Wenn Sie auf einer Wanderung plötzlich eine Giftschlange vor sich sehen (oder zu sehen glauben), haben Sie keinen Blick mehr für die Schönheit des Waldes, hören nicht mehr das Grillenkonzert auf der Wiese, vergessen, dass Sie Hunger haben. Eine falsche Ablenkung und das Biest beißt Sie …

Genauso haben Sie mitten in einem Ehestreit kein Gespür dafür, dass Ihre Frau sich nur geschulmeistert fühlt, wenn Sie sich verteidigen, oder dass es Ihren Mann nur noch mehr auf die Palme bringt, wenn Sie etwas mit Nachdruck erklären wollen. Sie vergessen, was Ihrem Partner wehtut – oder Sie vergessen es vielleicht nicht, aber es spielt gerade keine Rolle. Es kommt Ihnen buchstäblich nicht in den Sinn, dass hinter dem äußeren Anlass der Szene die alten Wunden, Ängste und „Drachen" Ihres Partners liegen könnten und dass Sie beide eigentlich doch gar keinen Krieg wollen, sondern Frieden, Verständnis und Zuwendung.

Die hässlichen Worte, die Ihr Partner da gerade gesagt hat, lassen Sie all das Schöne, das Sie (womöglich noch vor einer halben Stunde!) miteinander erlebt haben und vielleicht schon bald wieder erleben werden, glatt vergessen. Sie sind gefangen im Sturm Ihrer Gefühle und werden erst dann fähig sein, sich aus ihm zu befreien, wenn etwas echt Gravierendes passiert, das Ihren Blick ablenkt – oder wenn Sie den Eindruck haben, dass die Gefahr vorbei ist.

Du bist ja gar nicht so schlimm, wie ich dachte

Wenn Ihre Amygdala keine Gefahr mehr wittert, beendet sie den Alarmzustand und gibt Ihrem Organismus Anweisung, keine Stresshormone mehr auszuschütten. Dies geschieht z. B. dann, wenn Sie sich die Situation anhand neuer Informationen, die Sie bekommen haben, noch einmal anschauen und dabei sehen, dass das, was Sie da für gefährlich hielten, gar nicht so gefährlich ist. Mit den Stresshormonen geht auch das Bedürfnis, zu kämpfen, zu fliehen oder zu erstarren, zurück, Ihr Gehirn geht in einen entspannteren, teilnahmsvolleren Modus und Sie werden fähig, ein vernünftiges Gespräch mit Ihrem Partner zu führen.

Zu dieser Transformation kommt es, wenn neue Informationen in Ihr Gehirn kommen, die die alten Gefahrensignale überlagern, oder wenn Ihr Denkzentrum die Situation, die Ihr Gefühlszentrum so vorschnell als brandgefährlich eingestuft hat, in Ruhe analysieren kann. Da stößt Ihr Sohn das braune Ding, das da vorne auf dem Weg liegt, mit dem Fuß beiseite, und Sie merken, dass es ja gar keine Kreuzotter ist, sondern ein harmloser Zweig. Der laute Knall, der von der Straße kam, war wohl doch kein Schuss, sondern eine Fehlzündung, und Sie beruhigen sich wieder. Oder Sie holen tief Luft, schauen Ihrem Partner in die Augen und merken: *Er/sie liebt mich doch und will mir eigentlich gar nichts …*

Wenn Sie die Situation nicht mehr als akut gefährlich betrachten, entspannt sich Ihr Gefühlszentrum und mit ihm Ihr ganzer Körper. *Ach so, das ist ja gar keine Schlange, das ist bloß ein Zweig …* Und schon können Sie mit der Gefahrenquelle, die also doch keine ist, ganz anders umgehen. Sie heben den Zweig auf und benutzen ihn als Wanderstock. Oder Sie umarmen Ihre Frau, die also doch für Sie da und Ihr sicherer Hafen ist.

Damit ist der Bann gebrochen und Sie erinnern sich an die vielen Szenen, wo Ihr Mann so fürsorglich zu Ihnen war. Oder Sie beginnen, die Perspektive Ihrer Frau zu verstehen. Sie merken, wie hinter ihren kritischen Bemerkungen eine Frau steht, die sich gerade einsam und verlassen fühlt und nach Nähe sehnt. Oder wie hinter der scheinbar abweisenden Fassade Ihres Mannes ein Mensch sitzt, der Angst davor hat, zu versagen oder seine Lieben zu enttäuschen. Es gelingt Ihrem Kortex, die verschiedenen Teile Ihres Gehirns zu koordinieren und Gedanken zu erzeugen, die von Verständnis und Mitfühlen geprägt sind und von dem Versuch, die Situation einmal durch die Brille des Partners zu sehen. Sie werden fähig, Ihre eigenen Meinungen und Gedanken und die Ihres Partners nebeneinander zu stellen und eine Lösung zu suchen, die Ihre Partnerschaft stärkt.

Reparatureinsatz: Wie die Pralinenaffäre ausging

Etwas später an dem fatalen Pralinenabend gelang es Randy und Jessica übrigens zu verstehen, was da überhaupt geschehen war und warum eine dumme Schachtel Süßigkeiten einen solchen Ehekrach vom Zaun gebrochen hatte.

Es begann damit, dass Jessica sah, wie Randy die Schachtel wieder verschloss und zurück in seine Aktentasche schob. Sein Gesicht sah nicht gleichgültig oder kaltschnäuzig aus dabei, sondern – ja, traurig. Und der erste Riss tat sich auf in ihrer Analyse des Vorfalls. Konnte es sein, dass er ihr tatsächlich eine Freude hatte machen wollen und sie liebte, auch wenn er die falschen Pralinen gekauft hatte? Ihr Denkzentrum trat in Aktion und ihr Gefühlszentrum erhielt neue Informationen, dass die Lage vielleicht doch nicht so gefährlich war, wie sie zunächst angenommen hatte. Sie spürte, wie sich in ihr so etwas wie Verständnis regte.

Frei von dem Schraubstockgriff ihrer Amygdala, gelang es Jessica, nicht mehr nur an sich, sondern auch an Randy zu denken. Sie schaute ihn an. „Du, ich war heute Abend so fix und fertig. Ich glaube, es – es ging mir gar nicht um die Pralinen."

„Hm, ja …" Randy merkte, dass seine Frau das verbale Messer beiseitegelegt hatte und dass er es wagen konnte, sich seinerseits zu öffnen. „Ich denke, die letzten Wochen sind für uns beide ziemlich hart gewesen."

Zuhören und verstehen

Jessica rutschte noch etwas näher zu Randy. „Durch das mit den Pralinen habe ich gemerkt, wie sehr ich die Nähe von dir vermisse. Ich hatte irgendwie Angst, dass es dir egal ist, dass wir so wenig Zeit füreinander haben, und da bin ich voll ausgerastet."

Dass seine Frau zugab, dass sie „ausgerastet" war, war Randy eine echte Hilfe. Es hatte ihn erschreckt, wie sie plötzlich losgeschrien und die Schachtel auf den Tisch geknallt hatte. Dass sie jetzt sagte, dass sie ihn vermisste, ließ sein Herz weicher werden. Er erinnerte sich daran, dass sie Probleme damit hatte, mit Enttäuschungen fertig zu werden – wie gerade vorhin. Dass sie das so offen zugab, ließ ihn seinerseits seine Waffen senken; er spürte, wie ihre Traurigkeit und ihr Schmerz etwas in seinem Herzen berührten. Auf einmal verspürte er das Bedürfnis, sie zu trösten, und eine neue, diesmal positive Kettenreaktion kam in Gang: Sein Herz wurde weicher gegenüber seiner Frau und er ließ sie das spüren – was ihr wiederum Mut machte, noch mehr aus sich herauszugehen … was dann sein Herz noch weiter öffnete.

„Ich hasse diese Überstunden", erklärte Randy. „Aber wenn ich dieses Projekt hinkriege, hab ich Aussicht auf eine Gehaltserhöhung, und das Geld können wir gebrauchen. Dieser Monat ist für mich gerade so hart gewesen wie für dich; ich hab dich echt vermisst. Dass du gedacht hast, ich bin egoistisch, das war echt schlimm für mich."

Dass Randy so sein Herz ausschüttete, schmolz den Rest von Jessicas Wut weg. Ein tiefes Mitgefühl für ihn kam in ihr hoch. Sie sagte: „Ich bin so stolz auf dich, aber ich brauche einfach das Gefühl, dass ich dir wichtig bin. Ich schaffe das nicht gut, ständig allein zu sein. Ich brauche dich."

„Ich brauche dich auch", entgegnete Randy. „Es tut mir leid, dass ich nicht öfter versucht habe, Zeit für dich zu haben. Ich weiß, dass das nicht leicht für dich war, und ich schätze das, was du hier zu Hause alles leistest. Echt."

„Ich weiß ja, wie beschäftigt du bist in der Firma, ich verstehe das. Ich weiß, dass du dieses Projekt fertigkriegen musst. Ich brauche einfach hin und wieder die Bestätigung, dass ich dir noch wichtig bin", sagte Jessica.

„Natürlich bist du das! Ich liebe dich, echt. Ich mache die Überstunden doch für *uns*, ich hoffe, du weißt das. Aber du hast recht, ich hätte mir mehr Zeit für uns beide nehmen sollen, das tut mir leid. Weißt du was? Gleich morgen kaufe ich dir deine Karamellpralinen. Die größte Packung." Und Randy nahm Jessica in die Arme.

Wenn Sie sich nicht mehr von Ihrem Partner bedroht oder verlassen fühlen, sondern ihn wieder als Ihren sicheren Hafen und Ihr Zuhause empfinden, schaltet Ihre Amygdala ihren Gehirnalarm aus. Ihr Beziehungssystem stellt fest, dass alles in Ordnung ist, und Sie können innerlich auf Offenheit und Empfang schalten. Wenn Sie das Gefühl haben, dass Ihr Partner nicht Ihr Feind ist, sondern jemand, dem Sie wert und wichtig sind, bekommen Sie die innere Freiheit, Ihre Waffen (also Kritik, Schuldzuweisungen, Sich-verteidigen-müssen, Rückzug usw.) beiseitezulegen und herzlicher und verständnisvoller zu reagieren (also Ihren Schmerz offen zu benennen, auf den anderen zu hören, sich von ihm korrigieren zu lassen und ihn zu trösten bzw. sich von ihm trösten zu lassen).

Ihr Gefühlssturm hat sich gelegt, und Sie fühlen sich wieder geborgen, geliebt und in Ihrem sicheren Hafen.

Fragen und Übungen

Um besser zu verstehen, was bei Ihren Ehestreitigkeiten passiert, versuchen Sie, sich an das letzte Mal zu erinnern, als Sie und Ihr Partner die „Nebenstraße" des Gefühlszentrums gewählt haben, und beantworten Sie die folgenden Fragen:

1. Was war der Auslöser des Konflikts?
2. Wie haben Sie Ihren Partner in dieser Situation wahrgenommen? (Z. B. als Ihren sicheren Hafen und als jemand, der für Sie da war, auf Sie einging, ehrlich versuchte, Sie zu verstehen? Oder hatten Sie den Eindruck, dass es ihm nur darum ging, sich zu verteidigen oder Sie anzugreifen?)
3. Was für „Drachen" wurden wach? Hier einige Beispiele:
Niemand kümmert sich um mich.
Das ist unfair!
Ich bin so hilflos.
Ich lass mir nichts vorschreiben!
Ich mache die ganze Arbeit und keiner hilft mir oder sagt mir Danke schön.
Ich habe recht, denn wenn ich nicht recht habe, bin ich ja die/der Böse.
Auf mich nimmt keiner Rücksicht, ich bin der letzte Dreck.
Du bist kein guter Kamerad.
Alle nutzen sie mich aus!
Ich fühle mich in die Ecke getrieben.
Keiner versteht mich.
Ich bin halt nicht gescheit genug.
Ich bin immer das fünfte Rad am Wagen.
Ich möchte endlich mal von dir beachtet werden.
Ich bin die Frau/der Herr Niemand.
Ich fühle mich ständig manipuliert, ich kriege keine Luft.
Du schätzt mich nicht.
Es ist alles meine Schuld.
4. Wenn Ihr Gefühlszentrum Alarm schlägt, wie spüren Sie das in Ihrem Körper und wie reagieren Sie? (Z. B.: Ihr Puls beginnt zu rasen, Ihre Muskeln verspannen sich, Sie kämpfen, fliehen oder erstarren.)
5. Wie können Sie, wenn Ihre Gefühle Amok laufen, bewusst innehalten und sich überlegen, wie Sie Ihre Perspektive angemessener zum Ausdruck bringen können?

Kapitel 5 Sich streiten: wie man es falsch macht

Was hilft, gehört und verstanden zu werden

„Egal was ich für den Abend vorhab, Tracy macht immer was *sie* will." Jakes Stimme war ärgerlich. „Das verletzt mich; ich hab den Eindruck, ich bin ihr überhaupt nicht wichtig."

„Ich kann auf meiner Arbeitsstelle nicht immer dann nach Hause gehen, wenn ich möchte; manchmal wird es halt später. Aber das wird mein Mann nie kapieren", konterte Tracy.

Ich fragte Jake: „Was machen Sie, wenn das wieder passiert? Sagen Sie Ihrer Frau, wie weh Ihnen das tut?"

Jake lachte. „Das können Sie laut sagen! Ich schätze, meine Amygdala oder wie Sie das Ding im Gehirn nennen, läuft Amok. Ich schreie halt ein paar Minuten rum und sag ihr zum Beispiel: ‚Ich habe es satt, dass du die ungebundene Junggesellin machst! Hör auf damit oder ich ziehe die Konsequenzen!'" Er schaute auf den Fußboden und fügte leise hinzu: „Und dann – ziehe ich mich zurück. Innen drin bin ich fix und fertig, weil sich nie was ändert. Ich fühle mich richtig allein und unwichtig. Und dann geh ich halt in meine Höhle."

Ich drehte mich zu Tracy hin. „Und was geht in Ihnen vor, wenn Ihr Mann laut wird?" Tracy schaute kurz zu Jake hin, wie um ihm zu signalisieren: *Vorsicht! Was ich jetzt sage, tut dir vielleicht weh!* Dann sagte sie: „Wenn er so schreit, hab ich den Eindruck, dass ich es ihm nie recht machen kann und dass er mich eines Tages sitzen lassen wird. Ich schätze, dann geht *mein* Gehirn auf die Palme und ruft die höchste Alarmstufe aus. Ich bin dann richtig in Panik und denke, jetzt kommt bald die Scheidung."

„Sagen Sie das Ihrem Mann?", fragte ich.

„Nein, eigentlich nicht. Erst verteidige ich mich und dann denke ich an all das, was er falsch gemacht hat. Ich glaube, das letzte Mal hab ich ihm gesagt: ‚Du bist dauernd nur am Jammern und siehst nur das Negative! Das steht mir bis oben hin!'"

Ich fasste meine Diagnose in einem Satz zusammen: „Also ich habe den Eindruck, dass Sie mit Ihren Reaktionen nicht das bekommen, was Sie eigentlich vom anderen möchten."

„Ich weiß, dass ich instinktiv mit Wut reagiere", sagte Jake. „Und ich bin dabei, zu lernen, dass ich damit meine Frau gerade nicht dazu bringe, mich zu verstehen, sondern den Graben nur noch tiefer mache."

Gefühle sind nichts für Feiglinge

Ist es nicht erstaunlich, welche Macht unsere Gefühle bekommen und was für ein kompliziertes Eigenleben sie entwickeln können, wenn wir uns streiten? Da fühlen wir uns tief drinnen hilflos und verletzt, aber was herauskommt, ist ein aggressiver Giftpfeil. Worauf unser Partner sich wehrt und auf Abstand geht, und anstatt der ersehnten Streicheleinheiten bekommen wir nur ein noch stärkeres Gefühl, allein zu sein. Ich habe die Erfahrung gemacht, dass diese Diskrepanz zwischen unseren eigentlichen Gefühlen und dem, was aus uns herauskommt, gerade bei Paaren sehr häufig ist. Im Ergebnis bekommen wir allzu oft genau das Gegenteil von dem, was wir wollten. Eine typische Kettenreaktion ist z. B. die folgende:

Du bist nicht da ▸ Du fehlst mir ▸ Ich fühle mich traurig und einsam ▸ Ich werde ärgerlich und kritisch ▸ Du siehst meine Verärgerung ▸ Du reagierst damit, dass du dich verteidigst ▸ Ich reagiere auf deine Verteidigung mit Rückzug ▸ Du reagierst auf meinen Rückzug, indem du mir Vorwürfe machst ▸ Wir sitzen jeder in seiner Ecke und lecken unsere Wunden.

Und eigentlich wollte ich doch nur, dass du meinen Standpunkt zur Kenntnis nimmst, verstehst, wie verletzt ich bin, und mithilfst, gemeinsam eine Lösung zu finden.

In Kapitel 4 haben Sie gelernt, wie dann, wenn wir uns streiten, alle unsere Reaktionen von Gefühlen gesteuert sind, auch dann, wenn wir glauben, dass wir ganz logisch reagieren. Aber unsere Gefühle an sich sind noch nicht das Problem; was unsere Auseinandersetzungen so eskalieren lässt, ist die Art, wie wir mit den Gefühlen *umgehen*.

Gefühle – was ist das eigentlich?

Unsere Gefühle sind: Sinneswahrnehmungen + körperliches Befinden + Gedanken und entsprechenden Handlungen – all das zusammen. Wir alle haben sogenannte Grundgefühle:

Unsere Grundgefühle

Angst	Enttäuschung
Wut	Vorfreude
Traurigkeit	Hass
Glück	Mut
Liebe	Hoffnung
Zufriedenheit	Verwunderung/Interesse
Abscheu	Sorgen
Überraschung	Selbstwertgefühl
Das Gefühl, ein sinnvolles Leben zu führen	

Gefühle bringen uns in Bewegung

Unsere Gefühle sind ein Teil von Gottes Schöpfung; sie sollen uns helfen, ein nützliches, sinnvolles Leben zu führen. Dies gilt auch für die negativen, schmerzlichen Gefühle, auch wenn wir oft angestrengt versuchen, sie zu unterdrücken. Alle Gefühle haben (zur rechten Zeit) ihren Nutzen. Sie liefern uns Informationen über unsere Umwelt, geben unseren Interaktionen Sinn und zeigen uns, wie wir am besten reagieren. Sie sind eine Brücke zwischen innerer Befindlichkeit und äußerem Handeln. Unsere unterschiedlichen Gefühle lösen unterschiedliche Handlungsweisen und Reaktionen aus. Dies gilt auch für die Gefühle, die unsere Mitmenschen haben; wenn wir diese wahrnehmen, fühlen wir uns gedrängt, auf eine bestimmte Art zu reagieren. Anders ausgedrückt: Jedes Mal, wenn wir ein Gefühl ausdrücken, erzeugen wir in unserem Mitmenschen ebenfalls ein Gefühl, das ihn dazu bringt, auf eine ganz bestimmte Art zu reagieren.

Was unsere Gefühle auslösen Was ist Ihre typische Reaktion, wenn Sie Wut, Angst, Liebe oder Enttäuschung verspüren?			
näherkommen	trösten	mitfühlen	beschützen
den Partner suchen	reden, sich mitteilen	sich zuwenden	Zuwendung suchen
Fürsorge zeigen	wütend werden	sich freuen	sich trösten
sich zurückziehen	erstarren	„zumachen"	perplex sein
abwehren	wie betäubt sein	den Austausch suchen	nichts tun
beten/Gott suchen	sich beschäftigen	Zerstreuung suchen	tagträumen/ fantasieren

Wenn wir uns verletzt fühlen, ist die natürliche Gefühlsreaktion, dass wir uns zurückziehen und Schutzmaßnahmen ergreifen oder bei jemand anderem um Trost und Zuwendung suchen. Wenn wir sehen, wie jemand anderes verletzt ist, fühlen wir gewöhnlich mit ihm mit und fühlen uns gedrängt, ihm zu helfen bzw. ihn zu trösten. Wut dagegen ist ein Schutzgefühl, das oft dann entsteht, wenn wir eine Gefahr wittern oder den Eindruck haben, dass jemand unsere Grenzen verletzt hat. Wenn andere unsere Wut bemerken, fühlen sie sich ihrerseits genötigt, sich vor dieser Wut zu schützen – entweder indem sie sich zurückziehen oder indem sie zum Gegenangriff übergehen. Wenn wir Angst vor einer Gefahr haben, greifen wir entweder das, was diese Angst auslöst, an oder ergreifen die Flucht. Unsere Mitmenschen reagieren auf unsere Angst gewöhnlich damit, dass sie versuchen, uns zu beschützen und zu trösten.

Es wird Sie vielleicht überraschen, aber unsere Gefühlsreaktionen sind noch variantenreicher als in den letzten Kapiteln dargestellt. Es ist nicht einfach so, dass es eine einzige Verbindung gibt zwischen dem, was wir erleben, und dem, was wir daraufhin fühlen, sondern es gibt drei ganz verschiedene *Arten* von Gefühlen: *Primärgefühle, Sekundärgefühle* und *Zweckgefühle.*

Wenn Ihr Partner Sie verletzt, ist die unmittelbare emotionale Reaktion, die in Ihnen hochsteigt, das *Primärgefühl.* Das Primärgefühl ist elementar und kommt gleichsam ungefiltert aus den Tiefen Ihrer Psyche.

Unsere *Sekundärgefühle* sind die Gefühle, die uns helfen, mit diesen urgewaltigen Primärgefühlen fertig zu werden. Nicht selten überlagern und verdecken sie die Primärgefühle, mit dem Ergebnis, dass wir ganz anders reagieren als dies unserem Primärgefühl entsprechen würde. Wenn Sie z. B. als Kind von Ihren Eltern ausgeschimpft wurden, wenn Sie Ihre Enttäuschung offen zeigten, haben Sie wahrscheinlich „gelernt", dass es leichter ist, wütend zu sein als offen traurig und enttäuscht. Seine Verletzlichkeit offen zugeben, das tut zu weh; also sich besser hinter einer Mauer der Wut verbarrikadieren. Die Sekundärgefühle sind die Gefühle der „Nebenstraße" unseres Gehirns – die harten, negativen Emotionen, die oft das Ergebnis unseres wütenden Protestes oder unserer Wut der Hoffnung sind.

Zweckgefühle schließlich sind Gefühlsäußerungen, die wir benutzen, um unsere Mitmenschen dazu zu bringen, auf eine bestimmte Art zu reagieren. Sie dienen der Manipulation. Zwei Beispiele: Fred reagiert immer wieder auf die arrogante, hochfahrend-wütende Tour, weil er die Erfahrung gemacht hat, dass er dann eher beachtet wird. Barbara benutzt ihre Tränen als Waffe, um ihren Mann zu erweichen, wenn sie merkt, dass sie in einer Diskussion den Kürzeren ziehen würde.

Manchmal sind wir uns unserer Primärgefühle überhaupt nicht bewusst; sie sind gleichsam verkümmert. Woran liegt das? Nun, nicht jeder hat ein Elternhaus gehabt, das offen für die Äußerung von Gefühlen war. Es kann sein, dass Ihre Eltern sich alle Mühe mit

Ihnen gegeben haben, aber einfach nicht wussten, was sie mit den Gefühlen ihres Kindes anfangen sollten. Sie haben Ihnen nicht Mut gemacht, das, was da in Ihnen vorging, in Worte zu fassen. Sie haben Sie stattdessen auf Ihr Zimmer geschickt („Wenn du dich beruhigt hast, darfst du wiederkommen"), Sie ausgeschimpft („Wenn du nicht endlich aufhörst zu heulen, kriegst du was hintendrauf") oder sind mit einem unverbindlichen „Das wird schon wieder gut" über Ihr Problem hinweggegangen.

Als Sie sich dann gebunden haben, haben Sie diese Unfähigkeit, Ihre eigentlichen Gefühle zu erkennen und auszudrücken, mit in die Beziehung gebracht. Sie wussten nicht, was Ihre Primärgefühle waren. Oder Ihre Sekundärgefühle. Und Sie wussten schon gar nicht, was in Ihrem Partner vorging. Noch heute passiert es Ihnen, dass Sie zwar eine vage Ahnung davon haben, was Sie oder Ihr Partner gerade fühlen, aber beim besten Willen nicht wissen, was Sie mit diesem Gefühl machen sollen.

Wenn Sie die Primärgefühle, die unter Ihren Sekundärgefühlen verborgen liegen, nicht verstehen, sind Sie sozusagen ein Fremder in Ihrer eigenen inneren Gefühlswelt. Wenn Sie nur in der Lage sind, Ihre Sekundärgefühle auszudrücken, führt das dazu, dass Ihre Primärbedürfnisse oft unerfüllt bleiben. Und wenn Sie Ihre eigenen tiefsten Bedürfnisse nicht kennen, wie wollen Sie dann die Ihres Mannes/Ihrer Frau kennen? Und so kommt es, wie es kommen muss: Sie fühlen sich beide mitten in Ihrer Ehe einsam, unverstanden, nicht beachtet, nicht geborgen und nicht wirklich miteinander verbunden. Bestimmt haben auch Sie schon einmal einen Satz wie den folgenden entweder selbst gesagt oder von Ihrem Partner oder einem Dritten gehört: „Was kann ich denn daran ändern, dass du dich soundso fühlst?"

Harte Schale – weicher Kern

Ich benutze, um unsere Gefühle zu erklären, gerne das Bild eines Lutschbonbons mit Schokoladenfüllung. Die Primärgefühle sind weich und verletzlich, wie der zarte Schokoschmelz in der Mitte so eines Bonbons. Die harte äußere Hülle sind unsere Sekundärgefühle und Zweckgefühle, z. B. der Protest und die Wut der Hoffnung, die Sie spüren, wenn Ihr Beziehungs-Alarmsystem Ihnen signalisiert, dass Ihr Partner nicht für Sie da ist. Oder die negativen Gefühle, die Sie bekommen, wenn Sie mitten in einer Stress- oder Angstreaktion stecken.

Wenn Ihr sicherer Hafen nicht mehr so sicher ist

Auslösendes Ereignis ▸ Beziehungssystem prüft die Situation und fragt: ▸ Bist du mein sicherer Hafen?

Ihre Reaktion lässt Ihren Partner prüfen, ob Sie noch ein sicherer Hafen für ihn sind ◂

Hörst du mir zu?
Bist du für mich da?
Gehst du auf mich ein?
Verstehst du mich?

▾

„Weiß nicht" oder „Nein"

▾

Sie reagieren:
Sie kritisieren, weisen Schuld zu, verteidigen sich
starke Negativgefühle
Sie wenden sich dem Partner nicht zu
Sie reparieren die Schäden nicht

Beziehungssystem schlägt Alarm

▾

Die Drachen erwachen
Wunden, Ängste, Schwachstellen

▾

Gefühle kommen hoch:
Primärgefühle (Traurigkeit, Angst, Verletztheit usw.)
Sekundärgefühle („Nebenstraße") (z. B. Wut, Frustration)

Stress-/Angstreaktion:
Kämpfen (angreifen oder verteidigen)
Fliehen (innerer oder äußerer Rückzug)
Erstarren (oder nichts tun)

Gefühlszentrum tritt in Aktion:
Puls beschleunigt sich
Blutdruck steigt
Stresshormone werden ausgeschüttet
Muskeln verspannen sich
Aufmerksamkeit richtet sich auf die „Gefahr"

Der „Bonbonmantel" unserer Sekundärgefühle hat seinen Sinn; er fungiert als eine Art Panzer für unsere Primärgefühle. Anstatt zu zeigen, dass Sie Angst haben, werden Sie wütend. Anstatt Ihre innere Verletztheit in angemessener Form zum Ausdruck zu bringen (aber vielleicht wissen Sie gar nicht, wie Sie Ihre Gefühle in Worte fassen sollen), fahren Sie die Stacheln aus. Anstatt Ihre Traurigkeit zu zeigen, stoßen Sie Ihren Partner weg. Sehr oft lassen wir schmerzliche Gefühle wie Angst, Verletztheit und Scham nicht offen heraus, sondern verstecken sie hinter einem Sichtschutzzaun aus Aggression, Betäubung oder Verdrängung.

Ein Beispiel: Sie vermissen Ihren Ehepartner. Aber anstatt ihm das zu sagen, reagieren Sie

- enttäuscht, dass er nie pünktlich nach Hause kommt
- wütend, weil er so wenig Rücksicht auf Sie nimmt

Es ist dieses Unvermögen, offen und ehrlich zu zeigen, was wirklich tief drinnen in uns vorgeht (die Primärgefühle), und das Sichflüchten in mehr oder weniger „harte", „aggressive" Sekundär- und Zweckgefühle, das unsere Diskussionen und Auseinandersetzungen entgleisen lässt, mit dem Ergebnis, dass beide Partner sich unverstanden und ungeliebt fühlen.

Der Teufelskreis unserer Gefühle

Stellen Sie sich folgende Situation vor: Ihre Frau (oder Ihr Mann) bleibt am Abend ziemlich lange auf, um eine Sendung im Fernsehen zu sehen, während Sie schon im Bett liegen. Der übliche Plausch vor dem Zubettgehen wird also ausfallen. Sie sind sauer deswegen und haben den Eindruck, dass Sie Ihrem Partner nicht wichtig sind.

Ihr Beziehungssystem schlägt Alarm und Ihre Amygdala bereitet Ihre Reaktion vor. *So lasse ich mich nicht behandeln*, denken Sie, und schon meldet sich die Wut (Sekundärgefühl) als Ausdrucksmittel Ihres Protestes, aber hinter und unter dieser Wut liegt die Hoffnung, dass er/sie merken wird, wie verletzt Sie sind (Primärgefühl). Die harte Schale des Verärgertseins dient Ihnen als Schutzschild, um Ihre Seele vor weiteren Verletzungen zu schützen.

Endlich kommt er/sie ins Bett und erwartet nichts anderes, als noch ein paar Minuten mit Ihnen zu kuscheln. Aber was ist in Ihrem Gesicht zu lesen und in Ihrer Stimme zu hören? Genau, Ihre Verärgerung. Auf was reagiert er/sie? Natürlich ebenfalls auf Ihr Verärgertsein. Die Traurigkeit und die Sehnsucht nach Nähe, die unter dieser harten Schale liegen, können so gar nicht wahrgenommen werden; alles, was sichtbar und hörbar ist: Da ist jemand sauer.

Worauf sein/ihr Beziehungssystem unhörbar die Frage stellt: *Hörst du mir zu? Bist du für mich da? Verstehst du mich?* Der Ton Ihrer Stimme, der Ausdruck Ihres Gesichtes und die Worte, die aus Ihrem Mund kommen, signalisieren allesamt *Nein!* Worauf das Partner-Beziehungssystem ebenfalls Alarm schlägt und in Verteidigungsstellung geht. Was so ziemlich das Letzte war, was Sie in dieser Situation erreichen wollten, und Ihr Gefühl, verletzt und allein zu sein, noch verstärkt.

Kehren wir zurück zu den Primärgefühlen, die Sie hatten, bevor Sie mit dem Sekundärgefühl der Verärgerung reagierten: Sie fühlten sich traurig und vermissten Ihren Mann/Ihre Frau. Wenn er/sie das wüsste, würde er/sie sehr wahrscheinlich etwas unternehmen, um Sie zu beruhigen und ihrer Liebe zu vergewissern. Aber es wird eben nicht klar, und es wird eben deswegen nicht klar, weil Sie nicht Ihr Herz gezeigt haben, sondern nur Ihre Sekundärgefühle. Das Diagramm unten zeigt Ihnen, wie dieser komplexe, starke Teufelskreis alle Ihre Differenzen und Meinungsverschiedenheiten gleichsam in Geiselhaft nehmen kann.

Was passiert in dem Teufelskreis?

Er protestiert dagegen, dass sie so spät ins Bett kommt; er fühlt sich gerade nicht wertgeschätzt ▶	Sie verteidigt sich gegen seine Verärgerung und Kritik und sieht sein Verletztsein gar nicht
Er vermisst sie und möchte ehrlich, dass sie das erkennt, zu ihm kommt und die Gemeinschaft wiederherstellt ◀	Sie könnte ihm helfen – wenn sie wüsste, wie sehr er sie vermisst (und wenn er ihr ggf. sagen würde, was er von ihr braucht)

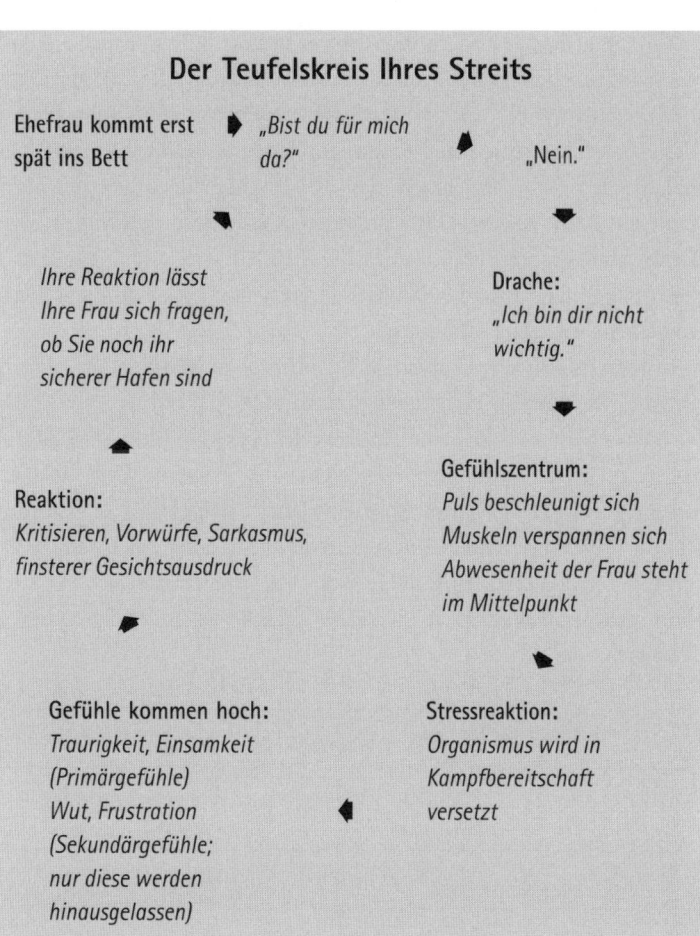

Der Teufelskreis Ihres Streits

Ehefrau kommt erst
spät ins Bett

▶ *„Bist du für mich
da?"*

„Nein."

*Ihre Reaktion lässt
Ihre Frau sich fragen,
ob Sie noch ihr
sicherer Hafen sind*

Drache:
*„Ich bin dir nicht
wichtig."*

Gefühlszentrum:
*Puls beschleunigt sich
Muskeln verspannen sich
Abwesenheit der Frau steht
im Mittelpunkt*

Reaktion:
*Kritisieren, Vorwürfe, Sarkasmus,
finsterer Gesichtsausdruck*

Gefühle kommen hoch:
*Traurigkeit, Einsamkeit
(Primärgefühle)
Wut, Frustration
(Sekundärgefühle;
nur diese werden
hinausgelassen)*

Stressreaktion:
*Organismus wird in
Kampfbereitschaft
versetzt*

Was passiert, wenn Sie nicht wissen, wie Sie mit schwierigen, unangenehmen Gefühlen richtig umgehen? Wenn Sie die Primärgefühle Ihres Ehepartners beiseitewischen oder kleinreden, wird Ihr Partner sich sehr verletzt, ja vielleicht sogar wütend fühlen und zu dem Schluss kommen, dass Sie ihn nicht hören, ihn nicht verstehen, nicht für ihn da sind. Damit aber schlägt sein Beziehungssystem erneut Alarm, seine „Drachen" und Ängste fühlen sich bestätigt ... und der Teufelskreis geht weiter.

115

Wie geht es also anders, wie geht es besser? Wie können Sie das, was Sie eigentlich spüren und sagen wollen, so herüberbringen, dass Ihr Partner Sie hört und versteht? Was sagen Sie? *Wie* sagen Sie es? Was machen Sie mit Ihren Gefühlen? Sind Sie schlicht verzweifelt, weil Sie den Eindruck haben, dass Ihr Partner Sie so oder so nicht verstehen wird, egal was Sie ihm sagen? Fühlen Sie sich hilflos, weil „mein Mann/meine Frau sich ja doch nichts von mir sagen lässt"? Brennt es Ihnen unter den Nägeln, Ihrem Partner hier und jetzt klarzumachen, was Ihr Problem ist?

Kehren wir zu dem Beispiel der Frau zurück, die zu spät ins Bett kommt. Was die Eintracht zerstört, sind nicht die Primärgefühle, die ihr Mann hat, sondern seine *Reaktion* auf diese Gefühle. Wie ist das bei Ihnen, wenn Sie in einer vergleichbaren Situation sind? Bringen Sie den weichen Kern zum Ausdruck (Ihr Primärgefühl der Enttäuschung und Verlassenheit) oder eher die harte Schale der Sekundärgefühle (Wut, Verärgerung)? Drücken Sie Ihre Verletztheit auf eine behutsame, konstruktive Art aus oder auf eine negative, den anderen herabsetzende?

Wie reagieren Sie?		
Schreien	Gefühle herauslassen	Aus allen Rohren schießen
Laut werden	Vorträge halten	Kratzbürstig sein
Sich alles bieten lassen	Gute Argumente formulieren	Kalt und kalkulierend werden
Keine Worte finden	Wenig Worte machen	Rückzug in Schmollecke
Monotoner Tonfall	Angreifen und wegrennen	Kühl und sachlich werden
Pingelig sein	„Weiß nicht, was du willst"	Kopf in den Sand stecken, bis Gefahr vorüber ist

Die Leere mit irgend-etwas füllen	Auf halbem Wege die Puste verlieren	Angreifen und nicht lockerlassen
Geborgenheit suchen	„Das wird mir zu viel"	Einen betont sachlichen Ton verwenden
Kleinreden, beschönigen	Verstummen, es aufgeben	In herablassendem Ton reden

Die Art, wie Sie reagieren, hat die Macht, einen Teufelskreis bzw. ein negatives Interaktionsmuster in Gang zu setzen, das Sie und Ihren Partner in einem Zustand festhalten kann, in dem Sie völlig unfähig sind, einander zuzuhören und zu verstehen. Dabei müsste das gar nicht sein. Wenn Sie dagegen versuchen, Ihr tiefstes Gefühl von Verletztheit oder was immer es ist auszudrücken, kann diese Reaktion Ihre Beziehung zueinander sogar stärken.

Wie stoppt man diesen Teufelskreis? Nun, kommen Sie wieder ganz zu sich und schauen Sie sich an, was Sie da so ärgert –, aber auch, wie Sie reagieren, wenn Sie ärgerlich werden. Werden Sie sich darüber klar, wie Sie auf Ihren Partner wirken.

Folgende Schlüsselfragen helfen dabei:

- Muss ich so reagieren, damit mein Mann/meine Frau mich hört und versteht?
- Was will ich ihm/ihr *eigentlich* sagen?
- Werde ich, wenn ich so reagiere, die Reaktion von meinem Partner bekommen, die ich eigentlich möchte?

Streitmanieren, die ruinieren

Damit Sie besser verstehen, warum Sie so reagieren, wie Sie reagieren, wenn Ihre Amygdala Sie im Griff hat, schauen wir uns einige Ergebnisse aus der Paarforschung an.

Schon die allerersten Sätze entscheiden darüber, wie Ihr Gespräch verlaufen wird. Wenn eine an und für sich berechtigte Klage, Sorge oder Bemerkung in einem schroffen Ton vorgetragen wird, wird das Gespräch sehr wahrscheinlich aus dem Ruder laufen. Da stürmt der Mann in die Küche, funkelt seine Frau finster an und poltert los: „Ich hab dir doch gesagt, du sollst nicht vor der Garage parken! Muss man dir denn alles hundert Mal sagen?"

Oder: Eine Frau würde gerne mehr gemeinsam mit ihrem Mann unternehmen. Als sie sieht, wie er wieder seine Golfschläger holt, um zum Golfplatz zu fahren, legt sie los: „Warum fährst du dauernd auf deinen blöden Golfplatz und machst nie was mit mir? Und wenn's nicht der Golfplatz ist, ist es dein Büro! Ich zähle wohl gar nicht mehr bei dir, was?"

Die Paarforscher haben herausgefunden, dass dann, wenn eine Ehefrau eine Klage in einem harten, negativen Ton vorbringt, ihr Mann sich im gleichen Ton verteidigt, und schon ist der schönste Ehekrach im Gang. Wenn ein Ehepartner ein „Reizthema" auf eine rüde, unfreundliche Art und Weise anspricht, wird der andere in einem späteren Gespräch wenig Neigung verspüren, zu erzählen, wie sein Tag im Büro oder zu Hause war. Das ist nur verständlich. Wenn mein Partner mir vor einer halben Stunde höchst unsanft auf die seelischen Füße getreten ist, fühle ich mich angegriffen und nicht in der Stimmung (oder physiologischen Bereitschaft), ihm so zu begegnen, als sei nichts geschehen. John Gottman berichtet, dass in 80 Prozent der Fälle die Frau die Reizthemen zur Sprache bringt, aber in meiner Beratungspraxis sehnen sich Männer wie Frauen gleichermaßen nach einer emotional erfüllenden Beziehung und klagen, wenn ihre Ehe ihnen diese nicht bringt.

Formulierungen wie „Du bist immer …", „Du tust nie …", „Du wirst nie …" sind nicht dazu geeignet, Ihrem Partner ein Licht auf-

gehen zu lassen, sodass er sagt: „Du hast ja recht. Mir sind der Golfplatz und meine Arbeit wichtiger als du. Das tut mir echt leid und
ich will mich ab jetzt bessern, Ehrenwort."

Aber manchmal sind unsere Gefühle so stark, dass die harten
Worte aus unserem Mund schießen, bevor wir sie zurücknehmen
können. Was nun? Lässt sich die Situation noch retten? Ja, durchaus!

*Fallen Sie nicht grob mit der Tür
ins Haus, sondern kommen
Sie behutsam zur Sache*

*Das ist mir gerade blöd rausgerutscht,
entschuldige bitte. Jetzt kriegst du erst
mal einen Begrüßungskuss
und dann sag ich dir das Ganze
noch mal, aber netter.*

Wenn Sie merken, dass Sie da gerade mit der Tür ins Haus gefallen
sind, versuchen Sie die folgende Drei-Schritte-Reparatur:

1. Unterbrechen Sie sich, vielleicht mit dem Wörtchen „Moment …"!
2. Entschuldigen Sie sich und versichern Sie Ihrer anderen Hälfte,
   dass Sie sie nicht fertigmachen, sondern ihr etwas erklären wollen.
   Sagen Sie: „Entschuldige bitte, das war nicht okay von mir."
3. Bitten Sie Ihren Partner, noch einmal anfangen zu dürfen nach
   diesem „Fehlstart".
   Sagen Sie z. B.: „Da hab ich mich gerade im Ton vergriffen, entschuldige. Kann ich noch mal anfangen?" Oder: „Vergiss das, was
   ich gerade gesagt hab. Also, noch mal: Ich bin echt sauer, dass der
   Kühlschrank im Eimer ist, aber ich will dich nicht angreifen."

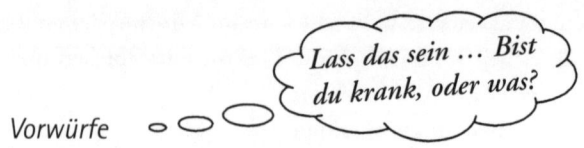

Vorwürfe

Jemandem einen Vorwurf machen heißt, eine (berechtigte) Klage äußern, in der ein „Bei dir stimmt was nicht" mitschwingt. Sie haben Ihrem Partner etwas durchaus Wichtiges und Konstruktives zu sagen, aber Sie sagen es ihm so, dass Sie praktisch hinzufügen: „Wenn du so denkst/redest/handelst, dann ist bei dir etwas nicht in Ordnung!" Sie sagen damit gleichsam, dass etwas mit ihm falsch ist. Das Vorwürfemachen kann verschiedene Formen annehmen:

- *Warnung:* „Du trägst zu viele Sachen auf einmal, gleich wirst du alles fallen lassen. Was ist los mit dir? Du müsstest doch wissen, wie man es richtig macht."
- *Schuldzuweisung:* „Es ist deine Schuld, dass das Türschloss kaputtgegangen ist. Ich hab dir doch gesagt, du sollst den Schlüssel vorsichtig umdrehen!"
- *Urteil:* „Ein richtiger Vater macht nicht so wilde Spiele mit seinen Kindern."
- *Verallgemeinerung:* „Du trägst immer zu viel auf einmal." – „Du passt nie auf."
- *Von oben herab:* „Was machst du da? So macht man das nicht. Komm, lass mich das machen."

Formulieren Sie Ihre
Beschwerde konstruktiv

> Danke, dass du mit den Kindern gespielt hast. Könntest du bitte den Ball zurückwerfen?

Was tun, wenn Ihr Ehepartner etwas Dummes sagt oder macht? Die Grundregel lautet hier: Wenn Sie eine an sich berechtigte Klage oder Sorge mit der unausgesprochenen Wertung verbinden: „Was stimmt bei dir nicht, dass du das sagst/machst?", setzen Sie Ihren Partner herab und er wird sich angegriffen fühlen. Er kommt sich wie ein kleines Kind vor, das etwas ausgefressen hat und jetzt von der Mama ausgeschimpft wird. Diese Art Kritik führt bei Ihrem Partner natürlich nicht dazu, dass er die große Erleuchtung bekommt und sagt: „Du hast recht, das war gerade echt dumm von mir! Entschuldige, ich will mich bessern." Nein, solches Kritisieren lässt ihn nur seinen Schutzschild hervorholen.

Anstatt einen Vorwurf zu machen: Überlegen Sie sich, was Sie Ihrem Partner klarmachen wollen. Was ist Ihr Anliegen? Und dann formulieren Sie es so, dass Ihr Partner es verdauen kann. Manchmal ist es gut, etwas Wertschätzendes Ihrem Partner gegenüber zu sagen (was wirklich gerade passt!) und erst danach zu Ihrem Anliegen zu kommen. Dann ist die Basis klar.

Ich schreie rum? Da solltest du mal dich selbst hören!

Das Rechtfertigungssyndrom

Stellen Sie sich vor: Ihre Frau hat Sie gerade kritisiert, weil Sie ein feuchtes Handtuch auf das Bett gelegt haben. Wenn wir uns kritisiert oder zu Unrecht angegriffen fühlen, ist die naheliegendste Reaktion, dass wir uns verteidigen und rechtfertigen: *So* schlimm wird's doch wohl nicht sein ... In dem obigen Beispiel wird der Mann versuchen, seine Unschuld zu beteuern und seine Frau als die Polizistin darzustellen – anstatt sich damit auseinanderzusetzen, warum seine Frau es nicht gut findet, wenn er ein nasses Handtuch auf das Bett legt.

Das Rechtfertigungssyndrom gibt es in allen möglichen Ausführungen. Hier einige, die Sie vielleicht schon selbst erlebt oder benutzt haben:

- *Ablehnung jeglicher Verantwortung.* „Das hab ich nicht gemacht." – „Soll das ein Witz sein?" – „Wie kannst du es wagen, so über mich zu denken?" – „Natürlich wollte ich dich nicht herabsetzen!" (Und kann also deine Gefühle ignorieren; es ist nicht mein Bier, wenn du dich verletzt fühlst.)

- *Erklärungsversuche und Ausreden:* „Ich weiß schon, was ich tue." – „Das wollte ich doch gerade machen!" – „Ich hab die Lage voll unter Kontrolle." – „Ich gebe mir solche Mühe, abends pünktlich nach Hause zu kommen, und helfe dir da und da … Ich kann nicht glauben, dass du so über mich denkst."
- *Wie du mir, so ich dir:* „Guck dir doch mal an, wie viel Sachen *du* auf einmal trägst!" – „Ich schreie rum? Da solltest du mal dich selbst hören!" – „Wenn es andersrum wäre, wärst du genauso wütend auf mich."

Zum Rechtfertigungssyndrom gehören auch die folgenden Merkmale:

- *„Ja, aber":* „Ja, ich hab viel in der Hand, aber du hilfst mir ja auch nicht." – „Jawohl, ich bin gerade etwas laut, aber das muss ich ja, sonst hörst du mir nicht zu."
- *Das Unschuldssyndrom:* „So hab ich das doch gar nicht gemeint!" – „Was hast du denn jetzt schon wieder zu bemängeln?" – „Wie soll ich mich verständlich machen, wenn du mir dauernd das Wort im Mund rumdrehst?" – „Kannst du nicht mal eine Minute den Mund halten?" – „Bei dir muss ich dauernd Männchen machen."
- *Den Rechtsanwalt spielen:* Sie weisen die Klage ab und begründen dies haarklein. „Ich trage nicht zu viel. Ich weiß, was ich tue. Ich bin ein vorsichtiger Mensch – immer gewesen. So, wie ich die Sachen trage, kann gar nichts runterfallen. Wie kannst du da behaupten, ich sei leichtsinnig?"
- *Einsatz der Körpersprache:* Manchmal rechtfertigen Sie sich am lautesten mit Ihrer Körpersprache. Sie verziehen z. B. den Mund, rollen die Augen, verschränken die Arme oder fassen sich mit einem perplexen Gesichtsausdruck an den Kopf.

*Vor der Verteidigung
die Wahrheit, bitte!*

> *Hilf mir auf die Sprünge,
> was du damit meinst, wenn du
> sagst, ich hätte nie Zeit für dich.
> Ich finde, ich nehme mir genug
> Zeit. Es verletzt dich sicher, wenn
> du einen anderen Eindruck hast,
> und ich möchte doch, dass du dich
> von mir geliebt fühlst.*

Es ist schwierig, die Gefühle und die Perspektive unseres Partners zu sehen, wenn wir uns keiner Schuld bewusst sind. Jack berichtet: „In dem Augenblick, wenn Ruth mir etwas sagt, das ich anders sehe, schiebe ich es am liebsten beiseite. Ich komme mir richtig angegriffen vor; wie kann sie *so was* auch nur über mich *denken?*" Wir sind schnell dabei, unseren Partner zu korrigieren, aber was will eigentlich der Partner *uns* zeigen? Könnte in dem, was er da sagt, nicht doch ein Körnchen Wahrheit liegen?

Ihre Frau sagt also: „Du hast nie für mich Zeit." Anstatt sich reflexmäßig in die Rolle des zu Unschuld Angeklagten zu flüchten, überlegen Sie, ob sie nicht vielleicht (nun ja, ein Stück weit) recht hat. Es mag ja sein, dass Sie ehrlich den Eindruck haben, dass Sie sich genug um sie kümmern, aber versetzen Sie sich doch einmal in ihre Lage: Das Gefühl, dass der eigene Mann nicht genug Zeit für einen hat, muss ein ziemlich schlimmes Gefühl sein. Und wenn Ihnen in dieser Situation nichts Besseres einfällt, als Ihrer Frau zu sagen, dass sie halt nicht so empfindlich sein soll, verletzt sie das noch einmal. Versuchen Sie, sie zu trösten (Tipps dazu gibt es in Kapitel 9).

Mit der Rechtfertigungstour werden Sie niemals erreichen, dass Ihr Partner sich von Ihnen verstanden oder geschätzt fühlt. Sie signalisieren ihm ja praktisch: „Was du mir da sagst, ist mir egal. Ich sehe das anders, ich will das nicht hören, und ich habe recht und du nicht!" Mit dem Ergebnis, dass Ihr Partner rot sieht und der Konflikt eskaliert.

Das musst gerade du sagen! Du bist ja wohl der Letzte, der das Recht hat, mir zu sagen, was Respekt ist!

Die Geringschätzungsfalle

Wenn unser Partner unserer Kritik mit Selbstrechtfertigungsversuchen begegnet, reagieren wir oft mit Geringschätzung und Herabsetzung. Wir setzen uns innerlich auf das hohe Ross und zeigen unserem Partner, was wir von ihm halten, frei nach dem Motto: „Ich bin sorgfältiger/fleißiger/produktiver/verantwortungsbewusster/besser als du." Laut John Gottman ist dies so ziemlich die schlimmste Art, seinem Partner zu begegnen, und das deutlichste Alarmzeichen in Richtung Scheidung. Habe ich erst einmal angefangen, meinen Ehepartner gering zu schätzen, fühle ich mich bald immer im Recht, sehe nur noch das Negative in meiner Ehe und vergesse alles, was an meinem Partner positiv ist.

Die Geringschätzungsfalle hat verschiedene Gesichter:

- *Beschimpfungen:* „Du Idiot!" – „Sei nicht so ein Waschlappen!" – „Gib's auf, Herr Besserwisser, und ruf endlich den Klempner an."
- *Spott:* „Wie du mit dem Dosenöffner hantierst, das sollte man filmen! Gib's mir, ehe was passiert!"
- *Den anderen heruntermachen, demütigen, sarkastisch sein:* „Sobald ich glaube, dass du was zu sagen hast, werde ich dich nach deiner Meinung fragen." – „Du und pünktlich? Das möchte ich mal sehen!" – „Gib die Fahrkarten mir; wenn du sie hast, verlierst du sie nur, du verlierst ja alles."

Die schlimmste Geringschätzungsgeste ist das, was Gottman den „Blick der Verachtung" nennt: Sie kräuseln die Lippen, ziehen die Augenbrauen hoch und rollen die Augen, während Sie gleichzeitig ausatmen. Das Opfer des Verachtungsblicks weiß sofort, dass Gefahr im Verzug ist, und sein Puls beschleunigt sich spürbar.

Aber warum macht man das überhaupt – den Partner mit Verachtung überziehen? Nun, oft fühlen wir uns völlig im Recht dabei. „Wenn meine Frau vernünftig wäre, müsste ich nicht so reagieren." Oder: „Das mache ich halt, wenn mein Mann einfach nicht einsieht, dass er falschliegt, und ich voll frustriert bin." Oder: „Manchmal benimmt er sich halt wie eins von den Kindern." Der Geringschätzer fühlt sich so frustriert, dass er in der Geringschätzungskeule den logischen nächsten Schritt sieht, gehört zu werden.

Wie fühlt man sich, wenn man sich solche verachtungsvollen Sätze wie die in unseren Beispielen anhören muss? Definitiv nicht vom Partner verstanden, geschweige denn wertgeschätzt, sondern wertlos, nicht für voll genommen, lächerlich gemacht, traurig und sehr verletzt. „Wenn mein Mann mir sagt: ‚Was denkst du eigentlich, wenn du so einen Stuss von dir gibst?', fühle ich mich wie der letzte Dreck."

Oder: „Wenn meine Frau mich mit diesem bewussten Blick anguckt, sinkt mir das Herz in die Hose und ich denke: *Na, prima, jetzt kriegst du's gleich wieder!* Ich fühle mich dann wie ein Hund, den man im Schneesturm vor die Tür setzt, weil er es gewagt hat, auf das Sofa zu klettern."

Setzen Sie Ihren Partner nicht herab, sondern zeigen Sie ihm, dass Sie ihn schätzen

> *Es wäre schön, wenn du öfter pünktlich sein könntest. Deine lockere Art mag ich, das weißt du. Vielleicht geht ja beides – deine Lockerheit behalten und pünktlich sein ☺. Würde mich echt freuen.*

Wenn Sie die Geringschätzungsfalle vermeiden wollen, müssen Sie für die Art, wie Sie reagieren, die volle Verantwortung übernehmen und sich in Selbstbeherrschung üben. Versuchen Sie ganz bewusst, Ihr Anliegen auf eine freundlichere Art auszudrücken, so, dass Ihr Partner sich nicht gedemütigt oder in die Defensive gedrängt fühlt. Eine große Hilfe kann es hier sein, dass Sie sich eine Liste der Dinge machen, die Sie an Ihrem Partner schätzen; das hilft Ihnen, von der Marotte, automatisch alles, was er macht, falsch, ärgerlich oder nicht gut genug zu finden, frei zu werden. Versuchen Sie, ihn mit seinen

Eigenarten anzunehmen. Wenn Ihr Mann/Ihre Frau manche Dinge anders erledigt als Sie oder vielleicht ein bisschen langsamer ist – was soll's?

Nörgeln: Sie bringen immer wieder die gleiche Klage vor, in kritischem Ton und zu den unpassendsten Zeiten.

„Ich bin dir wohl überhaupt nicht wichtig. An mich denkst du nie. Du hilfst mir nie bei der Hausarbeit. Warum hilfst du mir nie?"

Drohen: Sie holen den Holzhammer hervor, um Ihren Partner dazu zu bringen, Sie endlich zu verstehen und sich zu ändern.

„Schön, dann gehe ich halt mit, aber wundere dich nicht, wenn ich den ganzen Abend nichts sage."

„Du behandelst mich wie den letzten Dreck. Ich könnte dir ein paar Leute nennen, die mich mehr zu schätzen wissen."

Bestrafen: Sie versuchen sich zu rächen, indem Sie es dem Partner heimzahlen.

„Jetzt ist Schluss, du kriegst kein Geschenk von mir." – „Hol dir doch die Kleider aus der Reinigung selbst ab." – Oder, subtiler: „Ich setze mich nicht neben sie. Soll sie ruhig mal merken, wie das ist, wenn der andere einem wehtut."

Schmollen: Sie machen die beleidigte Leberwurst, geben nur einsilbige Antworten, meiden den Augenkontakt. Eine klassische Methode, dem anderen zu zeigen, wie sauer man ist, oder ihn „herumzukriegen".

Unterstellungen: Sie unterstellen Ihrem Partner bei dem, was er tut oder sagt, böse Absichten.

„Du hast mich so spät angerufen, weil ich dir nicht wichtig bin." – „Du hilfst mir nicht beim Abwasch, weil du mich nur als deine Putzfrau betrachtest." – „Dich interessiert ja nur, wie viel Geld ich nach Hause bringe."

Ist ja auch egal ...

Die Mauer-Masche

Wer emotional mauert, zieht sich in die Schmollecke zurück, schweigt oder reagiert gar nicht mehr. Die Körpersprache signalisiert Verschlossenheit; Sie schauen nach unten oder zur Seite, schließen die Augen ganz oder reiben sich die Stirn. Die Antworten des Maurers sind kurz angebunden, oft einsilbig. Oder er vertieft sich demonstrativ in die Zeitung, schaltet den Fernseher ein oder verlässt schlicht den Raum.

Mit der Mauer-Masche signalisieren Sie eisige Distanz, Missbilligung und eine Einstellung von der Sorte: „Ich bin es satt, dir dauernd zuhören zu müssen; mach doch, was du willst." Wenn der Mann mauert, reagiert die Frau oft mit Drängeln und Drücken, nach dem Motto: „Wie kannst du es wagen, mich auszusperren! Ich gebe keine Ruhe, bis du wieder mit mir redest!" Dies ist ein gefährlicher Augenblick, und eine Aus-Zeit ist dringend angebracht. Gottman empfiehlt streitenden Paaren, in dem Augenblick, wenn sie merken, wie ihr Puls sich beschleunigt, aufzuhören. Sagen Sie Ihrem Partner: „Ich bin gerade zu aufgewühlt, um weiterzudiskutieren. Gib mir eine Minute, um mich zu beruhigen." Dies ist eindeutig eine bessere Methode, sich aus einem Wortwechsel zurückzuziehen, als die Mauer-Masche.

Wenn ein Streit schon eine Weile gedauert hat, erreicht gewöhnlich einer der Partner einen Punkt, an dem er emotional und körperlich nicht mehr kann; er fühlt sich wie ein Ertrinkender oder wie jemand, dem der Boden unter den Füßen wegbricht. Er fühlt sich wütend und gleichzeitig hilflos; er weiß nicht mehr, was er machen oder sagen soll. Sie erleben Ihren Partner wie eine bedrohliche schwarze Wand, Sie fühlen sich umzingelt und festgefahren; nichts, was Sie sagen, richtet etwas aus gegen die Attacken Ihres Partners. Ihr Puls beschleunigt sich spürbar, Ihre Atmung wird flach, Ihr Blutdruck steigt und Ihr Körper schüttet Stresshormone aus. Sie fangen an, sich bedroht zu fühlen oder als ob Sie plötzlich vor etwas stehen, vor dem Sie eine Riesenangst haben. Ihr Körper schaltet das Kämpfe-oder-fliehe-Programm ein. Sie fühlen sich hin- und hergerissen: Wollen Sie kämpfen (also auf die Kritisier-, Geringschätzungs- und Selbstrechtfertigungs-Schiene gehen) oder flüchten, also sich zurückziehen? In diesem inneren Zustand sind Sie nicht mehr in der Lage, auf Ihren Partner zu hören oder sich in ihn hineinzufühlen. Sie stecken voll in der Sackgasse.

Um diesem Hilflosigkeitsgefühl auszuweichen, verlegt sich oft einer der beiden Partner aufs Mauern. Die „Maurer" (85 % von ihnen sind Männer) empfinden dies so, dass sie, nachdem ihr Partner sie wiederholt und zu Unrecht mit seinen emotionalen Ausfällen angegriffen hat, einen Rückzieher machen und die Diskussion beenden, damit sie nicht vollends aus dem Ruder läuft. Wie einer meiner Klienten es ausdrückte: „Wenn es so weit ist, habe ich Angst, dass gleich einer von uns richtig aggressiv werden könnte. Ich bin so fix und alle, dass ich einfach gehen muss, und so steige ich in mein Auto und fahre stundenlang durch die Gegend." Und eine Ehefrau berichtete: „Was mein Mann mir da alles sagt, verletzt mich derart, dass ich nicht mehr weiß, was ich machen soll. Ich kann dann nur noch aufstehen und aus dem Zimmer gehen, um mich irgendwo alleine hinzusetzen und nachzudenken."

Wie fühlt man sich, wenn der Partner plötzlich zu mauern beginnt? Eine Klientin berichtet: „Wenn er mich auf einmal links liegen lässt, so als ob ich nicht mehr da bin, das ist ganz furchtbar. Dann schreie ich ihn an und benutze Ausdrücke, die echt gemein sind, aber nichts dringt zu ihm durch. Also mache ich weiter. Ich will, dass er reagiert, und wenn er nur zurückschreit, ich brauche das. Dass er einfach dasitzt und schweigt, das halte ich nicht aus."

Ehe die Wogen zu hoch schlagen ...

> *Lass uns kurz Pause machen! Ich muss mal Luft holen und zu mir kommen.*

Mitten im Streit. Es dauert keine Minute – aber es bringt viel: Prüfen Sie, wie schnell Ihr Herz gerade schlägt, z. B. indem Sie zwei Finger an Ihre Halsschlagader legen, direkt unter dem Ohr, oder indem Sie Ihren Puls fühlen. Drücken Sie dabei nicht zu fest. Zählen Sie, wie oft Ihr Herz in 15 Sekunden schlägt; multiplizieren Sie diese Zahl mit 4, und Sie haben Ihre Pulsfrequenz pro Minute. Falls diese um mehr als zehn Schläge über Ihrem Ruhepuls liegt, legen Sie eine Streitpause ein; Sie werden kein guter Anwalt Ihrer Sache sein, solange Ihre Amygdala Sie im Griff hat.

Es ist nicht leicht, ruhig zu werden, wenn man erst einmal einen Zustand erreicht hat, in dem man nicht mehr kann und zu mauern beginnt. Die beste Methode ist, sich schlicht eine Streitpause zu gönnen. Aber wie unterbricht man so eine Situation?

Das Beste ist, wenn Sie etwa Folgendes zu Ihrem Partner sagen: „Meine liebe Frau – du bist und bleibst meine liebe Frau (mein lieber Mann) –, aber ich brauche jetzt etwas Zeit, um wieder einen klaren Kopf zu bekommen." Oder: „Wir sind ein gutes Paar, aber momentan haben wir uns gerade verhakt. Vorschlag: Wir geben uns zwanzig Minuten. Mir hilft das, zu mir zu kommen." Und wenn Ihr Partner auf diese Weise die weiße Flagge hisst, ist es am besten, Sie tun das auch. Es kann nichts Gutes bringen, wenn Sie beide gleichsam mit gezogenen Messern dastehen und nicht recht wissen, ob Sie angreifen oder flüchten sollen; so wird nicht klar, worum es Ihnen eigentlich geht, so werden Sie Ihren Partner nicht verstehen und es kommt zu keiner Lösung.

Zu Beginn unserer „Haven of Safety"-Eheseminare frage ich die Anwesenden immer, wie sie sich in ihrer Ehe streiten und welche Taktiken sie benutzen. Sie schildern dann gewöhnlich, wie sie versuchen, ihrem Partner klarzumachen, wie sie sich fühlen oder was sie denken, und wie es dann zu dem klassischen Duell kommt, wo der eine angreift und der andere mauert. An diesem Punkt stelle ich eine ganz simple Frage, die schlagartig alles in ein anderes Licht stellt: „Schön, und wie ist das mit dieser Taktik, von Ihrem Partner verstanden zu werden? Funktioniert sie, nach all den Jahren?"

Schweigen. Die Gesichter werden nachdenklich. Dann, nach ein paar Sekunden, kommt sie, die Antwort, und sie ist immer gleich: „Nein, es funktioniert nicht." – „Meine Frau kapiert nach zehn Jahren immer noch nicht, dass ich mehr Zärtlichkeit von ihr brauche." – „Mein Mann begreift immer noch nicht, warum er mich mit seiner Ungeduld so verletzt."

Wir wollen das eigentlich gar nicht, aber in unserem verbissenen Bemühen, endlich von dem anderen gehört und verstanden zu werden, verletzen wir einander nur immer wieder.

Was will ich eigentlich sagen, wenn ich sage ...

Das Größte, was Sie für Ihre Ehe tun können, ist, dass Sie es lernen, Ihre Gefühle auf eine konstruktive, angemessene Art zum Ausdruck zu bringen. Der große Schlüssel zu einem guten Gespräch – auch einem guten Streitgespräch – ist, dass Sie sich darüber klar werden, was Sie Ihrem Partner eigentlich sagen wollen. Was liegt verborgen unter all dem Kritisieren und Sichrechtfertigen, der Verärgerung und dem Frust? Was wollen Sie Ihrem Mann/Ihrer Frau *wirklich* sagen?

Die Reise zur Veränderung beginnt, wenn Sie sich besinnen und fragen, was Sie „eigentlich", in den Tiefen Ihrer Seele fühlen, wenn Sie sich über Ihren Partner ärgern (Sie erinnern sich an die „Primärgefühle"). Hören Sie auf, die Stacheln auszufahren und die übliche

Kettenreaktion auszulösen, die den Frust nur noch größer macht: „Ich bin dir wohl egal." – „Das ist nicht wahr, du bist nur immer so negativ." – „Wenn du mich nicht lieben kannst, kann ich mir ja einen anderen suchen." – „Ach, lass mich doch in Ruhe." (Sie erkennen die Stationen wieder: Anklage – Rechtfertigungsversuch – Geringschätzung – Rückzug und Mauern.)

Hören Sie auf, auf den vermeintlichen Angriff mit einer Gegenoffensive zu reagieren, und sagen Sie Ihrem Partner stattdessen, wie Sie sich fühlen. Aber wie macht man das – seine Gefühle so ausdrücken, dass der Partner einen versteht und nichts in den falschen Hals bekommt? Wenn es Ihnen gelingt, das, was Sie fühlen oder denken, ohne „aggressive Verpackung" herüberzubringen, wird Ihr Partner sich weniger angegriffen fühlen – und damit sicher genug, um es zu riskieren, Ihnen offen zuzuhören. In den nächsten Kapiteln dieses Buches mache ich Sie mit sechs praktikablen Prinzipien bzw. Wegen bekannt, die dazu helfen, sich auf eine effektive und liebevolle Art und Weise mit Ihrem Partner zu streiten – sechs Wege, wie Konflikte Ihre Partnerschaft stärken.

Fragen und Übungen

1. Wie war das noch bei Ihrem letzten Ehestreit? Fühlten Sie sich missachtet, enttäuscht, ignoriert, im Stich gelassen oder Ähnliches? Konnten Sie Ihrem Partner diese Gefühle mitteilen oder haben Sie stattdessen Ihre Sekundärgefühle an ihm ausgelassen?

Ihre Primärgefühle	Ihre Sekundärgefühle/ Reaktionen
Enttäuschung, im Stich gelassen, nicht beachtet	Verärgerung, Kritik, Schuldzuweisungen, sich rechtfertigen

2. Wie haben Ihr Partner und Sie während dieser Auseinandersetzung aufeinander reagiert? Kam es zu einer oder mehreren der folgenden Aggressivreaktionen?

„Harter" Einstieg	Kritisieren	Sich rechtfertigen	Gering schätzen
Beschimpfen	Spott	Herabsetzen	Sarkasmus
Nörgeln	Drohungen	Rückzug/ Mauern	
Bestrafen	Schmollen	Unterstellungen	

3. Wie fühlten Sie sich „eigentlich" unter der Decke des Kritisierens, der Rechtfertigungsversuche, der Verärgerung und Frustration? Was wollten Sie Ihrem Partner eigentlich sagen oder zeigen?

4. Müssen Sie wirklich so reagieren, um gehört und verstanden zu werden? Was könnten Sie anderes unternehmen, damit Ihr Partner Sie verstehen und auf Sie eingehen kann? Überlegen Sie sich, wie Sie beide (Sie und Ihr Partner) es anders machen können.

Teil 2 Sechs Wege,
sich so zu streiten,
dass Ihr Partner Ihnen zuhören
und Sie verstehen kann

Kapitel 6

Regel 1: Schaffen Sie sich einen geschützten Ort

Wie war das noch das letzte Mal, als Sie und Ihr Ehepartner in den Teufelskreis einer unschönen Auseinandersetzung geraten sind? Vielleicht sagte Ihr Mann etwas Bissiges, oder Sie hatten den Eindruck, dass er Ihnen überhaupt nicht zuhörte oder Sie nicht verstand. Ihre Drachen wurden wach, Ihr Beziehungssystem schlug Alarm und in Ihrem Gehirn übernahm das Gefühlszentrum die Regie. Ihr Magen verknotete sich, ihr Herz begann zu hämmern, Ihre Hände wurden feucht. Jawohl, Sie wissen (spätestens nachdem Sie dieses Buch gelesen haben), was diese Symptome bedeuten: Sie waren kampfbereit!

Wenn man im Griff der Wut steckt, ist es schwierig, etwas anderes zu sehen als seinen eigenen Frust, die eigene Verletztheit und Irritation, das eigene Rechthaben und die eigene Perspektive. Wenn Sie in dieser Falle stecken bleiben, wird Ihr Disput regelmäßig noch weiter aus dem Ruder laufen, und nicht nur dieser Streit, sondern Ihre ganze Ehe wird ungut geprägt werden. Deswegen ist es so wichtig, die Negativfunken, die in der Hitze eines Streits sprühen, gut zu löschen. Um Ihre Gespräche und Streitgespräche positiv zu verändern, brauchen Sie als Erstes einen geschützten Ort.

Wenn Ihr Gefühlszentrum auf Hochtouren läuft, ist es wichtig, dass Sie es ihm signalisieren, wenn die Gefahr (z. B. die bissige Bemerkung Ihres Partners) erkannt und gebannt ist. Sie können Ihrem Gefühlszentrum z. B. sagen: „Jawohl, ich habe diese negative Bemerkung meines Mannes/meiner Frau gehört, und ich werde damit fertig. Ich glaube, wir kriegen das schon auf die Reihe." Damit geht Ihre Stressreaktion zurück und Sie können bewusst einen anderen, beziehungsfreundlichen Teil Ihres Gehirns einschalten – den Teil, der sich an die positiven Eigenschaften Ihres Ehepartners erinnert, die Situation aus seiner Perspektive sieht, seine Gefühle nachvollziehen kann und nach Lösungen sucht, bei denen beide gewinnen. Sie werden fähig, von Wut, Angst oder Ärger auf einen positiveren, konstruktiveren Betriebszustand Ihres Gehirns umzuschalten, in dem Sie dann nämlich

- Ihren eigenen Tunnelblick wieder weiten
- die Perspektive Ihres Partners und Ihre eigene gleichberechtigt nebeneinander stehen lassen
- Ihre eigenen Gefühle, Bedürfnisse und Wunden wie auch die Ihres Partners wahrnehmen
- sich das Positive in Ihrer Beziehung und an Ihrem Partner klarmachen
- Optionen und Lösungen untersuchen
- einfühlsamer und fürsorglicher reagieren können

Sie wissens ja: Ihr Partner hat deswegen die Macht, Sie so tief zu verletzen, weil er Ihnen so viel bedeutet. Tief drinnen wissen Sie genau, dass Sie Ihren Mann/Ihre Frau lieben, aber der Gefühlssturm in Ihrem Kopf überdeckt dieses Gefühl schon einmal für den Augenblick und Ihre Drachen flüstern (oder brüllen) Ihnen zu, wie Sie am besten kämpfen, fliehen, sich schützen oder in Deckung gehen können. In der heißen Phase eines Streits erleben Sie eine wahre Power-Point-Präsentation Ihrer negativen Gedanken und Erinnerungen, die mit Ihrem Partner zusammenhängen.

Meistens ist ein paar Stunden, spätestens ein paar Tage später in der Regel Ihre Beziehung neu im Lot und die Gefühle „stimmen" wieder. Aber in der heißen Phase eines Ehestreits haben Sie gleichsam keinen Blick für das Gute an Ihrem Partner und Ihrer Beziehung. Sie denken nicht an Ihren sicheren Hafen, obwohl Sie das gerade jetzt dringend bräuchten. Also: Wenn die Gewitterwolken eines Streits heraufziehen oder es schon blitzt und kracht, vergessen Sie nicht den unschätzbaren Wert Ihrer Beziehung und Ihres Partners, sonst wird das Unkraut des Negativdenkens Wurzel fassen und bald Ihren ganzen Beziehungsgarten überwuchern.

Die zerstörerische Macht des negativen Denkens

Das Negativdenken ist *der große Zerstörer* für den sicheren Hafen einer Ehe. Auch Ihrer wird zerstört werden, wenn Sie einer jener Zeitgenossen sind, die die Fehler, Schwächen und Missetaten Ihres Partners systematisch „wiederkäuen". Sie wissen, was Wiederkäuen ist: Die Kuh bringt ihr erst teilweise verdautes Futter wieder hoch, um es erneut zu kauen. Die Wunden und Negativereignisse der Vergangenheit wiederzukäuen, hat keinerlei positiven Wert. Es bringt Ihnen keine Antworten, keine Lösungen und lässt Sie Ihren Partner nicht besser verstehen. Stattdessen zementiert es die Negativgedanken und -gefühle in Ihrem Gehirn und stärkt die „Verdrahtungen" zwischen den Negativsituationen und Ihrer Frau/Ihrem Mann. Ihr Gehirn nimmt diese Verdrahtungen auf, Ihr Gedächtnis speichert sie, und jedes Mal, wenn eine ähnliche Situation kommt, schießen automatisch die schwarzen Gedanken in Ihren Kopf. Ihr Gehirn hat ein unheimliches Talent, das Negative, das Sie über Ihren Partner denken, in Ihrem Herzen Wurzeln fassen zu lassen – ohne dass Sie das merken.

Paare, die gelernt haben, nicht negativ zu denken, sind in der Lage, sich zu besinnen, wenn es darauf ankommt, mit einem beruhigenden Wort Ihrem Partner den Wind der Wut aus den Segeln zu nehmen und so den Weg zur Versöhnung zu finden.

Sei mein sicherer Hafen

Ich werde nie vergessen, wie vor vielen Jahren mein Ehemann Mike mich mitten in einer unserer hitzigen Diskussionen anschaute und sagte: „Sharon, das Leben ist halt nicht einfach. Ich möchte, dass wir beide ein sinnvolles Leben führen, wo wir einander unterstützen, annehmen, was Gott uns gibt, gemeinsam alt werden und ein Stückchen Glück miteinander haben." Seine Worte trafen mich ins Herz. Wie die meisten Paare, hatten wir oft den Eindruck, dass wir manchmal mehr gegen den anderen kämpften, anstatt dafür zu kämpfen, mehr voneinander zu haben. Schon erstaunlich, wie leicht man sich am Ende am meisten verletzt fühlt von dem Menschen, den man am meisten liebt.

Übrigens habe ich bisher noch im Herzen jedes Paares, das zu mir in die Beratung gekommen ist, dieselbe Sehnsucht gefunden, und mein Fazit ist, dass alle Paare sich danach sehnen, ein sinnvolles Leben miteinander zu führen, indem sie einander helfen, indem sie gemeinsam die Herausforderungen des Alltags meistern, das, was ihnen gegeben ist, annehmen und es schön miteinander haben.

Wenn Sie wollen, dass Ihre Gespräche und Streitgespräche nicht mehr aus dem Ruder laufen und Ihre Ehe nicht die Abwärtsspirale nimmt – es gibt ein sicheres Mittel, das zu erreichen: Wenn Ihr Gefühlszentrum das nächste Mal Amok laufen will, dann halten Sie ihm den folgenden positiven, mächtigen Gedanken entgegen: *Wir sind füreinander ein sicherer Ort.*

Unser Akazienschirm

Ein sehr hilfreiches Bild für den geschützten Ort, nach dem ein Paar sich sehnt, ist für mich die Akazie geworden – Sie erinnern sich. Wie in Kapitel 2 erwähnt, suchen in Südafrika die wilden Tiere Schatten und Schutz unter dem Blätterschirm der Akazienbäume. Die Akazie wird für sie ein Schutzort am Tag und Ruheort für die Nacht. Ihre weit ausladende Krone bietet Schutz inmitten des Lebenskampfes in der Wildnis.

Auch ein Ehemann und eine Ehefrau sehnen sich nach solch einem Schutzschirm. Sie haben ja ihr Junggesellenleben aufgegeben, um zueinander zu gehören und gemeinsam ein neues Leben zu bauen. Unter dem Schirm ihrer „Akazie" (ihrer Ehe) werden Sie einander Zufluchtsort, spendet einer dem anderen Schatten und Schutz.

> Gott, der Herr, dachte sich: „Es ist nicht gut, dass der Mensch allein lebt. Er soll eine Gefährtin bekommen, die zu ihm passt!" ...

Darum verlässt ein Mann seine Eltern und verbindet sich so eng
mit seiner Frau, dass die beiden eins sind mit Leib und Seele.
(1. Mose 2,18+24)

Ordnet euch einander unter; so ehrt ihr Christus. ...
Ein Mann soll seine Frau so lieben wie sich selbst.
Und die Frau soll ihren Mann achten.
(Epheser 5,21+33)

Unser Akazien-Abkommen:
Wer wir sind und was wir wollen

Nur zu oft streiten Paare sich außerhalb des Schutzschirms ihres Akazienbaums und können ihren sicheren Hafen nicht mehr sehen. Sie
vergessen, wie viel sie einander doch bedeuten. Also: Wenn das Leben schwierig wird, dann denken Sie bewusst an diesen Schutzschirm, der ein wichtiger Grund Ihrer Ehe ist. Zeigen Sie einander
durch Ihre Worte und Berührungen, Ihre Gegenwart und Ihr Verhalten, dass Ihre Liebe zueinander gültig ist und dass Sie beide sich nach
einem geschützten Ort sehnen.

Wie Sie das noch bestärken können? Mein Tipp ist: Formulieren
Sie Ihr ganz persönliches „Akazien-Abkommen" – eine Art Leitbild
für Ihre Ehe, das das in Worte fasst, was Sie einander versprechen.
Dieses Leitbild ist unverrückbar, so lange, bis Sie und Ihr Partner es
gemeinsam ändern. Egal wie hitzig eine Diskussion wird, dieses Akazien-Abkommen definiert das gemeinsame „Wir beide".

Ich werde Ihnen gleich eine mögliche Version eines solchen Ab-
kommens vorstellen. Sie können sie für sich übernehmen, aber genauso abändern oder Ihre ganz eigene Version formulieren. Wählen
Sie Wörter und Formulierungen, die das wiedergeben, was Sie im
Herzen und auf dem Herzen haben für sich als Paar, Wörter, die
gleichzeitig so einfach sind, dass Sie sie sich in der Hitze eines Wortgefechts oder wenn Ihr Partner weit weg zu sein scheint, jederzeit in
Erinnerung rufen und Kraft aus ihnen schöpfen können.

Zeigen Sie Ihrem Partner, was gelten soll, egal wie oft und wie sehr Sie sich streiten: „Ich möchte mit dir ein sinnvolles Leben führen und einen Ort der Geborgenheit schaffen, wo wir füreinander da sein und gemeinsam durch das Leben gehen und ein Stückchen Glück miteinander haben."

Hier sechs Vorschläge für Ihr Akazien-Abkommen:

1. Wir wollen einander ein sicherer Hafen sein.

Bei der kirchlichen Trauung schließen der Ehemann und die Ehefrau einen Bund miteinander; sie versprechen sich vor Gott, dass sie miteinander nach Gottes Gebot und Verheißung leben, einander als Gottes Gabe lieben und ehren und in Freud und Leid treu sein werden, bis der Tod sie scheidet. Mit anderen Worten: Als Sie Ihr Traugelübde ablegten, versprachen Sie, einander ein treuer – also ein sicherer – Hafen und Zufluchtsort zu werden. Dies ist eine ungeheure Aufgabe, deren Erfüllung Ihren ganzen Willen, Ihr Herz und ein Stück Arbeit verlangt.

Sie können wählen, was für eine Art sicherer Hafen Sie einander sein wollen auf dem Weg durch Dick und Dünn Ihrer Ehe. Setzen Sie sich zusammen und tauschen Sie sich darüber aus, wie viel Sie einander bedeuten und wie sehr Sie Ihre Beziehung schätzen, und dann schreiben Sie Ihren ersten Leitsatz auf. Er könnte etwa so lauten:

Wir wollen einander ein sicherer Hafen sein:
Weil ich dich liebe, schließe ich mit dir und Gott folgenden Bund:
Ich will mit dir nach Gottes Gebot und Verheißung leben, dich als Gottes Gabe lieben und ehren und dir in Freud und Leid treu sein, bis der Tod uns scheidet. Ich will dich respektieren und dich ehren. Ich will für dich da sein und für dich sorgen, will dich und deine Bedürfnisse im Blick haben und dir Gutes tun. Ich will meinen Teil dazu beitragen, dass unsere Ehe für dich ein sicherer Hafen wird.

2. Wir lieben uns und wollen das Beste füreinander.

Setzen Sie sich das Ziel, einander ein Stückchen Himmel auf Erden zu schenken. Wie können Sie Ihrem Partner zeigen, dass Sie ihn lieben und sein Bestes wollen? Was ist Ihrem Partner wichtig? Was lässt ihn spüren, dass er geliebt wird? Aus meiner Arbeit mit vielen Paaren hier einige Beobachtungen und Anregungen:

Eine Frau möchte vor allem beschützt, geliebt und umsorgt werden. Sie braucht die kleinen Liebesbeweise ihres Mannes im Alltag. Zeit füreinander haben und sich austauschen sind Dinge, die sie mit ihrem Mann verbinden.

Der Mann möchte von seiner Frau geachtet, bewundert und als „der Mann" bzw. „ihr Mann" gesehen werden. Er muss wissen, dass seine Frau ihn respektiert, stolz auf ihn ist, seine Bemühungen schätzt und seinen Entscheidungen vertraut.

Oft ist für den Ehemann auch das sexuelle Miteinander ein starker Ausdruck der Verbundenheit. Bis jetzt hat noch jeder Mann, der an meinen Intensiv-Eheseminaren teilgenommen hat, seiner tiefen Sehnsucht nach Anerkennung durch seine Frau Ausdruck gegeben. Was nicht heißt, dass die Frau keine Anerkennung braucht. Männer wie Frauen sehnen sich nach jemandem, der ihnen in die Augen schaut und sagt: „Ich bin stolz auf dich. Du bist wunderbar, erstaunlich, besonders, stark, schön." Ehemänner wie -frauen möchten gehört, verstanden und wertgeschätzt werden.

Manchmal vergisst ein Paar, dass jeder eine zarte Stelle in der Seele hat, die sich danach sehnt, geliebt und geachtet zu werden. Vergessen Sie nicht: Wenn ich dir nicht durch meine Worte, meine Berührungen und mein Verhalten zeige, dass ich dich liebe, wie willst du dann wissen, dass ich dich liebe?

> **Wir lieben uns und wollen das Beste füreinander:**
> Ich liebe dich und brauche dich. Du bist mir sehr wichtig, und das möchte ich dir zeigen durch die Art, wie ich mit dir umgehe und auf dich reagiere – durch meine Worte, meine Körpersprache, meine Berührungen, mein Verhalten.

3. Wir wollen gemeinsam das Leben meistern, als Team, als Einheit, als „wir".

Als Sie heirateten, nahmen Sie sich vor, zusammen durch das Leben zu gehen; Sie traten demselben Team bei. Jetzt sind Sie nicht mehr nur zwei „Ich", sondern auch ein „Wir". Sie sind Partner fürs Leben, Reisegefährten, die einander helfen. Auch wenn Sie nach wie vor zwei Individuen sind: Ihre Hoffnungen und Lebensträume sind ineinander verwoben und als Einheit haben Sie beide das Beste des anderen im Sinn.

Wenn das Geld knapp ist, halten Sie sich strikt an das Budget und bringen Opfer für das Wohl der Familie. Wenn die Schwiegermutter Ihren Mann kritisiert, stehen Sie ihm zur Seite. Oder, wie mir mehr als eine Ehefrau gesagt hat: „Wenn meine Schwiegermutter anfängt, an meinem Erziehungsstil herumzumäkeln, setze ich darauf, dass mein Mann ihr klarmacht, dass wir beide *eine Einheit* bilden. Er steht zu mir; er steht zu *uns*."

> **Wir wollen das Leben gemeinsam meistern:**
> Ich will für dich da sein, um dich zu unterstützen, bei dir zu stehen und gemeinsam mit dir durchs Leben zu gehen. Wenn das Leben schwierig wird, werde ich an deiner Seite sein. Egal was passiert, ich will das Beste für dich und für uns. Denn wenn es dir gut geht, geht es uns gut.

4. Wir helfen einander, als Person zu wachsen.

Im Schatten Ihres Akazienbaums nehmen Sie sich beide vor, als Person zu wachsen, Ihre Ecken abschleifen zu lassen und Christus ähnlicher zu werden. Wir alle sind auf dem Weg dahin, das zu werden, was wir in Gottes Augen schon sind. Auf diesem Weg sind Sie und Ihr Mann/Ihre Frau „Charakterwachstumspartner", die Seite an Seite gehen.

In welcher Verfassung wird Ihr Partner einmal zu Gott heimgehen? Wird er geliebt, versorgt, behütet sein – weil er mit Ihnen verheiratet ist? Helfen Sie einander, zu wachsen und all das zu werden, was Gott in Ihnen sehen kann?

In der Ehe geht es nicht darum, wie glücklich wir werden können, sondern wie gut wir einander unterstützen in den Hochs und Tiefs auf der Reise unseres Lebens und unterwegs in Richtung Wachstum und Reife. Einander beim Wachsen und Reifen unterstützen – das geschieht nicht, indem wir den anderen ständig kritisieren und aufzählen, was alles anders werden muss, sondern indem wir ihn annehmen und ihm mit tatkräftiger, freundlicher Ermutigung und Unterstützung unter die Arme greifen.

Wir helfen einander, all das zu werden, was Gott in uns schon sieht:
Ich möchte bei dem, was Gott in deinem Leben tut, mitwirken. Ich möchte dein Helfer und Begleiter sein auf deinem Weg hin zu dem Menschen, den Gott aus dir machen möchte und in dir schon sieht. Ich möchte, dass du als ein Mensch durchs Leben gehst, der sich geliebt und umsorgt weiß.

5. Wir beide wünschen uns ein sinnvolles, zielgerichtetes Leben.

Wir alle sehnen uns nach einem Leben, das sinnerfüllt ist. Als wir geboren wurden, haben wir Gaben und Talente bekommen, und wenn wir sie voll nutzen, haben wir ein erfülltes Leben. In dem Film *Chariots of Fire* sagt der Leichtathlet und Missionar Eric Liddell, der 1924 Olympiasieger über 400 Meter wurde, zu seiner Schwester: „Wenn ich laufe, spüre ich, wie Gott sich freut." In unserer Ehe versuchen wir nun nicht nur, persönlich unsere Gaben einzusetzen und zu entfalten, sondern auch, als Paar und als Familie zielgerichtet zu leben. Wir helfen einander, „zu spüren, wie Gott sich freut", wenn wir ein sinnhaftes Leben führen.

Unterhalten Sie sich mit Ihrem Partner darüber, was den Sinn in Ihrem Leben ausmacht. Fragen Sie z. B.: Was wollen wir in den nächsten zehn Jahren unseres gemeinsamen Lebens erreichen? Welche Schritte können wir tun, damit dies Realität wird? Wofür soll unsere Ehe und Familie stehen? Wie wollen wir als Einzelne, als Paar und als Familie die Welt um uns verändern? Als was für Leute wollen wir in die Erinnerung unserer Mitmenschen eingehen? Wie würden Sie den folgenden Satz ergänzen?: „Ich spüre, wie Gott sich freut, wenn ich/wir _____."

Formulieren Sie doch einmal aufgrund dieses Gesprächs mit Ihrem Partner Ihr Leitbild als Paar und Familie. Dieses Leitbild kann wie ein fester Punkt am Horizont sein, der Sie auf Kurs hält und Sie erinnert an Ihre Wunsch-Richtung, an Ihre Hoffnung und an das, was Sinn für jeden Tag gibt.

Hier zwei Beispiele für solch ein Leitbild:

- „Wir wollen eine liebevolle Familie sein, in der einer dem anderen hilft. Wir möchten unseren Freunden und Verwandten ein offenes Haus bieten und uns immer neu fragen, wie wir anderen helfen können."

- „Wir möchten ein einfaches Leben führen, in welchem wir die kleinen Augenblicke genießen, mit Verwandten und Freunden zusammen sind und Beziehungen und Gemeinschaft Zeit und Raum geben."

Wir wollen gemeinsam ein Leben führen, das sinnvoll ist:
Ich möchte dein Partner sein, wenn du in deinen Gaben und Talenten wächst und dich von Gott gebrauchen lässt. Ich möchte, dass wir beide als Team ein Leben gestalten, das sinnerfüllt ist. Gemeinsam wollen wir all das werden, was Gott schon in uns sieht.

6. Wir möchten miteinander glücklich sein.

Dieser Satz mag manchem etwas platt und allzu selbstverständlich klingen, aber für viele Paare ist er tief. Wir möchten nicht Trübsal blasen oder einander wehtun. Wir möchten einfach *glücklich* miteinander leben.

Wir möchten einander unsere Träume, Hobbys, Freundschaften, Erfolge, die stillen Stunden allein oder das kleine Glück nicht rauben oder verlieren, auch wenn wir dann, wenn wir uns streiten, manchmal den Eindruck haben, dass unser Partner genau das macht. Versprechen Sie einander, dass Sie bei allem Ihrem Tun, Ihrem Planen und, ja, Ihrem Streiten nie aus dem Blick verlieren wollen, dass jeder von Ihnen sich ein bisschen Glück und Freude im Zusammensein mit dem anderen wünscht.

Was raubt Ihnen Ihre Freude? Was hindert Sie daran, eine zufriedene Frau oder ein erfüllter Ehemann zu sein? Tauschen Sie sich darüber aus und nehmen Sie sich vor, gemeinsam Freude am Leben zu haben; suchen Sie sich jeden Tag ein paar Augenblicke, wo Sie miteinander glücklich sein können – einfach so.

Wir wollen miteinander und in unserem Alltag glücklich sein:
Inmitten der Freuden und Kämpfe des Lebens möchte ich an deiner Seite ein Stückchen Glück finden. Ich möchte mich über dich freuen und in den kleinen Dingen des Lebens Freude finden.

Vergessen Sie Ihren Akazienbaum nicht

Ihr Akazien-Abkommen ist keine Anti-Ehestreit-Versicherung, aber wenn der Streit dann da ist, hilft es Ihnen, sich daran zu erinnern, dass Sie ja einen geschützten Ort haben. Versuchen Sie in diesen Augenblicken sich an all das zu erinnern, was Sie und Ihr Partner einander bedeuten. Hier einige Dinge, die Sie bedenken sollten, ehe Ihr Blutdruck steigt:

1. Werde ich diese unguten Gefühle gegenüber dir auch morgen noch haben, oder habe ich sie nur jetzt, in diesem Augenblick? Es ist wohl am besten, wenn ich mir genau überlege, was mein legitimes Anliegen ist, das ich sachlich vertreten kann, und was das unbestimmte Gefühl, sauer auf dich zu sein.

2. Ich will nicht aus dem Ärger dieses Augenblicks heraus reagieren – wenn die harten Worte erst einmal heraus sind, kann ich sie nicht mehr zurücknehmen und schlage nur unnötige Wunden. Ich will tief Luft holen, mich einen Moment zurückziehen und meinen Ärger, meine Wut abkühlen lassen.

3. Ich will mich an deine Stärken erinnern, das, was ich mag, und warum ich dich geheiratet habe und was vor mir stehen wird, wenn der Rauch sich verzogen hat: nämlich ein Mensch, den ich liebe und schätze.

4. Wenn ich tatsächlich Grund zur Klage habe, will ich dich um ein klärendes Gespräch bitten, wenn wir beide wieder einen klaren Kopf haben. Mir ist klar, dass man in der Hitze eines Streits meist nichts Konstruktives sagt, keine vernünftigen Entscheidungen trifft, den anderen nicht sachlich anhört, geschweige denn versteht oder trösten kann. Das will ich mir klarmachen. Und ich will nicht weiterkämpfen, wenn ich merke, dass wir beide nur noch von unserem Gefühlszentrum beherrscht werden.

5. Ich muss nicht mit Ärger reagieren, damit du mich verstehst. Es gibt bessere Methoden, dir zu sagen, was ich fühle. Ich habe es nicht nötig, zu kritisieren, zu schimpfen oder die Schuldzuweisungs- oder Geringschätzungskarte zu ziehen, damit du mich hörst und verstehst.

6. Wenn du mich nicht anhören willst, will ich eine andere Methode finden, mich dir mitzuteilen. Vielleicht ein paar Minuten Auszeit nehmen, damit die Situation sich beruhigen kann. Oder dir einen Brief schreiben oder gemeinsam etwas unternehmen, das uns hilft, miteinander über unser Problem zu reden. Vielleicht können wir zu Hause oder im Restaurant schön essen und uns anschließend bei einer Tasse Kaffee unterhalten.

Du bist mir wichtiger

Wenn Sie wieder einmal mitten in einem Streit stecken, denken Sie an Folgendes: *Wir sind zwei Menschen, die versuchen, so gut wie möglich gemeinsam durchs Leben zu gehen. Wir möchten einfach lieben und geliebt werden.* Wenn Sie an diese Wahrheit denken, können Sie beide innehalten und sagen: *Ich will dir gut sein, auch wenn ich anderer Meinung bin. Und der Abwasch ist nicht so wichtig wie meine Beziehung zu dir. Egal was ist: Ich schätze dich. Ich denke an unseren Akazienbaum, den geschützten Raum – in dem möchte ich mit dir leben und zusammen mit dir alt werden und ein Stückchen glücklich sein.*

Unser Akazien-Abkommen

Wir möchten einander ein sicherer Hafen und geschützter Ort sein.
Wir lieben einander und wollen das Beste füreinander.
Wir sind entschlossen, im Leben „wir" zu sagen.
Wir helfen einander, all das zu werden, was Gott in uns sieht und schon angelegt hat.
Wir beide wünschen ein sinnerfülltes, zielgerichtetes Leben.
Wir möchten gemeinsam ein Stückchen glücklich sein.

Fragen und Übungen

1. Machen Sie eine Liste der positiven Eigenschaften Ihres Ehepartners. Schreiben Sie sie sich auf eine Karte, die Sie in Ihr Portemonnaie stecken oder an den Badezimmerspiegel kleben. Und wenn Sie das nächste Mal in einem Streit gelandet sind und nur an die Schwächen Ihrer anderen Hälfte denken können, rufen Sie sich diese Liste ins Gedächtnis.

2. Formulieren Sie gemeinsam mit Ihrem Partner Ihr ganz persönliches „Akazien-Abkommen". Benutzen Sie dabei die sechs Punkte in diesem Kapitel als Orientierungshilfe.

3. Welche negativen Gedanken über Ihren Partner und/oder über Sie selbst kommen Ihnen in den Sinn, wenn Sie in einem Streit feststecken? Sind sie legitim? Durch welche positiven Gedanken können Sie sie ersetzen?

Kapitel 7

Regel 2: Mäßigen Sie Ihre Reaktionen und beruhigen Sie Ihre Drachen

Robert wurde wütend, man hörte es in seiner Stimme. „Ich hab dich nicht runtergeputzt, Carla! Ich erinnere mich genau, was ich gesagt hab, es war null herabsetzend. Wir haben uns ganz normal unterhalten."

Carla sah mich an und sagte: „So ist das oft bei uns. Was soll ich bloß machen, wenn er noch nicht mal merkt, dass er mich verletzt hat?"

„Also, gut", sagte Robert resigniert. „Ich habe dich verletzt. Bist du jetzt zufrieden? Und was soll ich jetzt machen?"

„Das weiß ich nicht", erwiderte Carla.

Sie schauten mich beide an.

Vielen Paaren geht es ähnlich. Sie wissen nicht, was sie machen sollen mit ihren Drachen und Verletzungen. Da kann etwas ganz Einfaches helfen.

Ich sagte: „Carla, wie wäre es, wenn Robert Ihnen über das Gesicht streichen und sagen würde: ‚Es muss wehtun, wenn man sich herabgesetzt fühlt. Ich schätze dich und wollte nicht, dass du dich so fühlst'?"

„Wow! Das wäre toll! Ich schätze, ich würde schmelzen wie Butter in der Sonne." Zwei Tränen liefen Carla über die Wangen, sie begann zu lächeln.

„Wie, bitte?", sagte Robert ungläubig.

Ich wusste: Er fragte sich, wie, um alles in der Welt, solch eine simple Geste die Macht haben sollte, seine wütende Frau zu beruhigen. Nun, er würde schon bald entdecken, wie diese kleine tröstende Geste, immer wieder gebraucht, seine Frau beruhigen und die Drachen seiner Frau besänftigen würde.

Was beruhigt die Verletztheit und die Wut unserer Drachen? Dass wir sie trösten.

Sie beruhigen die Ängste, Wunden und Drachen Ihres Partners mit Sicherheit *nicht*, indem Sie sie ignorieren, kleinreden oder für Unfug erklären. Wenn er seiner Verletztheit Ausdruck gibt und Sie sagen: „Das ist doch lächerlich, ich weiß nicht, was du hast", wird sein Beziehungssystem Alarm schlagen und womöglich seinen Drachen, der ihm vielleicht gerade einreden will, dass Sie kein Herz haben, noch bestärken.

Sie denken jetzt vielleicht: *Die hat gut reden! Den Drachen meiner Frau/meines Mannes trösten? Der spuckt doch nur noch mehr Feuer, wenn ich auf ihn zugehe!*

Wo liegen Ihre Unterschiede?

Ich weiß, es klingt zu schön, um wahr zu sein, aber wenn Sie wissen, wo Ihr Partner eine empfindliche Stelle hat und ihn entsprechend trösten, können Sie seinen Schmerz lindern und seine Drachen besänftigen. Wissen Sie noch, was für Dinge es sind, die hinter Ihren Streitigkeiten stecken? Lassen Sie mich unserem Gedächtnis auf die Sprünge helfen:

Drachen

Sie wissen schon, dass viele Streitigkeiten damit beginnen, dass Sie oder Ihr Partner einen „Drachen" im anderen weckt (eine Narbe oder wunde Stelle in der Seele), sodass er sich plötzlich gedemütigt, verspottet, unbeachtet, wertlos, bedrängt oder nicht ernst genommen fühlt und mit Verletzung, Verärgerung, Angst oder Wut reagiert.

Wissen Sie, was die Drachen Ihres Mannes/Ihrer Frau sind? Wissen Sie, was Ihre eigenen sind? Blättern Sie gegebenenfalls zurück zu Kapitel 3 und listen Sie die Drachen auf. Dann werden Sie viel aufmerksamer damit umgehen können.

Die Drachen meines Partners sind: _____

_____

Meine Drachen sind: _____

_____

Persönlichkeitsunterschiede

Auseinandersetzungen, die in unseren Persönlichkeitsunterschieden begründet sind, bringen uns immer wieder an wunde Punkte und lösen oft erst Ärger und dann Verletzungen aus. Da wird der Ehemann, der ein Machertyp ist, ungeduldig, weil seine Frau langsamer ist und sich nicht so schnell entscheiden kann, worauf sie sich kritisiert und abgelehnt fühlt. Oder ein „Denker"Ehemann weist seine Frau prompt auf die Schwachstelle in ihrem Vorschlag hin und sie kommt sich abgewürgt vor. Die „lässige" Frau hat wieder einmal Verspätung, obwohl sie hoch und heilig versprochen hatte, diesmal pünktlich zu sein, und ihr Mann fühlt sich nicht ernst genommen. Oder eine Frau von der „zielstrebigen" Sorte marschiert mit dem Feingefühl einer Dampfwalze auf ihr Ziel zu, sodass ihr Mann sich wie ein unwichtiger Zuschauer vorkommt.

Daniel, ein introvertierter Mann, fühlt sich nicht wohl in seiner Haut, wenn seine sehr extravertierte Frau bei einer Einladung als Erste da sein und als Letzte gehen will. Er zieht es vor, zu kommen, wenn die meisten anderen schon da sind, und als einer der Ersten zu gehen. Jedes Mal, wenn seine bessere Hälfte ihm vortönt, dass sie gerne noch eine Stunde bleiben möchte, fühlt er sich gedrängelt und bevormundet.

Wie würden Sie Ihre Persönlichkeit beschreiben? _____

_____

Wie würden Sie die Persönlichkeit Ihres Partners beschreiben?

_____

Was für Spannungen entstehen durch die Persönlichkeitsunterschie-
de zwischen Ihnen und Ihrem Partner? _____

_____

Unterschiedliche Lebensstile

Zu Konflikten kommt es auch durch Unterschiede im persönlichen
Lebensstil und in dem, was einem wichtig oder nicht so wichtig ist.
Da möchte der Ehemann zurzeit einen strikten Sparkurs fahren und
findet, dass neue Tapeten für das Kinderzimmer hinausgeworfenes
Geld wären. Seine Frau sieht das anders. Eröffnet sie ihrem Mann
dann auch noch, dass sie die Tapeten schon gekauft hat, ist der Krach
perfekt.

Auch die Freizeitgestaltung kann zum Zankapfel werden. Da sagt
Kelly ihrem sichtlich verschnupften Anthony: „Als du mich gestern
Abend ausgeführt hast, war ich richtig enttäuscht. Ich hab gedacht,
wir machen was Schönes, wie Kegeln oder in ein tolles Restaurant
gehen. Der Film war ja ganz gut, aber drei Stunden in einem dunk-
len Kino sitzen und sich nicht unterhalten können ...“

Was machen Sie in Ihrer Freizeit am liebsten? _____

_____

Was macht Ihr Partner am liebsten? _____

_____

Wann kommt es beim Thema Freizeitgestaltung zu Spannungen zwischen Ihnen? _____

_____

Wie Sie die Drachen Ihres Partners besänftigen können

In Südafrika gibt es die Geschichte des alten, harmlosen Löwen, der auf seinem Hügel saß und aus voller Kehle brüllte. Als die anderen Tiere das Gebrüll hörten, rannten sie erschrocken in den Busch – aber in dem hohen Gras, durch das sie laufen mussten, wartete schon die Löwin auf sie, bereit, sich auf die fliehenden Opfer zu stürzen.

Gehen Sie in die Höhle des Löwen

Wenn Sie vor dem Gebrüll weglaufen, bekommen Sie nur – nun ja, noch größere Probleme. Die Moral von der Geschichte: Gehen Sie auf den brüllenden Löwen zu. Zugegeben, das ist nicht gerade das, wozu unsere Instinkte uns raten, aber in der Ehe funktioniert es. Offen auf den Ehepartner zugehen, der vor Schmerzen und Frust „brüllt", ist eine lohnenswerte Sache!

Generell: Wenn jemand auf uns böse ist, schalten wir instinktiv auf „Kämpfen oder Fliehen". Tun Sie zumindest in Ihrer Ehe keines von beidem. Legen Sie Ihre Waffen ab und gehen Sie ehrlich freundlich auf Ihren Partner zu, um ihn zu verstehen und zu trösten, und Sie werden die Flammen, die aus dem Mund des Drachen schießen, mit Leichtigkeit löschen.

Wenn die Drachen Ihrer Frau sich melden, legen Sie Ihren Arm um sie und sagen Sie ihr: „Ich liebe dich/Du bist mein Schatz. Ich möchte nicht, dass du dir vernachlässigt/alleingelassen/wertlos vorkommst. Komm, lass uns gemeinsam überlegen, ob es da nicht eine Lösung gibt, die für uns beide gut ist."

Oder wenn die Drachen Ihres Mannes aufwachen, schauen Sie ihn an und sagen: „Ich schätze und achte dich. Ich sehe, dass wir hier gerade verschiedener Meinung sind, aber ich möchte deine Partnerin sein und eine Lösung finden, die für uns beide passt." Hier ein Beispiel:

Ihr Ehepartner: „Gestern Abend hast du die Garagentür offen gelassen und jetzt ist der ganze Boden voller Regenwasser und Laub."

Die Reaktion des Drachens in Ihnen selbst: „Warum hast du nicht noch mal selbst nachgeschaut, ob die Tür zu war, bevor du ins Bett gegangen bist? Warum soll *ich* immer alles machen?"

Die freundliche, besänftigende Reaktion: „Mensch, das ist echt dumm! Und dabei hattest du die Garage erst gestern noch gefegt. Ich kann verstehen, dass dir das stinkt. Komm, lass uns überlegen, wie wir das in Zukunft so machen, dass das nicht noch mal passiert."

Nicht so laut, Löwe!

Wenn Ihre Drachen erwachen, holen Sie tief Luft, denn Ihr Gefühlszentrum ist drauf und dran, Ihr Denkzentrum auszuschalten, und Sie wissen ja, was das bedeutet: Gleich werden Sie in den Kämpfe-oder-fliehe-Zustand schalten, wo Ihr Puls nach oben und Ihr Urteilsvermögen nach unten schaltet. Wenn es Ihnen nicht sofort gelingt, Ihre weicheren Gefühle und Ihr legitimes Anliegen von der Wut Ihres Drachens zu trennen und andere Ablassventile zu finden, werden Sie gleich auf die Palme gehen und dabei sehr wahrscheinlich in die Kritisier-, Selbstrechtfertigungs- oder Geringschätzungsfalle treten. Worauf ein handfester Streit losbrechen wird, aus dem, weil den eben Ihre Drachen dominieren, nichts Produktives herauskommen wird. Sie werden sich verletzt und unverstanden fühlen, Ihr Partner ebenso, und am Ende vom Lied ziehen Sie sich jeder in seine Schmollecke zurück.

Wenn Sie wollen, dass Ihr Partner auf Sie zukommt, wenn Sie Ihr Löwengebrüll loslassen, dann müssen Sie lernen, anders zu brüllen.

Und sofort leiser zu werden, wenn Sie sehen, dass Ihr Partner reagiert.

Also noch einmal: Wenn Sie merken, dass ein Streitgewitter losbrechen will, holen Sie tief Luft; das bringt zusätzlichen Sauerstoff in Ihren Körper und Ihr Gehirn, sodass Sie Raum für neue, andere Gedanken und Gefühle bekommen.

1. Stellen Sie sich in dieser Phase kurz die folgenden Fragen – und antworten Sie spontan:
- Was hat mich hier gerade verletzt und zu dieser starken Reaktion geführt?
- Was für Gefühle, außer dass ich wütend und frustriert bin, habe ich noch?
- Was möchte ich meinem Mann/meiner Frau *eigentlich* zeigen?
- Was soll mein Partner über meine Gefühle und meine Perspektive verstehen?

Wenn nötig schreiben Sie (gerade am Anfang, um sie sich bewusst zu machen) Ihre Gedanken auf, auch als mögliche Stütze für das Gespräch mit Ihrem Partner.

2. Wenn Sie möchten, dass Ihr Partner auf Sie zukommt und Sie tröstet, dann ist es gut, sich darüber im Klaren zu sein, was denn da als Hilfeschrei („Gebrüll") aus Ihrem Mund heraus- und in den Ohren Ihres Partners wie ankommt. Überlegen Sie einmal:
- Werde ich wütend oder kritisch oder unleidlich, wenn meine Drachen geweckt werden?
- Verletze ich den anderen mit meinen Worten?
- Rede ich vorwurfsvoll, rechtfertige ich mich, fühle ich mich als Opfer, lasse ich so leicht keine andere Sicht der Dinge gelten als die eigene?
- Übe ich auf eine leise Art Macht aus, indem ich schmolle, eingeschnappt bin und dem anderen meine Liebe entziehe?
- Lasse ich meine Verletzungen in Form von Sticheleien, sarkastischen Bemerkungen oder Sturheit vor sich hin eitern?

3. Wie wirkt Ihr „Gebrüll" auf Ihren Partner? Verletzend? Entmutigend? Weckt es womöglich *seine* Drachen auf?

4. Wie reagiert Ihr Partner? Ärgerlich? Wütend? Frustriert? Mit Rückzug? Dann notieren Sie sich auf einen Zettel: *Wenn ich negativ reagiere, hört mein Partner nicht mein Herz, und ich bekomme nicht die Reaktion von ihm, nach der ich mich eigentlich sehne.*

Hören Sie zu!

Lassen Sie Ihren Partner ausreden und Ihnen sagen, was ihm unangenehm ist, ihn verletzt oder schmerzlich berührt. Hören Sie ihm zu, auch wenn Sie nicht seiner Meinung sind oder finden, dass er Sie falsch verstanden hat oder Sie die Sache für belanglos halten. Und wenn er die Fakten oder Reihenfolge der Ereignisse verwechselt – hören Sie ihn an. Das hat mit Respekt und Achtung zu tun! Dies bedeutet übrigens nicht, dass Sie damit „automatisch" seine Meinung teilen oder für etwas die Schuld übernehmen. Sie hören Ihrem Partner einfach zu und versuchen, seine Perspektive zu verstehen.

Hier ein Beispiel dafür, was passiert, wenn man einander *nicht* offen zuhört:

Ihr Partner klagt: „Du hast mich einfach stehen gelassen und bist weitergegangen!"

Sie rechtfertigen sich: „Das ist nicht wahr, du warst nur so langsam! Ich hab dir nichts Böses gewollt."

Die Drachen wachen auf: *Ihr Partner* ist allergisch darauf, nicht beachtet zu werden. *Sie* dagegen können es nicht ertragen, wenn jemand Sie zu Unrecht beschuldigt.

Der Kampf der Drachen beginnt: Ihr Partner protestiert dagegen, dass Sie ihn nicht beachtet haben, während Sie sich dagegen verwahren, zu Unrecht beschuldigt zu werden. Der Streit-Teufelskreis kommt in Gang.

Und jetzt ein Beispiel dafür, wie echtes Zuhören alles anders macht:

Sie hören Ihren Partner an und sagen: „Ach, so … Hmmm … Ja, das ist nicht einfach …" Solche kurzen Rückmeldungen wie auch Ihre Körpersprache signalisieren Ihrer anderen Hälfte, dass Sie ihr ernsthaft zuhören und nicht schon überlegen, was Sie zu Ihrer Verteidigung sagen sollen.

Überlegen Sie, ob Ihr Partner nicht vielleicht recht hat

Überlegen Sie ernsthaft: Ist an dem, was Ihre Frau sagt, etwas dran? Wenn Sie die Situation durch die Brille Ihres Mannes betrachten, macht dann das, was er sagt, nicht vielleicht doch Sinn, auch wenn Sie es nicht komplett nachvollziehen können?

Fragen Sie sich, womit Sie seine/ihre Drachen aufgeweckt haben. War es der Ton Ihrer Stimme? Die Wahl Ihrer Worte? Oder etwas, was Sie vergessen oder ausgelassen haben? Versuchen Sie, die Wirkung Ihrer Aktion oder Reaktion zu verstehen. Welche Drachen, Ängste, Wunden oder Frustrationen hat sie bei Ihrem Partner geweckt?

Da bittet Randy Nancy, eben die Steuererklärung des letzten Jahres aus der Garage zu holen, „du weißt schon, aus einer dieser Kisten". Als Nancy zurückkommt, ist sie frustriert und sagt: „In dem Saustall kann ich nichts finden. Komm mit, wir müssen die Kisten erst mal ordnen!" Randy erwidert, irritiert: „Jetzt mach mal keine Panik, ich brauche doch nur die Unterlagen vom letzten Jahr!" Nancy fährt fort, dass das ganze Haus ein Saustall sei und dass man *nie* etwas finde. Worauf Randy entnervt seine Aktentasche nimmt und ins Büro fährt.

Wie hätten die beiden es anders und besser machen können? Erstens hätte Nancy tief Luft holen und sich klarmachen sollen, dass sie beim Anblick von Unordnung immer etwas in Stress gerät. Anstatt ihrem Mann Vorwürfe zu machen, hätte sie sagen sollen: „Du, wenn ich sehe, wie viele Kisten da in der Garage stehen, fühle ich mich überfordert und kriege die Krise." Worauf Randy sie hätte trösten und sagen können: „Ich weiß; du brauchst einfach Ordnung, um arbeiten zu können. Vielleicht können wir demnächst mal 'nen Plan machen, wie wir die Garage aufräumen. Aber könntest du mir bitte trotzdem die Steuerunterlagen raussuchen – ich brauche sie heute."

Sie wenden hier vielleicht ein: „Was muss meine Frau auch so empfindlich sein?" Oder: „Warum soll ich mich mit den Drachen meines Mannes rumschlagen? Das ist doch *sein* Bier!" Die Antwort ist ebenso einfach wie wichtig: *Die Drachen und Probleme Ihres Partners sind auch Ihre Probleme, weil Sie mit ihm verheiratet sind.* Sie sind Partner fürs Leben, Sie gehen gemeinsam Ihren Weg. Heiraten Sie jemand anderes und Ihr neuer Partner wird ebenfalls seine Drachen haben – nur andere. Wir alle haben unsere Wunden, Narben und empfindlichen Punkte – auch wenn uns das selbst vielleicht gar nicht bewusst ist! – und die Ehe als die engste mögliche Beziehung zwischen zwei Menschen ist eben der Ort, wo diese wunden Stellen bloßgelegt und strapaziert werden – aber auch der Ort, wo sie gelindert und geheilt werden können.

Sagen Sie Ihrem Partner, dass Sie ihn und diese wunde Stelle wahrnehmen

Es kann gut sein, dass Sie die Sache anders sehen als Ihr Partner und überlegen, ob er gerade aus einer Mücke einen Elefanten macht. Aber darum geht es nicht. Jetzt geht es um Ihren Partner. Lassen Sie ihn einfach wissen, dass Sie ihm vorbehaltlos zuhören und seine Gefühle ernst nehmen.

Wie fühlt sich Ihr Partner, wenn seine Drachen wach werden?

___ ignoriert	___ vergessen
___ ausgebootet	___ ungerecht behandelt
___ enttäuscht	___ respektlos behandelt
___ missgeachtet	___ zu Unrecht beschuldigt

Welche Gefühle, welche Primärgefühle eines Ehepartners können der Grund sein, dass er ärgerlich wird, kritisiert oder zum Angriff übergeht?

___ Angst vor Ablehnung
___ Verletztheit, die als Wut oder Frustration/Aggression herauskommt
___ Panik ___ Verzweiflung
___ Einsamkeit ___ Erschöpfung ___ Wertlosigkeit
___ Gefühl, nicht geliebt zu werden ___ Sorgen ___ Unsicherheit

Und hier mögliche Primärgefühle eines Partners, der mit Rückzug reagiert:

___ Angst, nicht gut genug zu sein ___ Hilflosigkeit
___ Einsamkeit ___ Machtlosigkeit ___ Verwirrung
___ Inkompetenz ___ Versager ___ Scham
___ Kann-nicht-mehr ___ Ich-brauche-Luft

Zeigen Sie Ihrem Partner, dass Sie mit ihm mitfühlen
Schauen Sie sich noch einmal die obigen Listen von Gefühlen an.
Wie fühlt man sich wohl, wenn man sie hat?

___ verletzt ___ verunsichert ___ ohne Hoffnung
___ traurig, unglücklich ___ enttäuscht

Signalisieren Sie Ihrem Partner: *Das ist bestimmt nicht schön für dich. Es muss wehtun, wenn man sich allein/ignoriert/abgelehnt/nicht geschätzt usw. fühlt.* Sie könnten ihm das z. B. so sagen:

„Ich weiß: Dass ich jetzt so plötzlich diese Geschäftsreise machen muss, das musst du erst mal verdauen. Ich kann mir vorstellen, dass du dich alleingelassen fühlst. Wenn ich dir das Gefühl wegnehmen könnte, würde ich es dir wegnehmen."

Trösten Sie Ihren Partner

Um Ihren Partner effektiv trösten zu können, ist es hilfreich, wenn Sie seine „Liebessprache" kennen. Welche Liebesgesten bedeuten ihm am meisten? Wann fühlt er sich verstanden, geschätzt und bejaht? Wenn Sie ihm tröstliche Worte sagen, ihm die Hand streicheln, ihm einen Kaffee machen, sich entschuldigen, sich neben ihn setzen und zuhören, ihn auf eine bestimmte Art anschauen, einen Spaziergang mit ihm machen? Wenn Sie die wunde Stelle im Herzen Ihres Partners wahrnehmen, die gerade blutet und verarztet werden muss, dann sorgen Sie für heilenden Balsam für seine Seele. Zeigen Sie ihm: *Ich liebe dich und möchte nicht, dass du dich von mir im Stich gelassen fühlst. Komm in meine Arme, du bist mir sehr wichtig.*

Wählen Sie die richtige Körpersprache

Streicheln Sie die Wange Ihrer Frau. Halten Sie die Hand Ihres Mannes. Streichen Sie ihm über den Rücken. Setzen Sie sich neben ihn. Wenn Ihre Frau erst etwas Zeit braucht, um sich zu beruhigen, respektieren Sie das. Gewähren Sie Ihr eine kleine Auszeit. Wenn Sie den Eindruck haben, dass Sie diese Zeit nur dazu nutzt, um vor sich hin zu brüten, sagen Sie etwas, aber ansonsten: Geben Sie ihr Zeit, um zu sich zu kommen und dann kommen Sie wieder zusammen.

Wenn Sie selbst sich nach einem Streit schwertun mit der körperlichen Nähe, bitten Sie ebenfalls um eine Pause, aber achten Sie darauf, dass diese Pause nach einer angemessenen Zeit wieder beendet wird. Auf keinen Fall sollten Sie die Pause dazu nutzen, in Schmollen oder Selbstmitleid zu geraten; Sie würden den Graben zu Ihrem Partner damit nur vertiefen.

Sagen Sie Ihrem Partner, was Sie von ihm brauchen ...
und dann nehmen Sie es an!

Zeigen Sie ihm, wie er Sie am besten tröstet und Ihnen dann guttut. Wählen Sie dabei Ihre Worte mit Bedacht. Schimpfen Sie nicht, wenn er nicht weiß, wie er sie trösten kann oder es wieder vergisst. Erwarten Sie einfach nicht, dass Ihr Mann/Ihre Frau Gedanken lesen kann, sondern *sagen* Sie, was Sie brauchen.

Es kann gut sein, dass die praktische Reaktion nicht gleich so gekonnt ausfällt wie in einem romantischen Film. Akzeptieren Sie sie trotzdem. Sagen Sie nicht: „Ein Klapps auf den Rücken – damit willst du mich trösten? Vergiss es!" Sagen Sie Ihrem Partner lieber, was Sie wirklich brauchen, z. B. so: „Dass du mir den Rücken tätschelst, ist schön. Jetzt so eine richtige Umarmung, das wäre *noch* schöner!" Oder auch: „Ich weiß, dass du mich gerne umarmst, um zu zeigen, dass es wieder gut ist, aber jetzt bräuchte ich erst mal fünf Minuten ganz in Ruhe für mich."

Lassen Sie sich von Ihrem Partner das geben, wonach Sie sich im Innersten sehnen. Verstehen Sie eine Situation wie diese als Chance, bei der Sie beide gewinnen können: Sie wissen, was Sie brauchen, und Ihr Partner möchte Sie doch glücklich machen. Sagen Sie ihm also, was Sie brauchen, und dann lassen Sie es sich geben. Seien Sie nicht verschnupft, weil Sie es ihm erst sagen mussten. Nehmen Sie seine Versöhnungsgeste an und lassen Sie sie in Ihr Herz hinein.

Beispiel aus einer Patchworkfamilie
Jan und Ruth sind ein gutes Beispiel dafür, wie schnell unsere Drachen geweckt werden können ... und wie man sie auf der anderen Seite – ganz einfach – besänftigt, und zwar indem man liebevoll auf den Partner zugeht und ihn tröstet. Hier die Szene:

Ruth: „Ich habe deinen Sohn Peter aufgezogen, seit er sechs Jahre alt war, aber ich hab den Eindruck, er weiß das überhaupt nicht zu schätzen."

Jan: „Natürlich weiß er das zu schätzen! Wie meinst du das?"

Ruth: „Er sagt mir nie, dass er mich lieb hat. *Ich* sag ihm immer, wie sehr ich ihn liebe."

Jan: „Jetzt mach's mal halblang, er geht schon aufs Gymnasium! Erwartest du, dass ein Vierzehnjähriger dir auf den Schoß klettert, oder so?"

Ruth: „Du nimmst ihn immer in Schutz. Er kann sich alles erlauben in diesem Haus und das liegt an dir!"

Jan: „*Was* liegt an mir? Das soll doch wohl ein Witz sein! Dauernd hast du was zu meckern!"

Wie könnte dieses Paar sein Gespräch besser führen? Hier ein paar praktische Vorschläge, gerne auch als Anregung für Ihre eigenen ehelichen Diskussionen:

1. Gehen Sie „in die Höhle des Löwen". Wenden Sie sich Ihrem Partner ganz zu und versuchen Sie, herauszufinden, was hinter seinem lauten Protest und der „Wut der Hoffnung" steckt.
   Das könnte sich dann z. B. so anhören:
   Jan: „Du scheinst echt sauer zu sein. Was ist?"

2. Ihre Ehefrau sagt Ihnen, was sie verletzt, irritiert, ihre/n Drachen geweckt hat.
   Ruth: „Seit Peter sechs Jahre alt war, hab ich ihn aufgezogen, aber ich habe absolut keine Ahnung, ob er das, was ich für ihn getan hab, überhaupt schätzt."

3. Hören Sie mit echtem Interesse zu. Geben Sie vielleicht sogar wieder, was Sie verstanden haben. Nicken Sie, halten Sie Augenkontakt, geben Sie kurze Kommentare oder formulieren Sie etwas mit Ihren eigenen Worten um. Reagieren Sie nicht gelangweilt, vermeiden Sie Blicke vom Typ *Jetzt fängst du schon wieder damit an.*
   Jan: „Hmm, ja. Du würdest gerne wissen, ob er für das, was du alles für ihn machst, dankbar ist, nicht?"
   Ruth: „Ja. Ich hab so viel in sein Leben investiert, und dass er mir kein einziges Mal sagt: ‚Danke' oder ‚Ich hab dich lieb', das tut mir manchmal weh."

4. Überlegen Sie: Was steckt (noch) hinter dem, was Ihr Gegenüber angesprochen hat?

Jan denkt: *Peter ist nicht jemand, der mit seinen Gefühlen hausieren geht. Mir macht es nichts aus, wenn er mir nicht sagt, dass er mich liebt, aber Ruth scheint das echt an die Leber zu gehen. Vielleicht hab ich den Kindern nicht genügend beigebracht, wie sie ihrer Mutter und Stiefmutter zeigen sollen, dass sie sie schätzen. Vielleicht sollte* ich *Ruth mehr zeigen, wie sehr ich sie als ,Vizemutter' für meinen Sohn schätze.*

5. Zeigen Sie Ihrem Partner, dass Sie ihn verstehen und mit ihm fühlen.

Jan: „Ja … das muss enttäuschend sein für dich. Und bestimmt auch frustrierend … Wenn er so gar nicht reagiert, das bricht dir sozusagen das Herz, oder? Bei uns Patchworkfamilien ist das wirklich nicht immer einfach."

6. Zuhören und Trösten reichen meistens schon aus, um den Drachen zu besänftigen. Oft öffnet so eine zugewandte Haltung die Tür zu neuen Möglichkeiten und Lösungen.

Ruth: „Ja, das kannst du laut sagen. Erziehen ist halt nicht immer einfach. Aber Peter ist eigentlich ein guter Junge, und ich freue mich, dass ich ihn hab."

7. Bieten Sie Ihre Hilfe an.

Jan: „Das weiß ich doch. Ich bin auch froh, dass du zu seinem Leben gehörst. Wie kann ich dich unterstützen?"

Ruth: „Nun … vielleicht könntest du mir mal in seiner Gegenwart ein Dankeschön sagen für das, was ich so tue."

Jan: „Das mache ich gerne."

Fragen und Übungen

1. Wie war es das letzte Mal, als Ihr Drache gebrüllt hat? Wie haben Sie reagiert? Wie hat Ihr Partner reagiert?
2. Wie können Sie, wenn ein Streit im Gang ist, Ihre Reaktionen mäßigen?
3. Was ist die Liebessprache Ihres Ehepartners? Was zeigt ihm während oder nach einer Auseinandersetzung, dass Sie immer noch für ihn da sind? (Berührungen, Worte, liebe Gesten, Geschenke, sich Zeit nehmen …)
4. Was ist *Ihre* Liebessprache? Was zeigt Ihnen, dass ihr Partner trotz der Auseinandersetzung für Sie da ist? Was hindert Sie daran, wenn der Streit vorbei ist, die Friedensgesten Ihres Partners anzunehmen?

Kapitel 8

Regel 3: Reden, Zuhören, Verstehen

Was wollen Sie sagen, zeigen, ausdrücken, wenn Sie mit Ihrem Ehepartner streiten? Wie wütend Sie sind? Wie falsch er liegt? Oder geht es um etwas Tieferes, um etwas in Ihrem Herzen?

Jenny (schreit aus der Küche): „Kannst du mir eben mal helfen?"

David (schreit zurück, ohne sein Videospiel zu unterbrechen): „Was?"

Jenny (knallt die Küchenschranktür zu): „Ach, vergiss es!"

David (der merkt, dass sich in der Küche etwas zusammenbraut): „Was ist los? Was willst du?"

Jenny (schon richtig wütend): „Ich kann keinen Mann brauchen, der wie eins der Kinder ist!"

David: „Wenn du nur zanken willst … nicht mit mir!"

Wie wär's mit einem richtigen Gespräch?

Beziehung und Ehe könnte so viel einfacher sein – wenn wir jedes Mal, wenn wir ein Gespräch beginnen, genau wüssten, was wir unserem Partner überhaupt sagen wollen! Alles wäre klar: unsere Bitte, was wir zu fragen, zu monieren oder klagen haben, dazu unsere Gefühle – alles fein säuberlich sortiert und zum freundlichen Austausch bereit. Wir bräuchten nur noch etwas Zeit und ein hörendes Ohr.

Aber wie so viele Paare, die sich streiten, bleiben auch Sie vermutlich oft im Tunnel Ihrer eigenen Perspektive, Ihrer Gefühle und Ihrer negativen Deutung der Situation stecken. In die Wünsche und Sehnsüchte, die Sie eigentlich bewegen, mischen sich Ihre Drachen und Ihr Ärger.

Schön, Sie sind ärgerlich oder wütend auf Ihren Partner. Seine Worte oder Handlungen haben Sie verletzt oder Sie finden, dass er die Situation – und Sie – völlig falsch sieht. Aber in Ihnen ist noch mehr als nur Ihr Ärger und Ihr Frust – mehr, als Ihr „Tunnelblick" Sie sehen lässt. Und – wie die meisten Ehepartner – wissen Sie das gar nicht.

Dazu gibt es eine Alternative: Gemeinsam mit Ihrem Mann/Ihrer Frau können Sie aus Ihrem Streit ein *Entdeckungsgespräch* machen – ein Gespräch also, das Sie herausführt aus dem Tunnelblick. Ein Gespräch, in dem Sie Ihre Gedanken und Gefühle sortieren und analysieren und auf die Perspektive des Partners eingehen können. Ein gegenseitiger Fluss von Information, Klärung und Anteilnahme, der das, was Sie erleben und fühlen, aufeinander bezieht, in einen größeren Rahmen einordnet und Ihren engen Horizont weiter werden lässt.

So ein Entdeckungsgespräch führt dazu, dass Sie Ihren Partner und sich selbst besser verstehen, mit anderen Augen sehen. Was Sie zu Beginn des Streites (vielleicht nur ganz diffus) fühlten, so wird Ihnen dann klar, war nur ein Teil in einem größeren Mosaik. Das Miteinander-Reden bringt weiter, weil Sie und Ihr Partner mehr übereinander erfahren und sich dadurch näherkommen – natürlich viel näher, als wenn jeder nur wütend seine Position verteidigt.

„Ich glaube, jetzt sehe ich klarer: Dass du diese Reise machst, macht mich traurig, auch wenn ich zuerst gesagt hab, das macht mir nichts."

„Ich bin die letzte Zeit etwas grantig gewesen, ich weiß. Ich gönne dir deine Freude, und ich bin stolz darauf, dass du diese Beförderung gekriegt hast, aber ich glaube, ich bin etwas hin- und hergerissen zwischen deiner Karriere und unserer Familie; dein neuer Posten wird ja bedeuten, dass du noch mehr von zu Hause weg bist."

Sie nehmen also das Gefühl wahr, das Sie gerade haben, und entdecken so ein anderes Gefühl. Im Reden über diese Gefühle entdecken Sie, was hinter ihnen steckt, und fangen an, Querverbindungen herzustellen mit anderen Dingen: Ihren Bedürfnissen, Erfahrungen,

Drachen, Ängsten, Frustrationen, Verletzungen und Vorlieben. Im Laufe Ihres Dialogs setzen Sie und Ihr Partner nach und nach das Puzzle zusammen.

Das Ziel eines Entdeckungsgesprächs ist eben dies: dass Sie Ihre unterschiedlichen Gefühle entdecken und die Zusammenhänge zwischen ihnen. Das erweitert Ihren Horizont und befreit Sie vom Tunnelblicksyndrom. Ihre Wahrnehmung wird genauer: Sie haben die Perspektive Ihres Partners genauso wie Ihre eigene im Blick, bringen sich damit gegenseitig voran, wissen voneinander und bekommen so das ganze, volle Bild Ihrer Situation.

Entdeckungsgespräch:
Wie Sie entdecken, was Sie Ihrem Partner *eigentlich* sagen wollen

Hier einige wichtige Punkte, wenn Sie Ihr Entdeckungsgespräch beginnen:

1. Prüfen Sie, ob gerade Ihr Gefühlszentrum die Kontrolle in Ihrem Gehirn übernommen hat und Ihre Drachen erwacht sind. Machen Sie sich mit den Situationen vertraut, in denen dies geschieht, und mit Ihren typischen Reaktionen darauf. Seien Sie sich darüber klar, dass Sie dann, wenn Ihre Drachen geweckt sind, die Situation aus der Perspektive Ihres „Tunnels" heraus betrachten, mit all den Begrenzungen, die dies bedeutet.
Schauen wir uns hier als Beispiel Ray und Joanna an, die sich über ein Reizthema ihrer Ehe unterhalten: Joannas 23 Jahre alten Sohn Frank. Der Wortwechsel begann, als Ray sich weigerte, seinem Stiefsohn die Leiter auszuleihen, nachdem dieser den Rasenmäher, den er vor einem Monat benutzt hatte, nicht zurück in die Garage gestellt hatte. Ray wurde richtig wütend.

Joanna: „Ich weiß, dass ich das vielleicht nicht gerade objektiv sehe. Aber diese Sache ist mir halt sehr wichtig."

Ray: „Also, ich glaube, *ich* bin da nicht voreingenommen. Ich denke, ich sehe die Situation richtig."

Joanna: „Dass du nicht siehst, dass du voreingenommen bist, zeigt doch gerade, dass du voreingenommen bist, oder?"

Ray: „Hmmm … Vermutlich hast du recht!"

2. Machen Sie es dem Partner leicht, zuzuhören und zu reden.
Öffnen Sie sich für den anderen und seien Sie emotional ansprechbar für ihn. Wenn Sie miteinander reden und den Partner *nicht* kritisieren oder beschimpfen, ihm nicht seine Missetaten der letzten zehn Jahre vorhalten, nicht zwanzig Gründe aufführen, warum Sie recht haben und er nicht, und sich nicht in die Schmollecke zurückziehen – dann haben Sie eine viel bessere Chance, dass er Ihre Perspektive versteht. Hören Sie also einfach nur zu. Zeigen Sie ihm, dass Sie offen und bereit sind, in ein Entdeckungsgespräch einzutreten. Schaffen Sie eine Atmosphäre, in der es dem anderen leichtfällt, sich zu öffnen. Achten Sie auf Ihre Stimme (leiser, langsamer, sanfter) und Körpersprache. Drehen Sie sich, wenden Sie sich Ihrem Partner zu, berühren Sie ihn hin und wieder, lächeln und nicken Sie; senden Sie ihm Signale, die ihm zeigen: „Ich möchte dich verstehen."

3. Entwirren Sie das Knäuel Ihrer Gefühle. Fragen Sie sich, was Sie noch alles fühlen außer Wut und Frust.
Sie erinnern sich: Wenn ein Streit losbricht, hat Ihr Gefühlszentrum Sie im Griff. Sie sind kampfbereit und Ihre Gefühle sind wie Waffen. Sie wissen: Ihre eigentlichen, „primären" Gefühle werden von „Sekundärgefühlen" überlagert, die die Funktion haben, Ihr Innerstes zu schützen. Da wird die Wut zum Schutzschild für Angst, Traurigkeit und Verletztheit, Unnahbarkeit zum Schutzschild für Schmerz. Machtgehabe und Lautstärke sollen Hilflosigkeit und mangelnde Kontrolle verstecken, Starre und Gefühllosigkeit versuchen Scham und Versagen zu tarnen und Rückzug und Schmollen das Gefühl, nicht gut genug zu sein.
Solange es keine Feinabstimmung gibt und Sie Ihre Gefühle nicht

„in richtig dünne, feine Scheiben geschnitten" bekommen und genau zuordnen können, was Sie eigentlich bewegt, nehmen Sie nur wenige und dafür größere Grundkategorien wahr. Sie fühlen sich z. B. wütend. Hinter diesem Gefühl versteckt sich nun aber eine ganze Reihe anderer Gefühle: Vielleicht fühlen Sie sich eigentlich missverstanden, irritiert, beiseitegeschoben, ignoriert, missachtet oder nicht wertgeschätzt. Wenn Sie nun herausfinden, was Sie gerade „eigentlich" fühlen, können Sie viel besser verstehen, was wirklich in Ihnen vorgeht, was Sie wirklich brauchen und wie Sie am sinnvollsten reagieren. Und nicht zuletzt hilft es Ihrem Partner, besser auf Sie einzugehen und Sie zu trösten.

Was Sie und Ihr Partner „eigentlich" fühlen
Primärgefühle, die hinter Ärger, Wut, Zorn eines „Angreifers"
liegen können:
Ich fühle mich abgelehnt, verlassen, allein, wertlos, verzweifelt,
müde, nicht liebenswert, ängstlich, verunsichert, missverstanden,
„keiner hilft mir", „keiner hört mir zu".

Primärgefühle, die hinter der Frustration eines „Rückzugs" liegen
können:
Ich fühle mich überfordert, erstickt, hilflos, machtlos, verwirrt,
inkompetent, nicht gut genug, ein Versager, jemand, dem nichts
gelingt, ich schäme mich.

Ein Beispiel: Sie fühlen sich wütend, wenn Ihr Mann Ihnen sagt, dass Sie nicht so heftig zu Ihrer Tochter sein sollen. Aber wenn Sie Ihre Wut etwas „dünner schneiden", entdecken Sie, dass Sie eigentlich gerade mit dem Gefühl zu kämpfen haben, als Mutter zu versagen. Dieses Gefühl macht Sie traurig und lässt Sie instinktiv nach Trost suchen. Wenn Sie das beginnen wahrzunehmen, fangen Sie vielleicht an, sich aktiv nach Rat und Hilfe umzusehen, wie man eine Teenagertochter erzieht.

Achten Sie darauf, während Ihrer Gespräche immer wieder einmal Ihre Gefühle bewusst zu „bremsen". Holen Sie tief Luft und überlegen Sie sich, was für Gefühle Sie noch haben außer Wut, Frustration oder Irritation. Fragen Sie sich, was für eine Funktion diese Sekundärgefühle gerade haben. Ein Beispiel:

Joanna: „Warte … was für Gefühle hab ich noch gehabt außer der Wut? Also, ich war wütend auf dich, Ray, weil ich den Eindruck hatte, dass du zu streng bist zu Frank. Du bist ihm ein guter Stiefvater, aber ich hab den Eindruck, manchmal bist du zu strikt. Und dann … ja, dann werde ich manchmal wütend, weil ich das Gefühl hab, Frank vor dir schützen zu müssen."

4. Teilen Sie sich Ihre Gefühle mit; hören Sie Ihrem Mann/Ihrer Frau wirklich zu.

Konzentrieren Sie sich auf das Ziel des Gesprächs. Um aus dem „Tunnel" herauszukommen, entdecken Sie die Perspektive des Partners – das schafft einen weiteren Blick; lassen Sie sich von ihm sagen, wie *er* sich gerade fühlt.

Damit dieser Austausch funktioniert, müssen Sie, bildlich gesprochen, Ihre Waffen senken und sich auf Ihre innere Verbundenheit besinnen – um die geht es! Um durch die Oberfläche des Streitthemas hindurchzudringen zu Ihren wirklichen Gefühlen, braucht es immer wieder Geben und Nehmen, Sensibilität und Umformulieren („lass mich das mal mit meinen Worten ausdrücken"). Wenn Sie den Eindruck haben, dass Ihr Partner aggressiv wird oder mauert, schalten Sie einen Gang herunter. Wenn er anfängt, zu kritisieren, oder etwas sagt, das Sie anders sehen, dann sagen Sie ihm das, aber behalten Sie Ihr Thema im Auge, lassen Sie sich nicht ablenken. Beginnen Sie z. B. nicht einen Vortrag über das, was vor fünf Jahren war; darüber können Sie sich zu einem anderen Zeitpunkt unterhalten. Wenn Worte und Formulierungen Ihres Partners Sie verletzen, dann legen Sie dies bewusst beiseite; Sie wollen die Perspektive Ihres Partners verstehen, und nicht Buch führen, wie oft er etwas Böses zu Ihnen sagt!

Joanna: „Frank hat keinen Vater."

Ray: „Wie, bitte? Und was bin ich dann?"

Joanna: „Du bist sein Stiefvater, und das schätze ich, und er sicher auch. Du weißt, was ich meine. Mit seinem biologischen Vater hat er überhaupt keinen Kontakt. Reg dich da jetzt bitte nicht unnötig auf."

Ray: „Okay, gut. Ich versuche mein Bestes, ihm zu helfen, ein Mann zu werden. Er muss es lernen, Verantwortung zu übernehmen. Ich bin der Einzige im Haus, der Verantwortung übernimmt, seit wir geheiratet haben schon, und er war …"

Joanna: „Ja, gut, aber ich glaube, wir kommen vom Thema ab, Ray."

Ray: „Okay. Also zurück zu Frank und wie es gerade ist. Ich hab den Eindruck, du gibst bei ihm zu oft nach, und das ärgert mich. Wenn du ihm alles durchgehen lässt, hilfst du ihm nicht, erwachsen zu werden und Verantwortung zu übernehmen. So geht das wirklich nicht weiter!"

Joanna: „Das klingt jetzt wie ein Angriff, Ray. Das ist ein heikles Thema für mich. Könntest du bitte etwas sanfter sein?"

Ray: „Okay, entschuldige, das bringt mich halt auf die Palme. Also gut, sag mir, wie *du* das siehst mit Frank."

5. Drücken Sie Ihr Verständnis für die Gefühle und Erfahrungen Ihres Partners aus, selbst dann, wenn Sie die Sache anders sehen. Nur wenn Ihr Partner den Eindruck hat, dass Sie ihn ernst nehmen, verstehen und nicht gleich verurteilen, wird er die Entdeckungsreise fortsetzen.

Joanna: „Hmm, also, ich glaube, ich fühle mich dafür verantwortlich, dass Frank glücklich ist. Er ist dasjenige von den Kindern, das am meisten gelitten hat, als sein Vater und ich sich trennten. Er hat damals voll mitbekommen, was mit uns los war, und das hat ihn echt geschlaucht. Er ist heute noch nicht ganz darüber weggekommen."

Ray: „Ich weiß, dass das eine schwierige Zeit war für dich und die Kinder. Ich weiß, dass du den Eindruck hast, der einzige Mensch zu sein, den Frank hat, und das ist nicht einfach für dich. Ich merke immer wieder, wie du hin- und hergerissen bist dazwischen, ihn zu lieben und ihm Grenzen zu setzen."

Joanna: „Das stimmt, aber ich möchte schon, dass Frank erwachsen wird. Ich hab halt diese zwei Seelen in meiner Brust: Einerseits kriege ich ein schlechtes Gewissen, wenn er nicht glücklich ist, andererseits möchte ich doch auch das Beste für ihn."

Ray: „Gut, und dabei möchte ich dir gerne helfen."

6. Wenn Sie den Eindruck haben, dass Ihr Partner Sie anhört und annimmt, kommt es oft wie von selbst zu einer Lösung.

Joanna: „Ich glaube, wenn du erst mal mit mir reden würdest, bevor du bei Frank Grenzen ziehst, hätte ich weniger Angst. Ich brauch einfach das Gefühl, dass du deswegen bei etwas Nein sagst, weil dir Frank wichtig ist und weil du gemeinsam mit mir das Beste für ihn erreichen willst, und nicht einfach, weil du ihn für unmöglich hältst."

Ray: „Klar möchte ich das Beste für Frank! Aber ich verstehe, dass das manchmal für dich schwierig ist. Ja, ich kann das gerne so machen, wie du gerade gesagt hast."

Zuhören

Manchmal ist es einfach nötig, dass wir einander zuhören. Ein wirklich hörendes Ohr hilft uns, wenn wir …

… *Dampf ablassen müssen.* Unser Frust und unsere Gefühle wollen sich Luft verschaffen. Dass wir es jemandem weitererzählen, wie unhöflich der Busfahrer zu uns war, ist vielleicht alles, was wir brauchen. Ist der Dampf erst mal draußen, ist es wieder gut.

… *laut denken müssen.* Manchmal müssen wir etwas, was geschehen ist, erst „verdauen", um uns darüber klar zu werden, was es bedeutet und was wir als Nächstes tun sollen. Vielen Menschen hilft es dabei, ihre Gedanken laut in Worte zu fassen. Zu Beginn des Gesprächs sind sie wütend und frustriert, aber im Laufe der Unterhaltung gelingt es ihnen nach und nach, die Situation zu analysieren und zu verstehen. Dabei kann es passieren, dass sie vom Thema abschweifen und sich wiederholen. Seien Sie dann geduldig und helfen Sie Ihrem Gegenüber, zum Thema zurückzukommen.

… etwas loswerden müssen und dabei von einem wohlmeinenden Menschen gehört werden wollen. Einem Menschen, der bereit ist, uns verständnisvoll zuzuhören und uns Hilfe und Trost anzubieten, zu sagen, wie uns zumute ist, ist meistens ausgesprochen sinnvoll und gibt uns das Gefühl, gesehen, gehört und nicht allein zu sein.

… die Meinung des anderen brauchen. Es gibt Momente, in denen wir einfach einmal hören müssen, wie unser Partner über eine Sache denkt. Wir erwarten nicht, dass er uns sein Urteil oder seine Meinung überstülpt, sondern dass er uns sagt, wie er die Situation, in der wir stehen, sieht.

Es ist wichtig, dass wir als Ehepartner ein Gespür dafür bekommen, wann wir wie zuhören müssen. Nehmen wir an, Ihr Chef kritisiert Sie wiederholt und reagiert verschlossen oder abweisend, wenn Sie versuchen, mit ihm zu reden. Es kommt vor, dass Sie nur etwas Dampf ablassen müssen, wenn der Tag mit dem Chef besonders schlimm war. An anderen Tagen müssen Sie „laut denken", um eine besonders schlimme Mitarbeiterbesprechung unter die Füße zu bekommen. Oder Sie haben das Bedürfnis, Ihrem Partner Ihr Leid zu klagen, damit er Sie tröstet. Und dann die selteneren Gelegenheiten, wo Sie das Bedürfnis verspüren, sich mit Ihrem Partner zusammenzusetzen und zu sagen: „Was meinst du? Wie soll ich mich bei der nächsten Besprechung gegenüber dem Chef verhalten, wenn er wieder meine Abteilung kritisiert?"

Doch meistens reicht es völlig aus, dass wir einander aufmerksam und mit einer positiven Einstellung zuhören. Solches Zuhören hilft uns,

- einen geschärften Blick für unsere Situation zu bekommen
- uns über unsere Gefühle klar zu werden
- zu erkennen, was wir mit unseren Gefühlen machen sollen

- zu Problemlösungen zu gelangen (oft entdeckt man Lösungen gerade dann, wenn man mit einem lieben Menschen über das Problem spricht).

Zuhören und sich in den Partner hineinversetzen: sechs Schritte

Ist alles okay?
Möchtest du reden?

1. Seien Sie emotional präsent.

Es ist sehr schwierig, mit jemandem über das, was einen bewegt, zu reden, der mit den Gedanken woanders ist oder kein großes Interesse zu haben scheint. Wenn Sie sich zu Ihrer Frau hindrehen, Sie anschauen und ihr Ihr Interesse signalisieren, helfen Sie ihr nicht nur, sich besser über ihre Gefühle klar zu werden, sondern dann lässt Sie das beide auch die Verbundenheit zwischen Ihnen stärker spüren.

Üben Sie es ein, mit voller Aufmerksamkeit zuzuhören. Es fällt viel leichter, jemandem seine Sorgen zu erzählen, der echtes Interesse zeigt. Mit aufmerksamem Zuhören helfen Sie Ihrem Partner, mit der Situation fertig zu werden, und stärken Ihre Beziehung. Aber wie macht man das – aufmerksam zuhören?

- Drehen Sie sich zu Ihrem Mann/Ihrer Frau hin.
- Behalten Sie Augenkontakt.
- Zeigen Sie durch Worte und Mimik, dass Sie Ihrem Partner folgen.

> *Klingt nach einem harten Tag. War's schwierig heute mit dem Chef?*

2. Benennen Sie die Gefühle Ihres Partners.

Wenn Ihr Partner anfängt, Ihnen von seinem Problem und seinen Gefühlen zu erzählen, dann gehen Sie „mit an Bord" für diese Tour. Versuchen Sie, zu verstehen, was er sagt und fühlt. Was für eine Situation beschreibt er? Sind bei ihm „Drachen" wach geworden und wenn ja, welche? Sagen Sie ihm, wie seine Worte bei Ihnen ankommen: „Ich habe den Eindruck, dass du …"

Hüten Sie sich davor, die Gefühle Ihres Partners zu kritisieren oder beiseitezuwischen. Nehmen Sie sie ernst. Es liegt eine positive Kraft darin, wenn wir spüren, dass der andere unsere innere Welt sieht und versteht. Es ist Balsam für die Seele, wenn unser Mann/ unsere Frau die Gefühlssituation, in der wir gerade stecken, benennt; wir fühlen uns dann richtig wahrgenommen und angenommen. Wenn Sie die Gefühle Ihres Partners benennen, spürt er, dass Sie für ihn da sind und ihn verstehen.

Kleine Gefühlsliste

Fröhlich: hoffnungsvoll, dankbar, begeistert, optimistisch, zufrieden, warm, herzlich, verbunden, angenommen

Traurig: enttäuscht, verletzt, elend, nicht geschätzt, leer, einsam, verlassen, ignoriert, herabgesetzt

Wütend: verärgert, empört, verraten, sauer, verletzt, unbemerkt, unter Druck, in die Enge getrieben

Ängstlich: besorgt, überfordert, angespannt, panisch, verängstigt, unter Druck, verunsichert, unsicher

Überrascht: schockiert, perplex, betroffen, verblüfft, erstaunt, erschreckt, überfahren

---

175

Versuchen Sie, an den womöglich aufgestellten Igelstacheln oder den eisigen Wänden der Wut oder des Frustes Ihres Partners vorbeizusehen in das, was in seinem Herzen wirklich vorgeht. Fühlt er sich z. B. verletzt, enttäuscht, traurig, ängstlich, einsam, beschämt, verlegen oder verraten?

> *Und was hat dein Chef dann gesagt?*

3. Fragen Sie, um besser zu verstehen.

Stellen Sie gezielte Nachfragen, um die Situation Ihres Partners noch besser zu verstehen. Damit machen Sie ihm Mut, weiter aus sich herauszugehen und mit Ihnen über seine Probleme zu reden. Zwei Beispiele:

- „Und wie war es nach der Unterbrechung? Hat dein Chef auf dich gewartet?"
- „Das hat dich sicher überrascht. Wie hast du dich gefühlt, als dein Chef das sagte?"

Seien Sie feinfühlig, achten Sie darauf, dass es bei Ihren Fragen um Ihren Partner geht und nicht um Ihre Neugierde oder um andere Hintergedanken; das wäre nur kontraproduktiv.

> *Mann! Hmm …*
> *Allerhand! Tatsächlich …*

4. Hören Sie zu … und lassen Sie ab und zu ein Wort verlauten.

Mit den richtigen Worten und der richtigen Mimik signalisieren Sie Ihrem Partner: „Ich höre dir zu, ich folge dir, was du sagst, interessiert mich."

Die wirksamste Methode, Ihrem Partner das Gefühl zu geben, dass Sie ihm zuhören und ihn verstehen, sind oft ganz einfache „Füllwörter", also Kurzkommentare wie „Aha", „Hmm", „Allerhand".

Mit solchen Wörtern (und der dazu passenden Körpersprache) sagen Sie Ihrer Frau/Ihrem Mann: *Mach weiter, ich höre zu!* Es ist eine Reaktion, die zehnmal besser ist als neunmalkluge Ratschläge oder gar Schimpfen.

> *Dass dein Chef immer so kritisch ist, steht dir bis hier, nicht wahr?*

5. Zeigen Sie Ihrem Partner, dass Sie ihn verstehen.

Fassen Sie die Situation und wie Ihr Partner sich fühlt, mit eigenen Worten zusammen und bringen Sie Ihr Mitgefühl zum Ausdruck. Wenn Sie das tun, signalisieren Sie ihm, dass Sie ihn verstehen und sein Problem begreifen. Drei Beispiele:

- „Jessica lernt ja jetzt laufen und da musst du dauernd hinter ihr herrennen. Ich kann verstehen, dass du da am Ende des Tages fix und fertig bist."
- „Dass die Waschmaschine ausgelaufen ist, und dann noch kurz bevor du zur Arbeit musstest, ist wirklich schlimm. Und dabei ist sie noch kein Jahr alt. Das war tatsächlich nicht dein Tag heute!"
- „Ausgerechnet an dem Tag, wo du zu Hause arbeiten wolltest, fällt das Internet aus. Du kommst dir sicher vor, als ob alles sich gegen dich verschworen hat, nicht?"

> *Hmm. Ja, das ist echt dumm. Wie kann ich dir helfen?*

6. Bieten Sie Trost und praktische Hilfe an.

Zeigen Sie Ihrem Partner, dass Ihr Interesse für sein Problem und seine Gefühle sich nicht in Worten erschöpft. Jemanden *trösten* heißt bekanntlich, auf eine Art auf ihn eingehen, die ihn beruhigt, entspannt, Mitgefühl signalisiert und den Schmerz lindert. Trösten Sie Ihren Partner auf eine Art, mit der er etwas anfangen kann. Legen Sie die Hand auf den Arm Ihres Mannes, streichen Sie ihm über den Rücken. Streicheln Sie die Wange Ihrer Frau oder nehmen Sie sie in den Arm und sagen Sie ihr, dass alles gut werden wird.

Fragen Sie Ihren Partner ganz einfach einmal, was für Trostgesten ihm am meisten helfen, und merken Sie sich seine Antwort. Wenn Sie selbst Ihrer anderen Hälfte gesagt hatten, was Ihnen guttut, und sie vergisst es wieder, dann erinnern Sie sie ruhig. Sagen Sie z. B.: „Kannst du mich eben mal in den Arm nehmen? Das wäre schön." Oder: „Du darfst mir gerne den Rücken reiben."

Wenn Ihr Ehepartner vergessen hat, wie er Sie am besten tröstet, sagen Sie nicht: „Wenn du mich lieben würdest, hättest du dir gemerkt, was ich jetzt brauche!" Oder: „Wenn ich dir erst extra sagen muss, wie du mich trösten sollst, kann ich es gleich ganz vergessen!" Oder: „Ich will nicht, dass du etwas nur deswegen machst, weil ich dich drum gebeten hab! Entweder es kommt von Herzen oder gar nicht!" So lernt Ihr Partner nie, wie er Sie am wirksamsten tröstet. Schimpfen oder nörgeln Sie nicht. Helfen Sie ihm lieber auf die Sprünge! Sie beide können dabei nur gewinnen: Ihr Partner freut sich, dass es ihm gelingt, Sie zu trösten, und Sie können diesen Trost gerne annehmen.

Fragen Sie sich (und Ihren Partner), was Ihr Partner außer Trost noch von Ihnen braucht. Vielleicht braucht Ihre Frau Ihren Rat. Oder Hilfe im Haushalt. Oder dass Sie mit ihr beten. Oder ein Dinner bei Kerzenlicht. Oder einfach hin und wieder ein paar aufmunternde Worte. Fragen Sie den Menschen, mit dem Sie Ihr Leben teilen, was ihm guttun würde.

„Es wäre schön, wenn du mich jeden Tag einfach fragen würdest, wie es mir geht."

„Könntest du mal die Kinder übernehmen, damit ich meine Mutter besuchen und sehen kann, wie es nach ihrem Schlaganfall weitergeht?"

„Vielleicht sollte ich für diesen Fortbildungskurs den Abendtermin nehmen, damit ich den Haushalt besser auf die Reihe kriege."

„Könntest du mir vielleicht helfen, den Wandschrank aufzuräumen, damit ich wieder den Durchblick hab?"

Fragen und Übungen

1. Wie war das noch bei Ihrem letzten Ehestreit? Fragen Sie Ihren Partner, was er Ihnen da überhaupt sagen wollte.

   a) Was für Gefühle außer Frust, Wut oder Mauern hatte Ihr Partner bei dieser Auseinandersetzung?

   b) Was macht es für Sie schwierig, Ihrem Partner wirklich zuzuhören und sich in seine Lage zu versetzen?

   c) Fragen Sie ihn, was Sie tun können, damit er das nächste Mal das Gefühl hat, dass Sie ihm zuhören und ihn verstehen.

2. Gehen Sie die sechs Schritte aus dem Abschnitt „Zuhören" noch einmal durch. Bei welchen Punkten sind Sie gut und wo müssen Sie noch lernen?

3. Was können Sie konkret unternehmen, um Ihrem Partner besser zuzuhören und mehr mit ihm mitzufühlen?

Kapitel 9

Regel 4: Lernen Sie es, konstruktiv zu klagen und zu kritisieren

Es ist eine Kunst, eine Klage, Kritik, Last oder Beschwerde so vorzubringen, dass sie gehört, verstanden und berücksichtigt wird. Und es ist ebenfalls eine Kunst, eine Klage oder Kritik entgegenzunehmen – sich anzuhören, dass man etwas falsch gemacht oder jemanden verletzt hat.

Stellen Sie sich folgende Situation vor: Sie haben ein legitimes Anliegen, eine berechtigte Klage, die Sie gerne vor Ihren Partner bringen wollen. Aber Ihr Beziehungs-Alarmsystem hat Ihnen das Signal gegeben, dass Ihr Partner momentan kein sicherer Hafen ist, und das Gefühlszentrum in Ihrem Gehirn schaltet auf „Kämpfen oder Fliehen". Sie merken, wie Sie ärgerlich werden. Sie fühlen sich voll im Recht, und Ihre Frau/Ihr Mann muss doch wohl einsehen, dass Sie recht haben! Aber die *Art,* wie Sie Ihr Anliegen vorbringen, macht alles zunichte. Im Nu geht es nicht mehr um den Inhalt Ihrer Beschwerde, sondern um den Ton Ihrer Stimme und die Wahl Ihrer Worte. Vermutlich haben wir das alle schon einmal erlebt; wir alle sind schon in Situationen gewesen, wo wir eine Klage vorbringen wollten und uns frustriert fragten: *Was mache ich nur, damit meine Frau/mein Mann mir zuhört und mich versteht?*

Der Ton macht die Musik

Paul und Katrina können ein Lied davon singen.

Paul (am Telefon): „Also, Mama, bis zum Wochenende dann, ich freue mich auf euch. Tschüss." (Legt auf.)

Katrina (mit einem Das-darf-doch-nicht-wahr-sein-Ton in der Stimme): „*Was* hast du da gerade ausgemacht mit deinen Eltern?

Dass sie drei Tage bei uns übernachten? Ich hatte dir doch gesagt, dass wir uns überlegen sollten, ob wir sie nicht in einem Hotel unterbringen können. Aber deine Mutter wickelt dich ja immer um den kleinen Finger, du bist so schwach ihr gegenüber."

Paul (empört und verletzt): „Ich schwach? Jetzt mach mal einen Punkt! Ich lasse mich nicht von dir runterputzen!"

Katrina: „Jetzt bin ich's wieder, wie? *Du* warst doch derjenige, der das Thema immer nur vor sich hergeschoben hat, anstatt sich mal mit mir hinzusetzen und drüber zu reden! Und jetzt soll ich die Böse sein? Unglaublich!"

Wie Sie aus Ihrem eigenen Eheleben (und aus den letzten Kapiteln) wissen, ist ein aggressiver, Kritik und Geringschätzung zum Ausdruck bringender Gesprächsstart nicht das ideale Mittel, Ihren Partner dazu zu bringen, dass er sagt: „O, da hab ich aber echt Mist gebaut, entschuldige bitte, lass es mich in Ordnung bringen!" Er fängt vielmehr an, sich zu verteidigen und seinerseits mit Kritik und Anschuldigungen zurückzuschießen. Wenn Sie ein Gespräch in einem ärgerlichen, vorwurfsvollen Ton beginnen, sieht Ihr Partner nur Ihre Negativgefühle und ist nicht in der Lage, Ihr eigentliches Anliegen wahrzunehmen. Am Ende fühlen Sie sich beide frustriert und unverstanden.

Also noch einmal: Wie können Sie, wenn Sie etwas beschäftigt und Sie sich verletzt, verärgert und gekränkt fühlen, Ihrem Partner Ihr Problem so sagen, dass er Ihnen zuhört und Sie versteht?

In diesem Kapitel möchte ich Ihnen mehrere Ideen vortragen, die Ihnen hier helfen können. Probieren Sie sie aus. Tauschen Sie sich mit Ihrer Frau, Ihrem Mann über sie aus und suchen Sie eine Art des Miteinander-Redens, die Sie näher zueinander bringt und nicht trennt.

Nutzen Sie den Akazien-Schirm

Fangen Sie damit an, dass Sie sich darüber klar werden, was Sie überhaupt wollen, brauchen oder erwarten. Sie können sich nicht gut über etwas beschweren, worüber Sie noch nie miteinander gesprochen oder für das Sie keine Regeln oder Abkommen festgelegt haben. Wenn Sie sich noch nie darüber unterhalten haben, wer welche Teile der Hausarbeit übernehmen soll, können Sie nicht auf die Palme gehen, wenn der Abwasch nicht gemacht oder der Rasen nicht gemäht wird.

Treffen Sie sich zu einem „Akazien-Gespräch". Setzen Sie sich an Ihrem geschützten Ort zusammen, um sich über Ihre Perspektiven, Optionen und Ideen auszutauschen und feste Richtlinien für das Leben in Ihrer Ehe und Familie zu formulieren. Wer wird abends wann und wie die Kinder zu Bett bringen? Wer bekommt wie viel Taschengeld? Dürfen die Kinder Freunde mit nach Hause bringen und wann ist abends Zapfenstreich? Wie ist das „gleich" in dem Satz „Ich bringe den Müll gleich raus" zu verstehen? Ruft derjenige, der unterwegs ist, bereits an, wenn er abends zehn Minuten später heimkommt oder erst ab 30 Minuten Verspätung? Wenn beide Partner berufstätig sind, richtet dann derjenige, der als Erster nach Hause kommt, das Abendessen? Wie wollen wir unsere Freizeit gestalten? Und so weiter.

Ein Beispiel: Ihr Mann hat Konzertkarten für den Abend Ihres Hochzeitstages gekauft. Sie stellen sich vor, wie romantisch es wäre, vorher gepflegt essen zu gehen. Aber Sie sagen Ihrem Mann das nicht, sondern erwarten irgendwie, dass er schon selbst auf die Idee kommen und extra früher von der Arbeit heimkommen wird. *Wenn er mich liebt, wird er doch wohl merken, dass ein Dinner vor dem Konzert das ist, was ich brauche ...* Falsch! Woher soll Ihr Mann Ihre Gedanken lesen können? Sich in Erwartungen hineinzusteigern, die man nie ausgesprochen hat, ist ein sicherer Weg zu Frust und Enttäuschung.

Also: Sagen Sie Ihrem Partner klar und deutlich, was Sie sich vorstellen. Und fragen Sie ihn, wie *er* die Sache sieht und was *seine* Perspektive, *seine* Bedürfnisse und Erwartungen sind.

Wenn Ihr Ehepartner derjenige ist, der mit der Bitte oder dem Antrag kommt, hören Sie ihm aufmerksam zu, aber sagen Sie ihm auch, was *Sie* denken, brauchen oder erwarten. Wenn Sie ihm seinen Wunsch nicht erfüllen wollen oder können, sagen Sie ihm das auf eine nicht aggressive Art. Aufschieben und sich nicht festlegen macht die Sache nur schlimmer. Sagen Sie nie Ja, wenn Sie Nein sagen wollen (oder müssen).

Ein ebenso großer Fehler ist es, etwas vorschnell in Bausch und Bogen abzulehnen, ohne einen Gedanken darauf verschwendet zu haben, ob es nicht vielleicht doch geht. Nehmen wir an, Ihre Frau stellt den Antrag, die nächsten Samstage jeweils ein paar Stunden die Garage aufzuräumen. Antworten Sie nicht einfach: „Samstag geht nicht, unsere Wochenenden sind schon so voll genug." Sagen Sie besser: „Diesen Samstag wollte ich eigentlich eine Radtour machen, aber vielleicht kriegen wir das mit der Garage irgendwo unter. Wollen wir eben einen Plan machen oder möchtest du lieber bis nach dem Essen warten?"

„Effektiv meckern" oder: Wie Sie das, was Sie beschäftigt, so sagen, dass es gehört wird

Erstens: Überlegen Sie sich gut, ob Sie überhaupt etwas sagen sollten. Nicht selten ist das, worüber wir da klagen, etwas, was mit unseren Unterschieden in Persönlichkeit und Lebensstil zusammenhängt. Sie sind z. B. der Typ, der abends zuerst das Geschirr spült und dann erst mit den Freizeitaktivitäten beginnt. Ihr Partner spült vielleicht erst, bevor er ins Bett geht. Welches System ist das „Richtige"? Bestimmte Hausarbeiten müssen natürlich erledigt werden, aber wann und wie schnell, darüber kann man unterschiedlicher Meinung sein. Wenn Sie verlangen, dass Ihr Mann/Ihre Frau sich *Ihrem* Schema anpasst, seien Sie vorsichtig. Sie können mit Fug und Recht erwarten, dass Rechnungen rechtzeitig bezahlt werden oder dass man abends keine schmutzigen Geschirrberge in der Küche hinterlässt, aber ist es wirklich so wichtig, ob der Abwasch gleich nach dem

Abendessen oder drei Stunden später erfolgt, und können Sie Ihren Partner hier wirklich ändern? Wahrscheinlich nicht.

Machen Sie nicht aus jeder Mücke einen Elefanten. Verwechseln Sie Gewissenhaftigkeit nicht mit Pingeligkeit. Es muss nicht alles exakt und genau so gemacht werden, wie Sie das gewohnt sind. Wenn Sie sich bei Ihrem Partner über alles und jedes beschweren, erreichen Sie gar nichts. Wie würden *Sie* denn reagieren, wenn Sie mit jemand zusammenleben müssten, der ständig nur etwas zu meckern hat?

Aber es ist genauso wenig gesund für Ihre Ehe, wenn Sie einfach alles schlucken. Wie Max nach einem unserer Eheseminare kommentierte: „Früher hab ich nie einen Ton gesagt. *Warum kämpfen?*, sagte ich mir. Ich kann viel schlucken, wenn ich will. Aber dann hab ich erkannt, dass ich meiner Ehe mit meinem Harmoniebedürfnis einen Bärendienst erwies. Ich machte einfach die Schotten dicht, und das hat meine Frau gemerkt."

Wenn Sie eine echte Verbundenheit mit Ihrer Frau/Ihrem Mann wollen, wenn Sie wirklich „eins" sein wollen, dann müssen Sie beide Ihre Wünsche, Verletzungen und Klagen in die Beziehung einbringen. Und jetzt schauen wir uns sechs Schritte an, die Ihnen helfen können, „effektiver zu meckern":

1. Machen Sie Ihr Anliegen konkret

Schildern Sie Ihrem Partner, was Sie als Problem oder wo Sie eine Meinungsverschiedenheit sehen. Benutzen Sie dabei Formulierungen, die ihn nicht angreifen, sodass Ihre Frau/Ihr Mann hören und verstehen kann, worum es Ihnen geht, ohne von Emotionen abgelenkt zu werden. Seien Sie nicht vage, sondern möglichst exakt.

Sagen Sie z. B. nicht: „Du bist nie pünktlich" oder: „Du denkst nie an mich." Zeigen Sie Ihrem Partner, dass Sie nicht in verallgemeinernder Form den Stab über ihn brechen und ihn zu einem hoffnungslosen Fall erklären. Sprechen Sie *eine* konkrete Handlung an oder *einen* konkreten Punkt und wenn es dabei etwas Positives zu bestätigen oder loben gibt, sprechen Sie das genauso offen aus. Wenn

Sie Ihrem Partner sagen, dass Sie ihn schätzen, was Sie gerade gefreut hat und dass Sie auch über eine Sache mit ihm reden müssen, fällt es ihm viel leichter Ihnen zuzuhören, weil er spürt, dass Sie ihm zugewandt sind.

- „Ich finde es gut, was du alles im Haus machst. Könntest du bitte auch dafür sorgen, dass die Kinder ihre Spielsachen von der Garageneinfahrt holen, bevor ich nach Hause komme?"
- „Ich finde es toll, was du in der Firma alles schaffst, aber dass du vorhin beim Abendessen die ganze Zeit nur über deine Arbeit geredet hast und mich nicht gefragt hast, wie *mein* Tag war, das war nicht so gut. Ich kam mir vor, als sei ich dir gar nicht wichtig."

2. Geben Sie Informationen

Ganz grundsätzlich: Anstatt Vorhaltungen oder Vorwürfe zu machen (oder Ihren Partner gar mit Gesten oder abschätzigen Bemerkungen herabzusetzen), geben Sie ihm Informationen und Fakten, wenn etwas im Argen liegt. Erläutern Sie die Situation, z. B. so:

- „Wenn man die Speisen im Kühlschrank nicht mit einem Deckel abdeckt, trocknen sie schneller aus."
- „Wenn du mir nicht sagst, wie viel Geld du ausgegeben hast, weiß ich nicht, wie viel noch auf dem Konto ist."

Das Problem mit Sachinformationen zu beschreiben, trifft den Kern der Sache … und baut erst gar keine Aggressionen auf – was geschieht, wenn Sie Ihren Partner als das Problem beschreiben. Sie können z. B. auch sagen, was für Folgen es Ihrer Meinung nach haben wird, wenn eine bestimmte Sache nicht erledigt wird:

- „Wenn du das Geburtstagsgeschenk für deine Mutter nicht heute zur Post gibst, kriegst du vermutlich ein schlechtes Gewissen, wenn du sie nächste Woche zum Geburtstag anrufst und sie enttäuscht ist, dass sie noch nichts gekriegt hat."

- „Wenn du den Betrag nicht heute überweist, verlieren wir die 3 % Skonto, die sie uns eingeräumt haben."

3. Sagen Sie, wie Sie sich fühlen

Wenn Sie etwas „drückt" …, dann ist das sehr wahrscheinlich mit einem starken Gefühl des Verletztseins, der Enttäuschung oder der Frustration verbunden. Es stellt Sie auf die Geduldsprobe, dass Ihr Ehepartner sich nicht entscheiden kann. Es macht Sie wütend, dass er eine Verabredung glatt vergessen hat. Sie fühlen sich nicht ernst genommen, wenn er Ihnen nicht beim Abwasch oder bei der Gartenpflege hilft oder wenn Ihr Partner finanzielle Extratouren macht und sich neue Kleidung kauft, obwohl das Budget gerade mehr als knapp ist.

Attackieren Sie Ihre Frau oder Ihren Mann nicht, sondern sagen Sie einfach, wie Ihnen zumute ist. Lassen Sie dabei nicht Ihre „Sekundärgefühle" hinaus, sondern die tiefer liegenden (und weniger aggressiven) „Primärgefühle" (vgl. oben Kapitel 5).

Situation: Beide müssen los – einer mit dem Auto, einer zu Fuß – und haben ein Stück des Weges gemeinsam.

Ungute Attacke: „Gut, dann nimmst du mich eben nicht mit, ist mir auch recht. Du denkst ja nur an dich."

Klare Aussage: „Es tut mir weh und ich komme mir ignoriert vor, wenn du mich nicht fragst, ob du mich ein Stück mitnehmen kannst."

4. Setzen Sie sich die Brille Ihres Partners auf

Hören Sie sich an, wie Ihr Partner die Situation sieht, und vergleichen Sie seine Sicht mit Ihrer eigenen Einschätzung. Sieht er die Dinge anders als Sie? Wahrscheinlich. Beziehen Sie seine Perspektive

186

mit ein. Wenn Sie bei Ihrer Beschwerde nur Ihre eigene Brille aufhaben, wird Ihre andere Hälfte sich außen vor gelassen und missverstanden vorkommen. Stellen Sie Fragen, um die Perspektive Ihres Partners besser zu verstehen:

- „Du bist heute so spät nach Hause gekommen; war etwas Besonderes?"
- „Ich dachte, wir machen so lange keine größeren Anschaffungen, bis du deine Gehaltserhöhung bekommen hast, aber gestern hast du eine neue Kamera gekauft. Das kriege ich nicht zusammen. Kannst du mir helfen das zu verstehen?"

5. Suchen Sie nach Lösungen

Suchen Sie gemeinsam nach Lösungen für das Problem. Denken Sie an Ihr Akazien-Abkommen: Sie sind Mann und Frau, Sie lieben einander und Sie wollen das Beste füreinander. Im schützenden Schatten Ihres „sicheren Hafens" und mit der Information, die Sie ihm gegeben haben, hat Ihr Partner den nötigen inneren Freiraum, mit Ihnen ein Team zu bilden, gemeinsam nachzudenken und sich als Problemlöser zu betätigen.

- „Ich möchte nicht, dass wir zu spät kommen, und du bist immer noch nicht angezogen. Was schlägst du vor?"
- „Wenn du die Toilette vor dem Wochenende nicht mehr reparieren kannst, wäre es dann eine Idee, den Klempner anzurufen?"
- „Hast du eine Idee, was wir machen können, damit die regelmäßigen Rechnungen nicht mehr liegen bleiben? Vielleicht sollten wir es doch mal mit dem Bankeinzugsverfahren probieren."

Helfen Sie Ihrem Partner mit kleinen Erinnerungen. Bleiben Sie dabei ruhig, sagen Sie, wie Sie sich fühlen, geben Sie Informationen und zeigen Sie Ihrem Partner, dass Sie jeden Fortschritt zu schätzen wissen. Indem Sie ihm zeigen, wie wichtig Ihnen die Sache ist, und ihn ermutigen, weiterzumachen, helfen Sie ihm, am Ball zu bleiben.

Ungute Attacke: „Vergiss ja nicht, den Kuchen rechtzeitig abzuholen. Auf dich kann man sich ja nicht verlassen. Also: Ja nicht vergessen, sonst …"

Gute Erinnerung: „Danke, wenn du den Kuchen spätestens heute Nachmittag um drei abholst. Diese Geburtstagsfeier ist mir wichtig – danke, dass du mir da hilfst. Wenn's bei dir doch knapp werden sollte … Ruf mich an, wenn du es nicht schaffst." – „Du weißt es vielleicht schon, dass es so spät ist, aber die Post schließt in einer Stunde und das Geschenk an meine Mutter muss noch raus. Danke, dass du dran denkst."

Wie Sie eine Kritik oder eine „Klage" gut entgegennehmen

Mal klagt der eine, mal klagt die andere. Wie ist es, wenn es andersherum ist, wenn Ihren Partner etwas drückt, beschwert, wenn er sich beschwert? Wie reagieren Sie?

Keine Frage: Das Entgegennehmen einer Kritik oder Klage ist genauso eine Kunst wie das konstruktive Kritisieren.

1. Achten Sie auf das eigentliche Anliegen (es kann unter der Kritik versteckt liegen)

Wir mögen es wohl alle nicht, wenn unser Mann/unsere Frau eine Kritik oder ein vorgebrachtes Anliegen abweist oder ins Leere laufen lässt –, aber oft tun wir selbst genau das. Wenn Sie zum Beispiel, anstatt Ihren Partner fertig anzuhören, sofort sagen: „Ach was" oder „Das ist ja gar nicht wahr", bekommt Ihr Partner den Eindruck, dass Sie eher sein Feind als sein Freund sind, worauf er natürlich noch heftiger versucht, zu Ihnen durchzudringen. Aber wenn Sie ihm offen und ruhig zuhören, fühlt er sich angenommen und hat es viel leichter, Ihnen zuzuhören. Also: Lernen Sie es, *so* zuzuhören, dass der andere sich ernst genommen weiß.

- *Schalten Sie einen Gang zurück.* Lassen Sie es nicht zu, dass die Klage, dass die Kritik Ihres Partners Ihre Drachen aufweckt. Halten Sie inne, holen Sie Luft, lassen Sie Ihren Puls im Normbereich.
- *Fragen Sie sich: Was ist das Anliegen meiner Frau/meines Mannes?* Schieben Sie das Anliegen, das Ihnen da entgegenkommt, nicht ungeprüft beiseite. Was möchte Ihr Partner Ihnen sagen? Hören Sie ihm möglichst unvoreingenommen zu.

Ach so. Er möchte, dass keine Spielsachen mehr in der Einfahrt liegen, wenn er von der Arbeit nach Hause kommt. Darum hat er schon öfter gebeten, und ich glaube, da hat er recht. Aber warum muss er das in einem so negativen Ton sagen? Wie zeige ich ihm, dass ich sein Anliegen verstehe, aber dass sein kritischer Ton mir wehtut?

- *Kritisieren Sie die Wortwahl Ihres Partners nicht.* Brechen Sie keine Diskussion vom Zaun darüber, wie unhöflich, kritisierend oder aggressiv etwas klingt. Keine Frage, es geht darum, einen *guten* Grundton zu finden. Aber das Wichtigste zuerst – und das ist erst einmal das, was Ihr Partner Ihnen sagen will. Hören Sie sich die Kritik oder Klage bitte ruhig an und signalisieren Sie dann an passender Stelle Ihrem Partner in angemessener Form, dass Sie doch gerne bei einem guten Stil miteinander bleiben oder dahin zurückfinden wollen; schließlich ist der auch Ausdruck der inneren Verbundenheit. Und Ihnen liegt ja etwas aneinander! Aber zuerst: Fertig anhören!

Die Forschungen von John Gottman haben gezeigt, dass dann, wenn der Umgangston eines Paares in den Keller geht, das Scheidungsrisiko deutlich steigt. Tatsache ist auch, dass dann, wenn z. B. die Frau den Negativstil ihres Mannes über sich ergehen lässt, um Konflikten aus dem Weg zu gehen, dies der Ehe langfristig ebenfalls nicht guttut. Ich möchte Ihnen nicht empfehlen, gegenseitig den Oberlehrer in Sachen „Benehmen" zu spielen, aber wenn ein negativer Kommunikationsstil zur Norm wird, ist Ärger vorprogrammiert –, und zwar auf Dauer.

Es ist äußerst hilfreich, zwischen dem legitimen Anliegen Ihres Partners und der Art, in der er es vorbringt, zu trennen. Also: Zeigen Sie ihm, dass Sie ihn verstanden haben – aber machen Sie selbst auch deutlich – möglichst auf gute, ruhige Art! – , wie er Ihnen mit seinen Worten eventuell wehgetan hat.

Vielleicht legen Sie sich für den Fall der Fälle ein paar Sätze zurecht, z. B. einige höfliche und freundliche Alternativen zu dem Satz „Ich kann dich so schlecht verstehen, wenn du schreist":

- „Langsam, Schatz *(eine „sanfte" Einleitung)*. Du brauchst nicht so laut zu werden, damit ich dir zuhöre *(Information geben statt zum Angriff blasen)*. Ich weiß, wie frustrierend es ist, wenn plötzlich ein Spielzeug unter den Rädern liegt *(Wiederholung des Anliegens mit eigenen Worten)*. Ich überlege mit, um eine Lösung zu finden, aber wenn du so schreist, ist das nicht einfach."
- „Das klingt jetzt so, als ob du mit mir boxen willst! Da kann ich gar nicht denken. Kannst du das bitte noch mal etwas ruhiger sagen?"
- „Ich glaube, du willst mir was Wichtiges sagen, aber du bist so laut, dass ich das nicht hören kann. Kannst du es mir bitte noch mal anders sagen, so, dass ich es verstehe?"

2. Schauen Sie in den Spiegel

Überlegen Sie: Was ist dran an der Klage Ihres Ehepartners? Mag sein, dass Sie die Situation nicht so sehen wie er, aber hat er nicht irgendwo auch recht? Sind Sie vielleicht wirklich rechthaberisch, negativ, kritisch gewesen, haben die Selbstrechtfertigungsleier gedreht oder ein Problem auf die lange Bank geschoben? Halten Sie einen Moment inne. Gut, Sie haben Ihre Stärken –, aber wie ist das mit Ihren Schwächen? Hat diese Situation vielleicht mit Ihren Schwächen zu tun? Das ist an sich nichts Schlimmes – wenn Sie sich dessen bewusst sind und umschalten. Klar ist: Ihr Streit wird eskalieren und keiner wird den Standpunkt des anderen verstehen, wenn Ihnen nichts anderes einfällt, als Ihre Abwehrstacheln auszufahren und mit Gedanken wie diesen auf Ihrer Sicht der Dinge zu beharren:

- *Was meine Frau da sagt, ist Quatsch! Ich habe nichts verkehrt gemacht, sie hat keinen Grund, wütend auf mich zu sein.*
- *Wenn mein Mann die Sache so sehen würde wie ich, würde er sich beruhigen. Ich sage ihm am besten noch mal mit etwas anderen Worten, wie ich die Sache sehe …*

Wenn Sie wollen, dass der andere Ihnen zuhört, sollten Sie zuerst selbst zuhören. Und zum richtigen Zuhören gehört es zuzugeben: *Jawohl, in diesem Punkt hat meine Frau/mein Mann recht, da müsste ich mich ändern.*

3. Reagieren Sie nicht als „armes Opfer"

Wenn Ihr Partner versucht, eine berechtigte Klage vorzubringen, reagieren Sie nicht vorschnell. Fangen Sie nicht an, sich zu verteidigen oder x Gründe zu nennen, warum Sie sich so und nicht anders verhalten haben. Wischen Sie die Klage nicht beiseite, auch dann nicht, wenn Sie sie nicht einsehen. Versuchen Sie, die Perspektive Ihres Partners zu verstehen. Warum ist er ärgerlich? Was möchte er Ihnen ausdrücken? Warum ist ihm diese Sache so wichtig? Wenn Sie ihn mit einem „Das ist ja gar nicht wahr!", „Darüber will ich jetzt nicht reden" oder *„Mir* gefällt auch manches an *dir* nicht" abspeisen, signalisieren Sie ihm nur, dass die einzige Methode, zu Ihnen durchzudringen, darin besteht, die Lautstärke oder das Vokabular noch ein paar Stufen höher zu drehen, womit das Duell erst recht losgeht.

4. Zeigen Sie Ihrem Partner, dass Sie ihn verstehen

„Du hast einen langen Tag im Büro hinter dir und du willst, dass die Sachen der Kinder nicht mehr vor der Garage rumliegen, wenn du nach Hause kommst. Das kann ich gut verstehen. Ich weiß, dass dich das ärgert."

Es ist nicht immer einfach, Verständnis für die Beschwerde des Ehepartners zu äußern, vor allem natürlich dann, wenn wir sie nicht für berechtigt halten. Aber die Kritik oder Klage einfach zu ignorieren, führt unweigerlich dazu, dass die Wand zwischen Ihnen und dem Menschen, an dem Ihnen doch viel liegt, immer höher wird.

Sagen Sie also Ihrem Partner, wie Sie seine Beschwerde verstanden haben: „Es ärgert dich also, dass …, und du hättest gerne, dass …"

Zeigen Sie Ihm, dass Sie seinen Standpunkt und seine Gefühle ernst nehmen. Signalisieren Sie ihm: *Ich habe dein Anliegen zur Kenntnis genommen, ich nehme es ernst, ich werde darüber nachdenken und konstruktiv reagieren.* Ein Beispiel:

- „Du klagst darüber, dass ich dir nicht im Haushalt helfe, wenn du mich nicht dauernd darum bittest. Da muss ich mal drüber nachdenken. Ich habe den Eindruck, dass ich eine ganze Menge im Haus mache, aber ich höre, was du sagst. Vielleicht kannst du mir mal ein paar Beispiele nennen. Wenn ich zu wenig tue, möchte ich das ändern."

5. Tauschen Sie sich aus und finden Sie miteinander eine Lösung

„Ich möchte, dass du mich verstehst, und du möchtest, dass ich dich verstehe" – das ist der Kern jeder ehrlichen ehelichen Diskussion. Seien Sie sich dessen als wichtigstes Ziel bewusst und nehmen Sie sich vor, eine Lösung zu finden, die für Sie beide gut ist. Versuchen Sie, einen Beitrag zur Lösung zu liefern und nicht Zündstoff für noch mehr Zoff.

- *Teilen Sie Ihre Perspektive mit Ihrem Partner.*
  Bringen Sie Ihren Standpunkt und Ihre Sicht in das Gespräch ein, und zwar auf eine Art, die das Anliegen Ihres Partners nicht klein redet oder beiseiteschiebt:
  – „Ich weiß, dass du gerade wütend auf mich bist. Ich kann verstehen, wie enttäuscht du warst, als du in die Küche kamst und die Ameisen über den Küchentisch liefen. Bitte nimm mir das ab: Ich hatte echt vor, den Tisch abzuwischen. Ich glaube, wir hatten halt verschiedene Vorstellungen darüber, *wann* ich das machen würde."
  – „Ich verstehe, dass du dir gestern Abend einsam und verlassen vorgekommen bist. Schließlich bin ich alleine gegangen, weil du – als ich dich vorher ein paar Mal gefragt hatte, ob du am Abend mit mir ins Kino gehen würdest – immer Nein gesagt hattest."

- *Suchen Sie gemeinsam nach Lösungen.*
  Louis beichtet Anita: „Ich hab vergessen, die Überweisung für die Rechnung bei der Bank abzugeben. Ich weiß, dass dich das jetzt sehr frustet, aber gibt es noch eine andere Lösung? Soll ich nochmal los jetzt oder willst du's über Internetbanking machen?"

Anita verzichtet darauf, ihrem Mann zu sagen, wie sie den elenden Stress hasst, den er mit seiner Bummelei erzeugt. Sie hält ihm auch keine Predigt zum Thema „Verantwortung übernehmen". Sie fängt an, gemeinsam mit ihm eine Lösung des Problems zu suchen. „Unser Internetbanking ist noch nicht freigeschaltet, aber die Hauptstelle schließt heute später; wenn du da hinfährst, könnte das heute noch gebucht werden."

Louis sucht gar nicht erst nach Ausreden, sondern sagt: „Prima. Wenn du auf die Kinder aufpasst, fahre ich eben los. Es tut mir echt leid, dass ich wieder mal geschlafen hab, du hast mich ja ein paar Mal erinnert. Bis gleich dann!"

6. Überlegen Sie, wie Sie die Zuwendung zu Ihrem Partner ausdrücken können – und so den kleinen oder großen Riss kitten können, den der aktuelle Ärger ausgelöst hat

Dieser Schritt ist ungemein wichtig, wenn Sie und Ihr Partner herzlich verbunden bleiben wollen. Wenn Sie wissen, dass Sie Ihren Mann/Ihre Frau durch etwas, das Sie gesagt, getan oder unterlassen haben, verletzt haben, dann unternehmen Sie etwas, um den Riss zu kitten.

Machen Sie deutlich, dass Ihnen viel an Ihrer Frau, an Ihrem Mann liegt: Wenn es einen Kosenamen gibt, reden Sie sie/ihn damit an, gehen Sie behutsam-freundlich-zärtlich mit ihr oder ihm um, berühren Sie sie/ihn zärtlich am Arm, sagen Sie etwas Nettes oder Witziges, um die Luft zu reinigen (aber nicht, um Problemen auszuweichen!). Kommen Sie auf ein „neutrales" Thema zu sprechen, z. B.: „Du, beim Musikladen haben sie gerade Räumungsverkauf." Lassen Sie das Eis schmelzen und öffnen Sie sich wieder füreinander – ganz bewusst.

Vergessen Sie nicht: Was Sie sagen, tun oder lassen, wenn Sie nicht oder nicht mehr nicht streiten, ist genauso wichtig wie das, was Sie während eines Streits sagen, tun oder lassen!

Fragen und Übungen

1. Über welche unerledigten Streitfragen oder Themen würden Sie sich gerne „im Schatten Ihres Akazienbaums" mit Ihrem Partner unterhalten? Schreiben Sie sie auf, mit Worten, die sachlich und nicht aggressiv sind.

2. Welche zusätzlichen Informationen können Ihrem Partner helfen, zu verstehen, warum dieses Thema, diese Klage oder diese Bitte für Sie so wichtig ist?

3. Welche Gefühle bei Ihnen (z. B. Frustration, Enttäuschung usw.) würden Sie Ihrem Partner gerne erklären, sodass er sie versteht?

4. Wie sieht Ihr Partner das Thema, das Ihnen da Bauchschmerzen macht? Wo hat er recht?

5. Welche Drachen könnte Ihre Beschwerde bei Ihrem Partner wecken? Wie können Sie da vorbeugen?

6. Versuchen Sie, gemeinsam mit Ihrem Partner Lösungen zu erarbeiten. Achten Sie dabei stets darauf, Ihre Äußerungen sachlich und maßvoll zu halten, damit der andere sich nicht angegriffen fühlen muss.

7. Sagen Sie dem Menschen an Ihrer Seite, dass Sie es schätzen, dass er Ihnen so zuhört und auf Sie eingeht.

Kapitel 10

**Regel 5: Verbessern Sie etwas –
versöhnen Sie sich wieder**

Die Art, wie ein Paar streitet, kann die Herzen eines Ehemannes und einer Ehefrau tief verletzen. Kaum etwas treibt einen tieferen Keil in eine Ehe, als wenn man es nicht schafft, um Entschuldigung zu bitten, zu vergeben und etwas dafür zu tun, dass die Wunden heilen. Weil Streiten verletzen kann, ist das Vergeben und Um-Vergebung-Bitten so entscheidend wichtig. Wenn Ihre Wunden nicht gereinigt und versorgt werden, fangen sie an zu eitern; Sie gehen innerlich zu Ihrem Partner auf Abstand und fangen an, sich in sich selbst zurückzuziehen. Wenn es Ihnen geht wie praktisch allen Paaren, dann verletzen Sie einander jeden Tag Ihres Lebens – mal im Großen, mal im Kleinen; also müssen Sie lernen, Ihre Wunden immer wieder zu „behandeln". Mit mehr Liebe, desto besser.

> Mit Bitterkeit, Jähzorn und Wut sollt ihr nichts mehr zu tun haben.
> Schreit einander nicht an, redet nicht schlecht über andere,
> und vermeidet jede Feindseligkeit. Seid vielmehr freundlich und
> barmherzig, und vergebt einander, so wie Gott euch durch
> Jesus Christus vergeben hat.
> (Epheser 4,31-32)

Ihre Bereitschaft, etwas ändern zu wollen und sich wieder zu versöhnen, entscheidet darüber, ob Ihre inneren Wunden bleiben oder ob sie heilen und Sie beide als Paar wieder eine starke innere Verbindung haben, eine herzliche und frohe Verbindung. Das entscheidet sich in dieser scheinbar so kleinen Frage. Erlauben Sie nicht, dass ein Streit Ihre Beziehung zerstört! Der Schlüssel dazu heißt: wissen, wie Sie sich entschuldigen, vergeben und einander neu zuwenden können (und das dann auch tun!), um nach einem Streit „die Verbindung" wiederherzustellen.

Doch bevor wir uns den Prozess ansehen, den kleinen Prozess der „Beziehungsreparatur", möchte ich Sie ermutigen: Bleiben Sie gegenüber Ihrem Partner in jeder Lebenslage offen und verletzlich, auch wenn Sie wissen, dass es irgendwann wieder eine Meinungsverschiedenheit geben wird (das geht jedem Paar so!). Machen Sie nicht dicht. Wenn Sie sich gegenseitig um Entschuldigung gebeten und vergeben haben, ist es wichtig zu wissen, wie Sie die Nähe zueinander wiederherstellen können. Nähe ist immer ein Risiko, ja, denn Ihr Partner kann (und wird!) Sie ja irgendwann wieder verletzen. (Ich rede hier nicht von Ehebruchsaffären, sondern von den normalen Hässlichkeiten des Alltags.) Ihr Partner wird immer wieder mit dem, was er sagt oder tut oder vergisst, Ihre Gefühle verletzen. Bevor Sie nicht die Chance nutzen, einander willentlich zu vertrauen und aufeinander zugehen, werden Ihre Verletzungen nicht heilen können und wird sich die innere Verbundenheit nicht wieder einstellen. Damit steht und fällt alles.

Die Paarforschung hat gezeigt, dass das Wichtigste für eine Ehe nicht so sehr ist, *ob* man sich über unterschiedliche Auffassungen streitet, sondern *wie* man sich streitet und ob es dem Paar nach dem Streit gelingt, die Verletzungen zu „versorgen". Sie haben in den letzten Kapiteln bereits erfahren, dass Kritiksucht, Herabsetzen, Vorwürfe und Mauern die innere Verbundenheit zwischen Ihnen schwer belasten können. Wenn Sie nicht bereit sind, nach einem Streit wieder aufeinander zuzugehen, wird Ihre Ehe früher oder später nur noch eine leere Hülse sein, in der jeder nur noch seinen Job macht und sein eigenes Leben führt.

Ihre Beziehung ist zu wertvoll und das Leben ist zu kurz, um es mit Nachtragen, Schmollen und endlosem Wiederkäuen erlittenen Unrechts zu verbringen. Es geht auch anders! Das Leben ist schon so schwierig genug und Sie beide brauchen einen Freund, einen liebenden Menschen und Gefährten, der für Sie da ist, zu Ihnen steht und Sie unterstützt. Streiten Sie sich also besser nicht mehr, als absolut notwendig ist. Lösen Sie Ihre Konflikte gut, sodass Sie so schnell wie möglich wieder den Schatten und Schutz Ihres Ehe-Akazienbaums genießen können.

Ich weiß gut, wie schwer es sein kann, um Vergebung zu bitten, selbst zu vergeben und einen Neuanfang zu machen, wenn das Vertrauen zum Partner einen Riss bekommen hat. Ich habe in der Eheberatung viele Paare erlebt, die in diesem Kampf standen. Ich habe es erlebt, wie harte Fakten wie Affären, Pornografie, Arbeitssucht, Alkohol- und Spielsucht und andere Süchte eine Ehe ruinieren können. Probleme dieses Kalibers verlangen mehr Zeit und Einsatz, damit Heilung möglich wird, und falls Sie in Ihrer Ehe solche Probleme haben, kann ich Ihnen nur raten, sich einem qualifizierten Seelsorger oder Paarberater anzuvertrauen, der Sie professionell begleitet und unterstützt. Ich selbst habe mit vielen solchen Paaren gearbeitet und kann Ihnen versichern: Haben Sie Hoffnung; Heilung ist möglich – und beide Partner können etwas dafür tun.

Und es gibt Stress der anderen Art: Ob Ihr Partner schon wieder den Toilettendeckel nicht geschlossen oder im Parkhaus eine Delle in das Auto gefahren oder den Geburts- oder Hochzeitstag vergessen hat – immer, wenn es Missstimmigkeiten und Verletzungen in der Ehe gibt (eben auch solche, die Sie selbst vielleicht gar nicht als solche ansehen), dann erfordert das, dass um Entschuldigung gebeten, vergeben und ein Neuanfang gemacht wird – um der Beziehung willen. Dazu zwei Szenarien. Das erste Szenario betrifft kleinere Missverständnisse und Disharmonien in Ihrer Ehe, das zweite tiefer gehende Verletzungen. Der Heilungsprozess ist in beiden Fällen ähnlich, aber ich möchte sie Ihnen getrennt vorstellen, als Beispiele dafür, wie Ihre Beziehungspflege konkret aussehen kann. Natürlich gibt es keine exakten „Gebrauchsanweisungen"; Sie und Ihr Partner finden da sicher „Ihre" Variante und haben Ihre eigene Feinabstimmung für Ihr ganz persönliches „Versöhnungsverfahren".

> Wenn ihr zornig seid, dann ladet nicht Schuld auf euch,
> indem ihr unversöhnlich bleibt. Lasst die Sonne nicht untergehen,
> ohne dass ihr einander vergeben habt.
> (Epheser 4,26)

Die Kunst, zu sagen: „Entschuldige, bitte!" oder „Vergib mir"

„Das hab ich doch nicht so gemeint! Warum soll ich mich da entschuldigen?"

„Was du da gesagt hast, hat mich echt verletzt."

„Aber das hab ich doch gar nicht gesagt und das hab ich doch gar nicht so gemeint!"

„Aber ich fühle mich immer noch verletzt. Warum kannst du dich nicht bei mir entschuldigen?"

„Aber ich hab das doch nicht so gemeint, zum Kuckuck noch mal! Für was soll ich mich da entschuldigen?"

Fast jedes Paar, das zu mir kommt, stellt mir diese Frage: „Dr. Morris May, gibt es nicht eine Methode, um objektiv festzustellen, was wir in einer bestimmten Situation, über die wir uns streiten, wirklich gesagt oder nicht gesagt haben?"

Nun, bestimmte Dinge stehen sicher außer Frage. Zum Beispiel, dass Sie und Ihr Partner bei dem Streit beide in der Küche waren. Aber wie Sie das, was dann anschließend passierte, deuten und bewerten, ist immer mit von der Brille abhängig, durch die Sie die Szene betrachten. Ihr Charakter, Ihre Überzeugungen, Ihre Marotten und „Drachen" – all das entscheidet darüber, wie Sie eine bestimmte Situation erleben und sehen.

Der Streit fand also in der Küche statt und Ihre Frau kam in die Küche hinein und ging anschließend wieder hinaus. Aber *wie* Sie das machte, ist bereits eine Sache der „Brille", die Sie während der Szene aufgehabt haben. Sie könnten sagen: „Meine Frau kam schnell in die Küche hinein und ging ebenso schnell wieder hinaus", aber auch: „Sie stürzte wie eine Furie herein und wieder heraus." Worauf Ihre Frau die zweite Darstellung zurückweisen und sagen könnte, dass sie nicht heftig sein wollte –, aber Sie haben ihre Körpersprache und ganze Art so gedeutet.

Wie war es nun „wirklich"? Ist Ihre Frau „wie eine Furie" in die Küche gekommen oder nur „schnell"? Nun, für jeden von Ihnen ist das die „Wirklichkeit", was Sie persönlich wahrgenommen haben. Es hat keinen Sinn, herausfinden zu wollen, wer „recht hat" und wer nicht. Das einzig Vernünftige ist, dass Sie die Deutung Ihres Partners schlicht stehen lassen; er/sie hat die Szene so erlebt – fertig. Sich darüber zu streiten, wer „wirklich" was gesagt oder „eigentlich" was gemeint hat, führt Sie nur in einen fruchtlosen Teufelskreis der Art „Das hab ich nicht gesagt/Nein, das hast du doch gesagt/Aber das hab ich nicht so gemeint."

Also: Nehmen Sie die Perspektive und Gefühle Ihres Partners ernst. Und dann gehen Sie freundlich auf Ihre Frau/Ihren Mann zu, lassen Sie sie oder ihn spüren, dass Sie ihr/ihm wohlwollen, und signalisieren: „Ich verstehe dich." Also: Gleich klären – gleich die Verbundenheit bestärken. Dies ist eine einfache und höchst wirksame Weise, die kleinen Wunden und Verletzungen zu heilen, die sonst Ihre Beziehung immer mehr belasten und – wenn ungeklärt – zu einer hohen, unsichtbaren Wand zwischen Ihnen führen können.

Den Partner wahrnehmen, ernst nehmen, verstehen und ihm wohltun

Die folgende Szene ist ein typisches Beispiel für ein Ehepaar, das sich nicht einigen kann, wer was gesagt und wie er es gemeint hat:

Jerry geht frühmorgens aus dem Haus, um zur Arbeit zu fahren. Isabel sagt, dass er sich nicht von ihr verabschiedet hat; alles was sie gehört hat, war das Zuknallen der Haustüre. Jerry kontert, dass er sehr wohl Auf Wiedersehen gesagt hat, aber dass seine Frau, die mit dem linken Fuß zuerst aufgestanden war, das nicht mitbekommen hat; außerdem habe er die Tür nicht zugeknallt, sondern leise hinter sich zugezogen.

1. Versuchen Sie, die Perspektive des Partners zu verstehen.
Fragen Sie sich beide: Wie hat *der andere* die Szene erlebt? Wie gesagt, höchstwahrscheinlich sieht Ihr Partner die Situation anders als

Sie. Das ist völlig normal. Dabei hat hier nicht der eine „recht" und der andere nicht, sondern einfach verschiedene Blickwinkel. Auch wenn Sie die Meinung Ihres Partners nicht teilen, erkennen Sie sie an; geben Sie ihr das gleiche Gewicht wie Ihrer eigenen Meinung.

Jerrys Perspektive ist: „Isabel war etwas wortkarg, als ich zur Arbeit gefahren bin. Ich hab ‚Auf Wiedersehen, Schatz' gerufen und die Haustür hinter mir geschlossen."

Isabels Perspektive: „Jerry war noch grantig von dem Wortwechsel, den wir am Abend gehabt hatten. Er ist aus dem Haus gegangen, ohne ein Wort zu sagen, und hat die Tür zugeknallt."

2. Nehmen Sie die Gefühle Ihres Partners wahr und nehmen Sie sie ernst.

Akzeptieren Sie den Fakt, dass Ihr Partner sich von dem, was Sie getan oder gesagt haben, verletzt fühlt, unabhängig davon, was Sie fühlen oder vorhatten zu sagen, zu tun oder zu lassen. Auch wenn Sie z. B. Ihre Frau nicht verletzen wollten und sich keiner Schuld bewusst sind, fühlt sie sich von Ihnen verletzt. Jeder Versuch von Ihnen, diese Gefühle Ihrer Frau durch gute Argumente „wegzubringen", kann die Gefühle nicht verändern. Es wird nur auslösen, dass Ihre Frau in eine defensive Position gedrängt wird – in dem Empfinden, sich selbst schützen zu müssen, nicht verstanden zu sein und Sie von ihren Gefühlen doch gern überzeugen zu wollen. Keine angenehme Situation, für keinen von beiden.

Hören Sie sich an, wie Jerry und Isabel versuchen, zu ermitteln, was da „wirklich" passiert ist, und wie sie in der Sackgasse landen:

Isabel: „Das hat wehgetan, wie du da gegangen bist, ohne mir Auf Wiedersehen zu sagen, und die Tür zugeknallt hast."

Jerry: „Ich hab die Tür nicht zugeknallt und ich hab laut und deutlich ‚Tschüss!' gerufen. Du hast es nur nicht gehört."

Isabel: „Du hast nicht ‚Tschüss' gerufen und ich hab ganz genau gehört, wie die Tür geknallt hat."

Hat Jerry sich nun verabschiedet oder nicht? Hat er die Tür laut oder leise zugezogen? Die beiden könnten noch lange darüber diskutieren. Am Ende einer solchen Diskussion gibt es drei mögliche Ergebnisse:

- *„Ich habe recht und du nicht."*
  Sie kommen zu dem Schluss, dass Ihr Partner eindeutig falsch-liegt und dass er dies auch, wenn er vernünftig ist und Sie lange genug auf ihn einreden, einsehen wird. *Sie* haben recht!

Jerry: „Ich habe nicht die Tür zugeknallt, und ich habe mich von dir verabschiedet! Du suchst ja nur Streit. Mach dich nicht lächerlich."
Isabel: „Ich bin nicht blöd; ich weiß, wie es sich anhört, wenn die Tür zuknallt. Du willst nur nicht zugeben, dass du grob warst."

- *„Ich geb's auf."*
  Sie geben auf, aber nicht, weil Ihr Partner Sie überzeugt hätte, sondern weil Sie zu dem Schluss gekommen sind: Ich habe recht, aber meine Frau/mein Mann ist zu stur, um das einzusehen, und da kann man halt nichts machen.

Isabel: „Wie du meinst. Aber ich weiß genau, was ich gehört hab."
Jerry: „Und ich weiß, was ich gemacht hab."

Dieser Abschluss der Diskussion vermeidet zwar weitere Eskalationen, aber zu einer wirklichen Klärung führt er nicht. Zu einem Gefühl der Verbundenheit auch nicht. Der Zwist bleibt ungelöst, denn jeder der beiden sieht sich als das arme Opfer. In unserem Beispiel fühlt Isabel sich weiter verletzt und unverstanden, Jerry fühlt sich weiter zu Unrecht beschuldigt sowie ebenfalls unverstanden, und diese Gefühle graben sich in das Unterbewusstsein der beiden ein, um bei der nächsten Gelegenheit (sprich: dem nächsten Zwist) wieder an die Oberfläche zu schießen.

- *„Ich glaube, ich verstehe dich."*
  Wir versuchen bewusst, die Situation durch die Brille des Partners

zu sehen und uns in den anderen hineinzuversetzen. Als nächsten Schritt sagen wir ihm, dass wir ihn verstehen, und zeigen, dass wir gerne auf ihn zugehen und eingehen. Dieser Schritt ist äußerst wichtig und ich will zeigen, wie er ganz praktisch funktioniert.

3. Zeigen Sie Ihrem Partner, dass Sie gerne auf ihn zugehen und eingehen.

Jerry: „Ich hatte den Eindruck, du willst mit mir streiten."

Isabel: „Ich hatte den Eindruck, du bist nicht bereit, mir zuzuhören."

Jerry: „Echt? Dann verstehe ich, dass dir das wehgetan hat."

Isabel: „Ja. Ich hatte einfach das Gefühl, dass du nicht bereit warst, mit mir zu reden. Aber wenn das für dich nicht so war, dann hat es sicher *dir* wehgetan, dass ich dich ‚grob' genannt hab."

In diesem Beispiel sagen die beiden Partner einander im Wesentlichen Folgendes: „Wenn du die Situation … gesehen hast, kann ich gut verstehen, dass du dich … gefühlt hast."

Mit dieser Devise fahren Sie in jedem Fall am besten – auch dann, wenn Sie die Perspektive des anderen nicht nachvollziehen können. Ob nachvollziehbar oder nicht: Wenn der Partner die Situation so wahrgenommen hat, wie er sie wahrgenommen hat, dann ist verständlich, dass er reagiert hat, wie er reagiert hat.

Erinnern Sie sich: Ihr Partner sieht die jeweilige Situation durch die Brille seiner Verletzungen, Ängste und Drachen. Was er als Kind gesehen hat, wird er auch als Erwachsener sehen. Wenn Ihre Frau von ihren Eltern ständig kritisiert wurde, wird sie allergisch auf Kritik sein (oder selbst bei jeder Gelegenheit kritisieren, weil das ein vertrautes Muster ist). Sie können das hundert Mal für falsch halten, die alten Muster sind nun einmal da. Und weiter: Die Art, wie Sie reagieren, wenn Ihre Frau sich kritisiert fühlt, kann den „Drachen" Ihrer Frau („Alle wollen mir was") entweder bestätigen oder widerlegen („Das ist etwas ganz Neues, etwas Gutes: Mein Mann akzeptiert mich").

Sie tun etwas wirklich Wertvolles für Ihre Beziehung, wenn Sie sich dafür entscheiden, Ihren Partner anzunehmen und verstehen zu wollen, und wenn Sie in „spannenden" Situationen bewusst überlegen: Was ist meine Perspektive und was ist die meiner Frau/meines Mannes?

- *Auf den anderen zugehen und eingehen*
  Isabel: „Ich war fix und fertig. Nicht nur, weil ich dachte, dass du gegangen warst, ohne mir auf Wiedersehen zu sagen. Als die Tür so knallte, dachte ich, du bist sauer auf mich."
  Jerry: „Wenn du wirklich diesen Eindruck gehabt hast, kann ich gut verstehen, dass dich das verletzt hat. Komm her." (Er zieht Isabel an sich.) „Ich will doch, dass es dir gut geht. Es war nicht meine Absicht, dich zu verletzen."
  Isabel: „Danke, das tut gut. Und … und wenn du gar nicht sauer warst, dann bist du sicher frustriert, dass ich das so gesehen hab. Es tut mir leid, dass ich so ärgerlich war, entschuldige bitte."
  Jerry: „Ist schon gut, danke."

4. Zeigen Sie Ihrem Partner, was Sie brauchen.
Wenn Sie die Sichtweise Ihres Partners wahrgenommen und ernstgenommen haben und ihm gezeigt haben, dass Sie ihn verstehen – dann sagen Sie ihm als Nächstes, was Sie von ihm brauchen. Und fragen Sie ihn, was er von Ihnen braucht.

Isabel: „Darf ich dich um etwas bitten? Kannst du vielleicht in Zukunft eben zu mir kommen und dich verabschieden, wenn du zur Arbeit fährst? Das wäre schön für mich."
Jerry: „Gerne doch. Und darf ich dich etwas dich bitten? Nämlich dass du nicht mehr gleich so schlimme Sachen sagst, wenn du dich aufregst?"
Isabel: „Ja. Vieles meine ich ja gar nicht so, aber es ist schlimm für mich, wenn ich den Eindruck hab, du denkst nicht an mich. Aber gern, ich will darauf achten, was ich so sage – ich arbeite dran!"
Jerry: „Danke. Und ich werde versuchen, nicht gleich so heftig zu reagieren, wenn du meinst, dass ich was falsch gemacht hab."

5. Verbunden sein ist wichtiger als recht haben.

Bisher habe ich bewusst nicht viele Beispiele aus der Partnerschaft mit meinem Ehemann, Mike, erzählt (die lustigeren Geschichten gebe ich in meinen Ehepaarkonferenzen zum Besten), aber an dieser Stelle muss ich Ihnen ein Gespräch berichten, das wir vor nicht allzu langer Zeit zum Thema „Sich entschuldigen" hatten.

Mike: „Es fällt einem Mann schwer, sich bei seiner Frau zu entschuldigen, wenn er den Eindruck hat, dass er gar nichts falsch gemacht hat."

Ich: „Und warum entschuldigt ihr euch dann trotzdem?"

Mike: „Vielleicht weil wir merken, dass der Kampf darum, recht zu haben, das, was uns am liebsten ist, zerstört. Wir Männer wollen doch, dass unsere Frauen uns anhören und achten. Aber wenn ein Ehemann unbedingt recht behalten will, anstatt zu versuchen, seine Frau zu verstehen, stößt er seine Frau nur vor den Kopf. Und das ist die Sache einfach nicht wert: Am Ende erreicht er in der Sache nichts – und sein Rechthabenwollen schafft nur Ärger und Distanz zwischen ihm und seiner Frau. Und davon hat niemand was."

Ich: „Heißt das dann, dass der Ehemann ‚um des lieben Friedens willen' immer schön nachgeben sollte?"

Mike: „Nein; das würde nicht gut gehen. Dann würde er auch so etwas wie eine Mauer um sein Herz bauen. Es kann schon wichtig sein, dass er seiner Frau seine Sicht der Dinge klarmacht. Aber es kommt ein Punkt, da muss er aufhören, zu kämpfen, und stattdessen lieber versuchen, seine Frau zu verstehen. Sich entschuldigen, ihr vergeben, sie lieben. Einfach um der Beziehung willen. Manchmal sollte man besser nicht zu lange damit warten."

Ich hörte Mike zu und merkte, dass das, was er mir da sagte, ja genauso für die Ehefrauen galt. Wir Frauen sind manchmal Meister darin, schnell wütend zu werden und anschließend lange nachtragend zu sein und dies auch noch wortreich zu begründen. Oft bilden wir uns ein, das gute Recht zu haben, uns „zu Wort zu melden" – zum falschen Zeitpunkt und im falschen Ton. Das geht manchmal anders besser. Auch bei einer Ehefrau kommt irgendwann ein Punkt, wo sie besser „die Segel streicht", sich für ihren Teil an dem Zwist entschuldigt und dem Partner vergibt. Um der Verbundenheit willen! Was haben Sie davon, wenn Sie bis zum bitteren Ende weiterkämpfen, Ihren Ehemann „bestrafen" und selbst im Käfig der Verbitterung landen? Es stimmt: Vergebung heilt viele Wunden. Und schafft Verbundenheit.

Verzeihen, vergeben und alte Wunden des Herzens heilen lassen

Kennen Sie das? Wenn Sie gegenüber Ihrem Partner erwähnen, wie oft er Sie in irgendeiner Sache schon enttäuscht oder verletzt hat, erwidert er: „Musst du schon wieder damit anfangen?" Oder: „Darüber haben wir doch schon x Mal gesprochen." Oder: „Das hältst du mir auch in zehn Jahren noch vor, oder?"

Wie kann heilen, was es an Verletzungen und Wunden zwischen Ihnen gibt? Was kann helfen, dass diese scheinbaren Alltäglichkeiten nicht dazu führen, dass Sie sich immer weiter voneinander entfernen? Wie können Ihre Nähe und Ihre innere Verbundenheit gestärkt werden und wachsen?

Es gibt einen Weg, der sich bei vielen Paaren, die in meine Eheseminare kommen, bewährt hat:

1. Bekräftigen Sie Ihr Ja: Ich bin für dich! Ich bin für dich da!

Die meisten Verletzungen (in allen Partnerschaften!) entstehen dadurch, dass einer der Partner den Eindruck gewinnt, dass der andere nicht mehr oder nicht mehr richtig „für ihn" und nicht mehr „für ihn da" ist, nicht mehr sein „sicherer Hafen" ist. Das lässt sich an vielen Kleinigkeiten ablesen. Zeigen Sie Ihrem Partner, dass Sie etwas ändern wollen. Dass er in Ihnen nach wie vor einen geschützten Ort hat – dann können diese Unsicherheiten und Wunden heilen. Signalisieren Sie ihm, dass er Ihnen wichtig ist und dass Sie einen Weg suchen, mit der Situation und Ihrer Verletztheit fertig zu werden, damit Sie Ihre innere Verbundenheit wiedergewinnen.

„Du weißt, ich schätze es, wie hart du für die Familie arbeitest, aber es war schwer für mich, dass du heute so spät heimgekommen bist. Du hattest mir doch versprochen, um fünf hier zu sein. Ich möchte, dass wir heute Abend nicht im Unfrieden ins Bett gehen, aber ich muss dir einfach sagen, warum ich so traurig bin. Du hast mir gefehlt."

2. Sagen Sie Ihrem Partner, dass Sie verletzt sind.

Sagen Sie Ihrem Mann/Ihrer Frau, was Sie beschäftigt. Tun Sie dies aber in einem ruhigen behutsamen Ton. Sie erinnern sich: Mit Schimpfen, Nörgeln oder Schlechtmachen erreichen Sie nicht, dass Ihr Partner die große Erleuchtung bekommt, sondern nur dass er die Schotten dichtmacht. Wenn Sie wollen, dass er Ihnen zuhört, sollten Sie besonnen und freundlich auf ihn zugehen.

Sagen Sie, worüber Sie so enttäuscht sind. Sie erinnern sich an das, worüber wir schon in Kapitel 2 gesprochen haben: Gerade weil Ihr Partner Ihnen so viel bedeutet, fühlen Sie sich ärgerlich, enttäuscht und verletzt, wenn er nicht für Sie da zu sein scheint. Ihr Beziehungssystem schlägt Alarm, weil er Ihnen so wichtig ist, und Ihre erste Reaktion ist trauriger oder wütender Protest. Sie protestieren sozusagen gegen das gebrochene Versprechen oder die Abwesenheit Ihres Partners, weil er eine so zentrale Rolle in Ihrem Leben spielt. Das ist ja etwas Gutes! Vergessen Sie nicht, ihm dies zu sagen, wenn Sie ihm Ihre Verletztheit und Enttäuschung beschreiben.

Meistens werden Sie, wenn Sie sich von Ihrem Partner verletzt fühlen, erst einmal wütend. Aber achten Sie darauf, dass Sie nicht einfach diese Protestwut herauslassen wie in dem folgenden Beispiel: „Warum kommst du so spät? Wie kann ich dir vertrauen, wenn du dein Wort nicht hältst? Wie oft müssen wir noch darüber sprechen? Wenn ich abends meinen Kurs hab, brauche ich deine Hilfe!"

Gehen Sie tiefer. Beschreiben Sie, was in Ihrem Herzen vorgeht und was Ihre eigentlichen Wunden und Nöte sind, z. B. so: „Wenn du abends zu spät heimkommst, bleiben die Kinder und die Hausarbeit allein an mir hängen. Ich brauche die Gewissheit, dass du mein Partner bist und dass ich dir echt wichtig bin. Wenn ich da nicht sicher sein kann, verletzt mich das."

Wenn Sie zu Beginn des Gespräches mit Ihrem Partner etwas laut oder grob waren, sollten Sie sich zunächst einmal dafür entschuldigen, damit er Ihr eigentliches Anliegen überhaupt hören kann. Sie können das z. B. so machen: „Es tut mir leid, dass ich so heftig war, als du reinkamst …, aber ich hatte mich darauf verlassen, dass du dich heute Abend um die Kinder kümmerst, damit ich es nachher pünktlich schaffe. Entschuldige, wenn ich dich gerade verletzt habe. Kann ich noch mal in Ruhe anfangen? Ich möchte wirklich gerne, dass du mich verstehst."

3. Hören Sie sich die Perspektive Ihres Partners an.

Nachdem Sie Ihrem Partner dargestellt haben, warum Sie verletzt und enttäuscht sind, geben Sie ihm eine Chance, sich zu erklären. Hören Sie sich die Situation aus seiner Sicht an. Versuchen Sie, zu verstehen, warum er sich so verhalten hat. Warum hat Ihr Mann Überstunden gemacht? Warum hat Ihre Frau das Garagentor nicht abgeschlossen? Warum hat sie vergessen, das Päckchen zur Post zu bringen? Auch wenn Sie den Eindruck haben, dass Ihr Partner sich allein in Entschuldigungen flüchtet – hören Sie ihn fertig an. Versuchen Sie, zu verstehen, wie die Situation sich aus seiner Sicht darstellt. Wenn er merkt, dass Sie ihm zuhören, kann er nachher seinerseits Ihnen besser zuhören.

Hier ein ebenso kurzes wie eindrückliches Beispiel aus einem Paargespräch, das ich begleitet habe: Kurz nachdem Annes Mutter gestorben war, hatte ihr Vater einen schweren Autounfall. Anne bat Ihren Mann, Kurt, mit ihr zu ihrem Vater zu fliegen. Kurt sagte, dass er erst noch ein paar wichtige Arbeiten in der Firma erledigen musste. „Flieg du schon mal vor, ich komme dann in ein paar Tagen nach." Als sie allein im Flugzeug saß, bekam Anne einen Weinkrampf.

Anne: „Ich fühlte mich so von Kurt im Stich gelassen."

Kurt: „Ich kann die Geschichte nicht mehr hören! Dauernd fängt sie wieder damit an."

Dr. Morris May: „Was war denn bei Ihnen los, Kurt? Warum sind Sie nicht mit Anne mitgeflogen?"

Kurt: „Ich weiß nicht, irgendwas in mir war wie blockiert damals. Ich habe meine eigenen Eltern sehr früh verloren. Annes Mutter war gerade erst gestorben, und das hatte mich echt mitgenommen. Jetzt womöglich schon wieder an ein Sterbebett gehen, das schaffte ich irgendwie nicht. Anne tat mir so leid, aber ich wusste auch nicht, wie ich sie trösten sollte."

Anne: „Das sagst du mir heute das erste Mal. Das hatte ich gar nicht gewusst."

Dr. Morris May: „Und fühlen Sie sich anders, nachdem Sie es jetzt wissen?"

Anne: „Ja, natürlich. Ich hatte gedacht, mein Mann ist herzlos und ich bin ihm egal. Und jetzt weiß ich … dass ich ihm doch nicht egal war, aber dass er, ja, Angst hatte. Hätte ich das damals schon gewusst, dann hätten wir uns gegenseitig trösten können."

4. Bitten Sie um Entschuldigung.

Die Wörter und Sätze, mit denen Sie sich entschuldigen, können ganz einfach sein – aber zeigen Sie ein großes Herz und den echten Wunsch, zu lieben. Wenn Sie sich entschuldigen – tun Sie's konkret! Beschreiben Sie, was vorgefallen ist. Erwähnen Sie die Gefühle, die Ihr Partner dabei gehabt hat. Seien Sie echt und ehrlich.

„Es tut mir wirklich leid, dass ich zu spät nach Hause gekommen bin und dir den Tag damit noch stressiger gemacht hab." – „Entschuldige bitte, dass ich nicht an dich gedacht hab, als ich die Pläne für dieses Wochenende gemacht habe. Du musst dir richtig überfahren vorgekommen sein."

Nehmen Sie sich vor, es das nächste Mal besser zu machen. Was hat Ihr Partner Ihnen da vorgeworfen? Hat er recht damit, und sei es nur teilweise? Überlegen Sie: Müssen Sie sich irgendwo ändern, selbst weiterkommen oder müssen Sie etwas anders, besser, überlegter, verantwortungsvoller angehen? Nehmen wir an, Sie sind zu spät nach Hause gekommen. Nehmen wir weiter an, Sie kommen öfter zu spät, weil Sie öfter für manches länger brauchen, als Sie denken, und weil Sie nicht rechtzeitig dabei auf die Uhr schauen. Oder weil Sie vieles auf den letzten Drücker erledigen.

Sie sind also zu spät gekommen. Das passiert Ihnen nicht nur hin und wieder, sondern ziemlich regelmäßig. Wie können Sie lernen, stärker auf die Zeit zu achten und die Dinge nicht bis zur letzten Minute aufzuschieben? Wie können Sie lernen, rechtzeitig einen Schlusspunkt zu setzen, damit Sie früh genug loskommen? Gut, Ihr Partner muss seinerseits lernen, Sie anzunehmen und Geduld mit Ihren Ecken und Kanten zu haben. Aber *Sie* müssen sich darüber klar werden, wo Sie sich ändern können und müssen – und dann damit anfangen! Das ist die beste Art, um Entschuldigung fürs letzte Mal zu bitten!

5. Vergeben Sie.

Mein Vater, Dr. Archibald Hart, hat *Vergeben* definiert als „auf mein Recht verzichten, es dem anderen heimzuzahlen". Dies ist ein Satz, den Sie gut in Ihr Akazien-Abkommen (s. o. Kapitel 6) einbauen können: „Was auch geschieht, wir verzichten auf unser Recht, es dem anderen heimzuzahlen. Wir machen es zu unserem Ziel, einander zu verstehen, um Vergebung zu bitten und selbst zu vergeben – zum Besten unserer Beziehung."

Lernen Sie es, zu vergeben – am besten, bevor der Tag zu Ende ist.

Bei den meisten Dingen kann man das mit einem kurzen Gespräch erledigen. Bei schwerwiegenden Dingen ist es vielleicht gut, ein Seelsorge- oder Paargespräch mit einem Berater zu suchen. Ob der Weg kurz oder lang ist, das Ziel ist wichtig: Lernen Sie zu vergeben und vergeben Sie, weil dies das Beste ist, was Sie tun können. Für sich selbst. Und für Ihre Ehe.

Groll, Bitterkeit und Nachtragen sind mächtige Gefühle, die wie Termiten der eigenen Seele sind und Sie von innen heraus zerstören. Vergeben Sie, weil Gott Ihnen vergeben hat. Wenn Gott Ihnen vergibt, können Sie nicht wirklich mit Unversöhnlichkeit im Herzen Ihrem Partner gegenüber leben. Außerdem möchten Sie doch sicher auch, dass Ihr Partner *Ihnen* vergibt. Sie meinen, dass das, was Sie Ihrem Partner antun, nicht halb so schlimm ist wie das, was er Ihnen antut oder schuldig bleibt? Vielleicht ist das ein Grund mehr, sich im Vergeben zu üben …

Die Bibel berichtet uns an etlichen Stellen von der mächtigen, heilenden Kraft der Liebe und Vergebung: „Vor allem habt euch untereinander herzlich lieb! Denn solche Liebe deckt eine Menge von Sünden zu" (1. Petrus 4,8; Bruns).

„Es tut mir leid, dass ich so verspätet war. Ich wollte dir den Abend nicht kaputt machen. Ich muss lernen, meine Zeit besser einzuteilen."

„Ich weiß doch. Ich vergebe dir, es ist gut. Danke, dass du an dir arbeitest."

6. Sagen Sie Ihrem Partner, was Sie brauchen, um sich angenommen zu fühlen.

Helfen Sie Ihrer anderen Hälfte in Sachen Beziehung zu „punkten", indem Sie ihr sagen, was Sie brauchen, um sich angenommen und bejaht zu fühlen. Viele Frauen sagen jetzt vielleicht spontan: „Wenn mein Mann mich wirklich liebt und versteht, weiß er auch so, was ich brauche." Stimmt nicht! – Muss ich aus Erfahrung sagen. Es kann gut sein, dass Ihr Partner Sie sogar sehr liebt, aber er kann nicht „riechen", was Ihnen guttut und wichtig ist. Und vergessen Sie nicht: In dem Augenblick, in dem das Gefühlszentrum Ihres Partners Gefahr wittert (z. B. dass Sie wütend sind), geht die Tür zu dem Teil seines Gehirns, das für die Beziehungspflege zuständig ist, zu und er braucht Hilfe, um sie wieder zu öffnen. Das ist einfach so. Also ärgern Sie sich nicht darüber, sondern helfen Sie Ihrem Partner, Ihnen das zu geben, was Sie brauchen: Annahme und Trost. Sagen Sie ihm in deutlichen Worten, was Sie von ihm brauchen. Vielleicht einfach, dass Sie es brauchen, dass er Ihnen zuhört und Ihnen durch seine Körpersprache signalisiert, dass es ihm nicht egal ist, wenn Sie verletzt sind. Vielleicht, dass er Ihnen sagt: „Ich kann dich verstehen." Oder dass er Sie in die Arme nimmt, Ihnen einen Kuss gibt oder über den Rücken streicht.

7. Seien Sie versöhnlich.

Manchmal ist es nicht einfach, den eigenen Ärger von guten Worten und Gesten erweichen zu lassen. Manchmal haben Sie vielleicht sogar das Bedürfnis, Ihren Missmut eine Weile zu pflegen – Dampf abzulassen, Ihrem Frust Luft zu machen. Das mag Ihnen im Augenblick wie Ihr gutes Recht vorkommen, ja scheinbar guttun, aber es ist nicht konstruktiv. Umso schwerer ist es danach, aus der Negativhaltung herauszukommen und sich wieder auf die Verbundenheit mit Ihrem Partner zu besinnen – auf die es Ihnen ja eigentlich ankommt.

Gönnen Sie sich und Ihrem Partner ein „Happy End" für Ihren Tag. Nehmen Sie seine Liebe, Hilfe und Zärtlichkeit an. Wenn Sie seine Versöhnungsgesten abwehren, schaden Sie sich selber und Ihrem Miteinander.

Bleiben wir bei dem Beispiel mit der Verspätung. Ihr Mann kommt gewöhnlich um 17 Uhr von der Arbeit nach Hause. An diesem Abend wird es 18.15 Uhr. Worauf warten Sie sehnlichst zwischen 17 und 18.15 Uhr? Klar: dass Ihr Mann endlich kommt und

Ihnen mit dem, was zu tun ist, oder mit den Kindern hilft, zumal Sie bald weg müssen. Aber er hat also Verspätung. Wieder einmal.

Als er zur Tür hereinkommt, sagen Sie ihm (ganz in Ruhe), wie lange Sie gewartet haben, und er nimmt wahr, wie ärgerlich das für Sie ist. Es ist ihm peinlich, dass er Sie so lange hat warten lassen, und er sagt Ihnen das. Aber was tun Sie? Geben Sie ihm eine Chance, den Ehefrieden wiederherzustellen? Inzwischen ist es 18.45 Uhr, und seit einer halben Stunde geben Sie Ihrem Mann nur einsilbige Antworten, außer wenn Sie ihm sagen, wie müde Sie sind und wie stressig Ihr Tag war. Ist der Abend damit ruiniert? – Noch nicht. Sie haben immer noch eine Chance, ihn mit Ruhe und in herzlicher Verbundenheit miteinander zu beschließen, wenn Sie dies denn wollen. Nein, Sie werden das Thema „Warum kannst du abends nicht pünktlich nach Hause kommen?" nicht lösen können, bevor Sie zu Bett gehen; dazu braucht es ein längeres Problemlösungsgespräch, später, wenn Sie beide Zeit haben. Aber für den Rest dieses Abends kann Ihr Mann durchaus noch Ihr Tröster, Freund und Helfer sein.

Was erreichen Sie denn damit, wenn Sie unversöhnlich Ihre Wunden lecken und alle Annäherungsversuche Ihres Mannes abweisen? Werden Sie ihm so zeigen können, wie verletzt Sie sind und wie wichtig es ist, dass er pünktlicher wird? Wahrscheinlich nicht. Wahrscheinlich wird er sich sagen: *Mann, ist meine Frau sauer! Am besten lasse ich sie für den Rest des Abends in Ruhe.* Nein, sagen Sie ihm sachlich und ruhig das Nötige, das er wissen muss, um Sie zu verstehen. Und dann sagen Sie ihm, was Sie von ihm ganz praktisch brauchen. Und vergeben Sie ihm.

Und falls Sie selbst der oder die Verspätete sind und Ihre Frau, Ihr Mann Sie an der Tür ungnädig empfangen hat, dann ziehen Sie sich nicht in Ihr Schneckenhaus zurück, sondern öffnen Sie sich. Tun Sie sich zusammen, um gemeinsam als Team doch noch einen schönen Abend zu haben. Wenn die letzten Arbeiten getan sind und alles weggeräumt ist, dann erlauben Sie es sich, einander in den Arm zu nehmen und miteinander zur Ruhe zu kommen. Wenn Sie weiter schmollen oder abweisend sind, dann weisen Sie nicht nur Ihre bessere Hälfte damit ungnädig zurück, sondern Sie bekommen selbst auch nicht das, was Sie brauchen – nämlich ein Gegenüber, das Ihnen guter Freund, Gefährte, Helfer und Liebhaber ist. Klären Sie, was zu klären ist – in Ruhe. Und dann geben Sie einander, was Sie brauchen! Besinnen Sie sich: Es ist wertvoll, was Sie in Ihrer Partnerschaft haben!

Hier zwei Beispiele für einen versöhnlichen Abschluss eines Verspätungsabends:

„Dass du heute so spät heimgekommen bist, war echt stressig für mich. Danke, dass du den Abwasch übernommen hast, das war echt lieb. Es ist schön, jetzt neben dir auf dem Sofa zu sitzen und den Film anzuschauen. Jetzt ist es doch noch ein schöner Abend.“

Oder, nachdem die Fahrt zum Strand etwas länger dauerte als geplant: „Entschuldige, dass ich vorhin so grantig war. Die Strecke über die Dörfer war halt ein bisschen länger, als wir gedacht hatten. Aber jetzt haben wir's geschafft und sitzen hier am Meer und genießen den Sonnenuntergang. Es ist richtig schön mit dir. Ich liebe dich.“

8. Machen Sie einen Termin für ein „Akazienbaumgespräch".

Manchmal ist das, was Sie beide brauchen, ein Gespräch, in dem ein Problem systematisch gelöst werden kann. Solch ein Gespräch kann man nicht führen, wenn man gerade aufgeregt ist oder sich streitet. Wir können nicht logisch denken und uns in unser Gegenüber hineinversetzen, wenn in unserem Gehirn ein Gefühlssturm tobt. Suchen Sie sich einen Termin, wo Sie sich quasi in den Schatten Ihrer Beziehungsakazie setzen und in aller Ruhe über das, was Sie zu lösen haben, austauschen, Ihre unterschiedlichen Meinungen und Perspektiven auf den Tisch legen, Optionen durchdenken und dann Lösungen finden können.

Vielleicht müssen Sie sich wirklich einmal eingehender darüber unterhalten, warum Ihr Partner immer wieder zu spät nach Hause kommt. Vielleicht müssen Sie die Art, wie Sie Ihre Wochenenden planen, verändern. Oder neu überlegen, wie oft Sie sich anrufen, wenn einer von Ihnen auf einer Geschäftsreise ist. Oder wer von Ihnen vor dem Zubettgehen schaut, ob die Haustür auch verschlossen ist.

„Dass du heute Abend so spät nach Hause gekommen bist, hat mich echt geschafft. Vielleicht können wir uns am Wochenende mal zusammensetzen und du erklärst mir, warum es so schwierig für dich ist, pünktlich das Büro zu verlassen. Aber jetzt möchte ich einfach hier neben dir sitzen und zusammen mit dir einen Kaffee trinken."

Die innere Verbundenheit wiederfinden

Es kann sein, dass Sie und Ihre Frau/Ihr Mann sich jeden Tag Ihrer Ehe über irgendetwas streiten. Die zwei wichtigsten Dinge, die über Gelingen oder Scheitern Ihrer Ehe entscheiden, sind die Art, wie Sie sich streiten und wie Sie nach dem Streit wieder zusammenkommen und sich aussöhnen. Kritische, lieblose Worte, das Wühlen in den Fehlern der Vergangenheit, die Herabsetzung des anderen, die Weigerung, sich in ihn hineinzuversetzen, und die Unfähigkeit, seine Perspektive gelten zu lassen – all dies kann die Geborgenheit, die wir in unserer Ehe eigentlich alle gerne erleben, nachhaltig zerstören. Wenn Sie sich nicht entschuldigen, vergeben und mit dem Partner immer wieder neu die Verbundenheit suchen, werden Sie keine Heilungskräfte gegen die Blessuren entwickeln, die die ehelichen Auseinandersetzungen Ihrer Seele zufügen. Sie wollen nicht, dass Sie Ihre Ehe kaputt streiten? Dann müssen Sie die Kunst lernen, täglich neu zu vergeben und um Vergebung zu bitten.

In unserer egoistischen Gesellschaft, in der jeder nur auf *seine* Rechte und Bedürfnisse schaut, ist das nicht einfach. In unserer Kultur lernen wir ja, nur dann um Verzeihung zu bitten, wenn es gar nicht anders geht, aber von jedem, der uns auch nur ein wenig auf die Füße tritt, sofort eine Entschuldigung zu erwarten. Gott hat da andere Vorstellungen.

Wir lesen davon, wie zentral wichtig es ist, ehrlich zu vergeben. Wir lesen, dass Vergeben zum Lieben dazugehört. Wenn wir verletzt sind oder jemand anderen verletzt haben, ermutigt uns das Wort Gottes dazu, dass wir barmherzig, freundlich, demütig und geduldig sind. Ohne diese Dinge kann Ihre Ehe kein sicherer Hafen, kein Ort der Geborgenheit werden.

Lesen Sie, was die Bibel in Kolosser 3,12-14 über Liebe und Vergebung zu sagen hat:

„Ihr seid von Gott auserwählt und seine geliebten Kinder, die zu ihm gehören. Darum sollt ihr euch untereinander auch herzlich lieben mit Barmherzigkeit, Güte, Bescheidenheit, Nachsicht und Geduld. Ertragt einander, und seid bereit, einander zu vergeben, selbst wenn ihr glaubt, im Recht zu sein. Denn auch Christus hat euch vergeben. Wichtiger als alles andere ist die Liebe. Wenn ihr sie habt, wird euch nichts fehlen. Sie ist das Band, das euch verbindet." Fällt es Ihnen auf: Wieder geht es um die Liebe, um die Verbundenheit als zentrales Ziel.

Wann ist der Kampf um Ihr gutes Recht wichtiger als das Wohl Ihrer Ehe? Nie. Entweder Sie gehen auf den großen Ich-habe-recht-Trip und setzen sich durch – aber entfremden sich so Ihren Partner. Oder Sie versuchen ebenso entschlossen, die Perspektive Ihres Partners zu verstehen, und werden so fähig, zu vergeben, selbst um Vergebung zu bitten und sich zu versöhnen. Sie tun dies nicht zu Ihrem Privatvergnügen, sondern um Ihrer Ehe, um Ihrer Beziehung etwas Gutes zu tun. Wir sind herausgefordert, einander zu lieben, füreinander zu sorgen, einander ein sicherer Hafen und Zufluchtsort zu sein und in allem, was wir tun, einander aufzubauen, zu ermutigen, zu verstehen, Geduld zu haben und zu vergeben.

Fragen und Übungen

1. Wo ist Ihnen beim Lesen dieses Kapitels eine Verletzung oder ein Ärger bewusst geworden, den Sie noch mit sich herumtragen und noch nicht vergeben haben?
2. Wie sieht Ihr Partner die Situation oder den Vorfall, der Sie so verletzt hat?

3. Erkennen Sie Ihren Anteil an der Situation und sagen Sie dies Ihrem Partner. Falls nötig, bitten Sie ihn um Entschuldigung.

4. Auf welche Weise haben Sie Ihren Partner für das, was er ausgelöst hatte, „bestraft" bzw. bestrafen Sie ihn immer noch? Was für einen Bibelvers oder Gebet können Sie sprechen, um die Kraft zu bekommen, Ihr „Vergeltungsrecht" endlich loszulassen?

5. Was brauchen Sie und Ihr Partner, um sich einander zu öffnen, einander zu vertrauen und die Verbundenheit wiederzufinden und zu stärken?

Kapitel 11

Regel 6: Gehen Sie aufeinander zu, freuen Sie sich aneinander und an der Verbundenheit

Streiten braucht Kraft. Viel Kraft. Zu versuchen, gehört und verstanden zu werden, kann stressig sein und kann schon einmal danebengehen, verletzen und erschöpfen. Wie manchmal auch ein gutes Sporttraining. Wie wir inzwischen wissen, schaltet Ihr Körper, wenn ein Streit beginnt, in den Betriebszustand „Kämpfen oder Fliehen", und die Stresshormone beginnen zu schießen. Ist der Streit vorbei, ist es unbedingt erforderlich, dass Sie etwas für Ihre Beziehung, für Ihr Miteinander tun und Ihren Organismus in den Normalzustand zurückkehren lassen. Wenn der Streit vorbei und der sichere Hafen wiederhergestellt ist, können Sie sich wieder beieinander sicher und Ihrem Partner wieder verbunden fühlen. Schwierig wird es, wenn das Streiten zum Dauerzustand wird; dann nämlich gerät Ihr Körper in einen chronischen Stresszustand, der im Laufe der Zeit nicht nur Ihre Beziehung, sondern auch Ihre Gesundheit schwer beeinträchtigen kann.

Vor und nach dem Streit: Verbundenheit!

Streiten ist Stress. Und darum brauchen Ihr Partner und Sie in den Zeiten, in denen Sie sich nicht streiten, so viele positive, friedliche, aufbauende und glückliche Begegnungen wie nur irgend möglich. Es ist für Ihr gesundheitliches und eheliches Wohl absolut wichtig, als Gegengewicht zu den Streit- und Stressszenen Stunden zu haben, wo Sie einander näherkommen und es einfach schön miteinander haben. Spüren und genießen Sie Ihre Verbundenheit!

Wenden Sie sich einander zu, genießen Sie einander, machen Sie das Beste aus jeder gemeinsamen Stunde. Öffnen Sie Ihr Herz für den Partner, lachen und spielen Sie, halten Sie Händchen, unternehmen Sie etwas. Achten Sie darauf, dass Sie mehr Spiel- als Streitstunden miteinander verbringen. Füllen Sie Ihre Herzen mit guten, positiven Szenen und Erinnerungen. Wenn Sie einander herzlich verbunden sind, fällt es Ihnen viel leichter, Ihrem Partner zu vertrauen, nach einem Streit wieder ins Lot zu kommen und einfach für ihn offen und da zu sein.

Was brauchen Sie als Gegengewicht zu Ihren Streitstunden im Einzelnen? Was für Dinge helfen Ihnen, es zusammen schön zu haben? Ich möchte Ihnen fünf Strategien vorstellen, die helfen, die Verbundenheit zu Ihrem Mann/Ihrer Frau zu stärken:

1. Konzentrieren Sie sich auf die guten Seiten Ihres Partners.

Geben Sie den positiven Gedanken und Gefühlen für Ihren Partner mehr Raum und Gewicht als den negativen. Nehmen Sie nichts selbstverständlich! Es ist ziemlich unproduktiv, immer und immer wieder auf die negativen Züge Ihres Partners zu sehen.

Was immer gut ist – denken Sie daran. Je mehr Sie sich mit den negativen Seiten Ihres Partners beschäftigen, desto weniger werden Sie das Gute sehen und glauben können. Das hat mit selbsterfüllender Prophezeiung zu tun. „Siehst du …" Steuern Sie um. Denken Sie ganz bewusst an die guten Eigenschaften Ihres Mannes und warum Sie sich damals in ihn verliebt haben. Worauf Sie sich bei ihm verlassen können. Was Sie schätzen. Rufen Sie sich in Erinnerung, warum Sie so stolz auf Ihre Frau sind, was Ihnen an ihr gefällt und warum Sie gerne zu ihr nach Hause kommen oder mit ihr unterwegs sind.

Denken Sie an das, was an Ihrem Partner gut, liebenswert, edel, schön und wunderbar ist und was Respekt und Achtung verdient. Werfen Sie die schwarzen Gedanken hinaus und richten Sie Ihren Blick auf die hellen.

Konzentrieren Sie sich auf die konkreten, möglichen Veränderungsschritte. Anstatt sich über die Unarten Ihres Partners aufzuregen, fragen Sie sich, was an Änderung möglich und sinnvoll ist, und ergänzen Sie dies durch positive Gedanken über die Stärken Ihres Partners. Hüten Sie sich vor Verallgemeinerungen. Machen Sie aus einem berechtigten „Ich mag es nicht, wenn du dies machst" nicht ein pauschales „Du machst nie etwas richtig"; dergleichen führt zu einer Negativeinstellung, aus der nichts Gutes kommt. Konzentrieren Sie sich auf den einen ganz konkreten Punkt, den Sie Ihrem Partner zeigen möchten und wo Sie wünschen, dass er sich ändert.

Sagen Sie es Ihrem Partner, wenn Sie das Gefühl haben, Ihr Herz schützen zu müssen. Wenn Sie verletzt sind und merken, dass Sie sich innerlich zurückziehen, um Ihr Herz vor weiteren Blessuren zu schützen, sagen Sie das Ihrem Partner. Sagen Sie z. B. Ihrer Frau: „Es ist nicht so, dass ich mich rausziehen will, aber wenn du mich so herabsetzt, verletzt mich das wirklich." Zu sagen, dass Sie verletzt sind und das Gefühl haben, sich schützen zu müssen – das allein ist schon wieder ein guter Schritt hin zur Verbundenheit.

Mit anderen Worten: Bleiben Sie nicht in dem Grübelgefängnis Ihrer Gedanken, sondern sagen Sie offen, wie Ihnen zumute ist. Tun Sie die nötigen Schritte, um Ihrem Partner zu vergeben und den Groll loszulassen. Mal ehrlich: Können Sie sich des Lebens mit Ihrem Mann freuen, wenn Sie dauernd damit beschäftigt sind, Ihren inneren Schutzschild ständig hochzuhalten? Können Sie sich wirklich mit Ihrer Frau verbunden fühlen, wenn Sie sich festbeißen an dem, was sie Falsches zu Ihnen gesagt hat?

2. Wenden Sie sich einander zu.

Sichere Ehehäfen entstehen nicht durch romantische Dinners, rote Rosen, große Geburtstagsgeschenke oder schicke Wochenenden. Diese Dinge sind nette Überraschungen und „Sahnehäubchen" für eine Beziehung, die schon emotional reich und stabil ist, aber sie sind nicht ihr Fundament. Was die Liebe und die innere Verbundenheit eines Paares lebendig hält, ist die Art, wie die Partner im ganz normalen Alltag miteinander umgehen. Es sind die kleinen, schlichten Augenblicke des Tages, die aus einer vor dem Standesamt geschlossenen Beziehung eine schöne, tiefe, zarte und starke Freundschaft machen.

Die Macht der Zuwendung. Erstaunliche Dinge passieren, wenn ein Paar die Kunst der Zuwendung im Alltag beherrscht. Wenn Mann und Frau auf ihre gegenseitigen Signale der Verbundenheit eingehen, wird das Band zwischen ihnen gestärkt.

Dies zeigt sich oft in ganz kleinen Szenen. Etwa wenn der Mann und die Frau sich im Flur ihrer Wohnung begegnen und die Frau lächelt und sagt: „Hallo, mein Liebster" und ihr Mann zwinkert ihr zu. Der kleine Flirt lässt beide das Interesse aneinander spüren.

Oder die Frau kommt von ihrer Arbeit nach Hause und ihr Mann begrüßt sie: „Herzlich willkommen zu Hause. Bin gerade selbst vom Arzt zurück", worauf sie antwortet: „Der Verkehr war schrecklich. – Und was hat der Doktor so gesagt?" Und schon ist ein ungezwungenes Feierabendgespräch im Gang, in dem die beiden gemeinsam ihren Tag Revue passieren lassen.

Oder die beiden fahren am Sonntagmorgen zum Gottesdienst und die Frau sagt: „Sieht so aus, als ob sie die Bank gerade neu anstreichen" und ihr Mann erwidert: „War auch Zeit. Aber Schweinchenrosa – das gibt's doch nicht!" Ein kurzes Schweigen, dann legt er seine Hand auf ihr Knie und sie legt ihre Hand auf die seine. Klick! Die Herzen treffen sich, das Leben ist schön.

Solche kleinen Szenen halten die Herzen eines Paares beieinander. Man beachtet sich, man hört einander zu, man spürt einander, man geht aufeinander ein. Hundert kleine Augenblicke, die sich zu dem Gefühl addieren: *Wir sind innerlich miteinander verbunden. Wir beide gehören zusammen.*

Wenn solche Annäherungen ausgeschlagen werden. Wenn einer der Partner versucht, auf den anderen zuzugehen, und derjenige dies abwehrt oder nicht reagiert, hat dies eine negative Wirkung. John Gottman konnte wiederholt zeigen, dass in unglücklichen Ehen die Partner kaum jemals mehr aufeinander zugehen.

Solche Versuche der Verbindung scheitern zu lassen, kann auf verschiedene Arten geschehen. Zum Beispiel durch eine passive Haltung. Da sagt die Frau: „Du, heute Nachmittag hab ich Peter getroffen", und der Mann murmelt nur: „Hmm."

Oder er unterbricht seine Frau und wechselt einfach das Thema: „Was? – Kannst du mir mal den Kugelschreiber da geben?"

Oder Sie zeigen sich irritiert und genervt durch die „blöde" Frage oder Bemerkung: „Was willst du? Siehst du nicht, dass ich gerade keine Zeit hab? Wann lernst du endlich, mich in Ruhe zu lassen?"

Solche Reaktionen sind wie eine kalte Dusche für Ihren Partner. Wenn Sie sie oft genug wiederholen, wird er es aufgeben, und Sie haben tatsächlich „Ihre Ruhe". Er wird ernüchtert auf seiner Seite des Zauns bleiben und schließlich sein Herz für Sie verschließen. Wenn es erst einmal so weit gekommen ist, bedeutet dies die Alarmstufe für Ihre Beziehung.

Also: Wenn Sie das nächste Mal Ihren Partner ignorieren, weil er/sie etwas scheinbar Unwichtiges gesagt hat, halten Sie inne und fragen Sie sich: *Habe ich meine Frau da gerade abgewürgt? Habe ich eine Gelegenheit ausgeschlagen, die Welt meines Mannes besser kennenzulernen?* Und dann machen Sie eine 180-Grad-Wende und gehen Sie auf Ihren Partner ein. Das Ganze wird in der Folge Ihr Stresslevel senken, wird immer wieder einmal Glückshormone freisetzen und Sie beide eine gute Verbundenheit spüren lassen.

Nehmen Sie sich Zeit füreinander. Es ist heutzutage gar nicht so einfach, mit „echter" Zeit füreinander die Verbundenheit zu pflegen – bei dem übervollen Programm, das die meisten zu absolvieren haben. Es ist schwierig geworden, Zeit füreinander zu finden, geschweige denn Zeit, die frei ist von dem Stress, den Sorgen und den Anforderungen des übrigen Lebens. Vielen Paaren stehen für ihre Zweisamkeit gerade mal eine Stunde am Abend plus ein paar zusätzliche Stunden am Wochenende zur Verfügung.

Entspannung oder Dauerstress?

Das Verhalten Ihres Partners signalisiert Ihnen Gefahr.
Ihr Gehirn setzt die Stressreaktion in Gang,
Ihr Körper wird in Alarmbereitschaft versetzt.

↓

Stressreaktion

- Das Hypothalamus-Hypophyse-Nebennieren-System wird aktiviert.
- Ihr Körper schüttet Steroide (Glukokortikoide) aus, darunter Kortisol, das wichtigste Stresshormon.
- Neurotransmitter werden ausgeschüttet (Katecholamine, darunter Dopamin, Noradrenalin und Adrenalin).

↓

Entspannungsreaktion

- Nach der Krise sinkt der Stresshormonpegel wieder, die verschiedenen Systeme im Körper fahren auf „normal" zurück.
- Die negativen Gedanken über Ihren Partner machen freundlicheren Gedanken über ihn Platz.
- Es gelingt Ihnen, Ihren Streit zu verstehen, die Wunden zu versorgen und sich bei Ihrem Partner wieder geborgen zu fühlen.
- Die Spannungen sind gelöst, Sie haben ein gutes Miteinander.

↓

Dauerstress

- Ständiges Zanken oder Negativgedanken, die vor sich hin gären, legen eine graue Decke über Ihr Miteinander und halten Sie in einem Daueralarmzustand fest.
- Der unterschwellige Dauerstress, der dadurch entsteht, macht es Ihrem Körper unmöglich, sich zu entspannen. Sie sind nicht mehr fähig, sich bei Ihrem Partner geborgen und angenommen zu fühlen. Die permanente Überbeanspruchung Ihres Organismus kann zu Krankheiten und dauerhaften Schäden führen.

Viele Paare geben sich der Illusion hin, dass sie den Kurs ihres Ehe-flugzeugs dem Autopiloten überlassen können und dass ihre Beziehung schon irgendwie von alleine über die Runden kommen wird. Aber wenn Sie und Ihr Partner nicht aktiv werden, wird Ihre Beziehung stagnieren und schließlich Schaden nehmen. Lassen Sie es nicht zu, dass die Freundschaft in Ihrer Ehe dem Virus der Gleichgültigkeit zum Opfer fällt.

Wie wir schon festgestellt haben: Die gute Ehe ist Arbeit. Die Pflege Ihrer Beziehung erfordert ein bewusstes „Ja, ich will meinen Partner und unsere Ehe pflegen". Es braucht Arbeit und Kreativität, um genügend Zeit füreinander zu finden – bewusst frei gehaltene Zeit, und nicht nur hin und wieder ein paar „übrig gebliebene" Minuten, in denen man gerade nichts Besseres zu tun hat. Und wenn Sie sich diese Zeit dann reserviert haben, nutzen Sie sie für ein gutes Miteinander.

„Ent-stressen" Sie Ihr Leben. Um echte Qualitätszeit miteinander haben zu können, müssen viele Paare erst einmal den Stress in ihrem Leben reduzieren. Wir sind gewöhnt ans Multitasking, und genau dies praktizieren viele Paare jeden Tag ihrer Ehe. Sie unterhalten sich darüber, wie ihr Tag war, während sie den Stundenplan der Kinder durchgehen. Oder überlegen sich bei einem romantischen Glas Wein, wie sie besser mit dem Haushaltsgeld auskommen können. Doch der größte Multitaskingfehler ist, wenn ein Paar den lange geplanten Abend zu zweit dazu nutzt, über den Stress zu Hause zu diskutieren. Es ist schwierig, das Candle-Light-Dinner oder den Sonnenuntergang am Meer zu genießen, während man sich über das Geld, den Umgang der Kinder, den unmöglichen neuen Kollegen oder die Unordnung im Wohnzimmer unterhält. Darf ich Ihnen Mut machen, ihr Leben zu entstressen und einfacher zu machen? Das kann z. B. bedeuten, dass Sie in weniger Vereine gehen, den Vorsitz des Kirchengemeinderats abgeben, weniger weit in Urlaub fahren oder ein Hobby, das Ihnen sowieso nicht recht Spaß macht, abschaffen. Entrümpeln Sie Ihren Terminplan, schaffen Sie sich Frei-

räume zum Nachdenken, Entspannen und Entstressen – zu Ihren Gunsten und zugunsten Ihrer Ehe.

3. Nutzen Sie die Macht der Rituale.

Eine gute Sache zum Bau und zur Pflege Ihrer Ehefreundschaft sind sinnvolle Rituale. Nein, ich meine nicht, dass Sie irgendwelche Kurse besuchen und Ihren Terminkalender noch mehr strapazieren sollen, sondern fangen Sie an, die ganz banalen Alltagsroutinen Ihres Lebens mit Sinn und Farbe zu füllen. Bauen Sie solche Dinge wie das Aufwachen am Morgen, die Verabschiedung, wenn Sie zur Arbeit gehen, oder die gemeinsamen Mahlzeiten zu Ritualen aus, die positiv, einfach und vertraut sind und auf die Sie beide sich jedes Mal neu freuen können. Einige Beispiele:

Aufwachen am Morgen. Beginnen Sie den Tag damit, dass Sie einander ihre Liebe zeigen. Wenn Sie aufwachen, denken Sie an den Vers: *Dies ist der Tag, den der Herr gemacht hat; lasst uns uns freuen und fröhlich an ihm sein.* Drehen Sie sich zu Ihrem Partner hin, lächeln Sie ihn an und sagen Sie: „Guten Morgen, Schatz. Ich bin so froh, dass ich dich habe." Wenn Sie vor Ihrem Partner aufwachen, sprechen Sie ein stilles Gebet für ihn, bevor Sie aufstehen.

Das Bett machen. Machen Sie das Bett zusammen und flirten und lachen Sie dabei. Zermartern Sie sich nicht den Kopf, ob Sie die Decke „richtig" falten, freuen Sie sich einfach aneinander. Sie leben und dürfen dieses Leben mit einem lieben Menschen teilen. Zeigen Sie Ihrem Partner, dass Sie ihn lieben.

Anziehen und Sich-fertig-Machen. Tauschen Sie sich darüber aus, was Sie an diesem Tag alles vorhaben. Lernen Sie so die Welt Ihres Partners kennen und interessieren Sie sich für sie. Verschaffen Sie sich ein Bild davon, was an Aufgaben vor Ihnen beiden liegt. Merken Sie sich, welche Stunden an diesem Tag für Ihre Frau, für Ihren Mann, besonders stressig sein werden. Nehmen Sie sich im Laufe des Tages hin und wieder einen Augenblick Zeit, um an Ihren Partner zu denken; so bleiben Sie in einer inneren Verbindung, die immer wieder spürbar wird.

Beten Sie beim Frühstück zusammen. Nehmen Sie sich am Frühstückstisch ein paar Minuten Zeit, um füreinander zu beten. Vielleicht wollen Sie sich dabei an den Händen halten. Segnen Sie Ihre Frau, machen Sie Ihrem Mann Mut, sprechen Sie Hoffnung in ihren/seinen Alltag hinein. Es liegt eine Kraft in der Fürbitte für den Ehepartner. Wenn das keine Form für Ihren Partner ist, sprechen Sie alleine ein kurzes Gebet oder einen Segen für diesen Tag, z. B.: „Ich bitte Gott um Weisheit für das heikle Projekt heute." Oder: „Ich wünsche dir, dass Gott dir die richtigen Worte gibt, wenn du deine Präsentation machst."

Sich verabschieden, wenn man aus dem Haus geht. Umarmen Sie sich 45 Sekunden lang. Jawohl, 45 Sekunden! Schauen Sie sich dabei in die Augen und versichern Sie einander, dass Sie sich immer noch lieben. Vielleicht werden Sie sich anfangs etwas komisch vorkommen dabei, aber machen Sie weiter, so lange, bis es zu einer guten Gewohnheit geworden ist. Ehemänner, seid euch im Klaren darüber, dass eine liebe Umarmung den Frust eurer Frau häufig wie wegschmelzen kann. Nehmen Sie Ihre Frau in den Arm und lassen Sie sie spüren: Gemeinsam sind wir stark! Egal was kommt: Wir gehen es gemeinsam an. Solch eine zuversichtliche Umarmung ist ein richtig starker Start in den Tag.

In der Mittagspause aneinander denken. Ein Anruf dauert vielleicht nur eine Minute, aber kann wahre Wunder wirken. Reagieren Sie nicht mit Irritation, wenn Ihr Partner Sie anruft. Wenn Sie ihn schroff fragen: „Warum rufst du an? Ist was?", wird er sich nur verletzt fühlen und seine Freude darauf, Sie am Abend wiederzusehen, bekommt einen Dämpfer. So ein Kurzanruf bedeutet: „Ich denke an dich und du bist mir etwas wert."

Auf der Heimfahrt an den Partner denken. Vielleicht möchten Sie während der Fahrt nach Hause Ihre Frau oder Ihren Mann anrufen, um vorzusondieren, wie es am Abend weitergehen wird. Braucht sie vielleicht noch etwas für die Kinder oder für den Abend? Bleibt es bei dem Termin mit den Freunden? So ein Unterwegsanruf ist auch eine gute Gelegenheit, einfach zu sagen: „Ich freue mich auf dich."

Das Heimkommen zu einem kleinen Fest machen. Wenn Sie hören, wie die Haustür geht und Ihr Partner hereinkommt und ruft: „Ich bin da, Schatz!", lassen Sie alles liegen und stehen und gehen Sie zu ihm, um ihn zu begrüßen. Geben Sie diesem Begrüßungsritual höchste Priorität. Legen Sie die Zeitung hin, beenden Sie das Telefongespräch oder die Internetsitzung und gehen Sie zur Haustür. Umarmen Sie sich wieder 45 Sekunden lang, sehen Sie sich in die Augen, sagen Sie etwas Liebes, streichen Sie einander über das Gesicht und schmelzen Sie so Ihren Stress fort. Nein, die 45 Sekunden reichen nicht, es werden eher vier Minuten werden, aber diese vier Minuten sind eine wertvolle Investition. Wenn die Kinder sich einmischen wollen, erklären Sie ihnen, dass Mama und Papa gerade ihre Schmuseminuten haben. Gleich danach dürfen auch die Kinder Papa begrüßen, aber erst einmal ist der Ehepartner dran, der sich so freut, dass der oder die andere wieder da ist; und er freut sich auch. So ein Begrüßungsritual kann, nebenbei bemerkt, einen bleibenden Eindruck bei Ihren Kinder hinterlassen und ein großes Vorbild werden.

Gute Nacht sagen. Ich schätze, das stärkste Ritual, das ein Paar haben kann, ist das gemeinsame Zubettgehen. Die beiden beenden den Tag, tauschen sich noch einmal kurz aus über das, was an ihm passiert ist, hören einander noch einmal zu. Setzen Sie sich zusammen und genießen Sie dieses Zusammensein. Wenn Sie dann ins Bett gehen, segnen Sie einander. Vielleicht kuscheln Sie noch etwas, reiben einander den Rücken, streichen sich über die Wange und sagen etwas Liebes, das mit den Stärken und positiven Seiten des Partners zu tun hat, z. B.:

- „Du bist eine tolle Frau. Danke dass du es uns hier so wohnlich und schön machst. Ich freue mich, dass wir es hier so schön haben."
- „Ich schätze es, wie du dich in deinem Ehrenamt/in deiner Arbeit einsetzt. Und danke, dass du mich mit der heiklen Sache vorhin unterstützt hast. Ich bin so froh, dass ich dich geheiratet hab."

4. Investieren Sie in Ihr Liebesleben.

Hätten Sie gerne mehr Sex mit längerem, leidenschaftlicherem Vorspiel, mehr romantische Spaziergänge, mehr tief gehende Gespräche, mehr Lachen und Freude? Welcher Ehemann und welche Ehefrau würde da Nein sagen? Es ist wichtig, dass Sie als Paar ein erfüllendes, von Liebe, Wärme und Wertschätzung geprägtes Liebesleben haben. Wobei mehr Sex noch keine Garantie für mehr Intimität ist, aber eine emotional intime Ehe ist die beste Voraussetzung für ein besseres Sexleben.

Als Brad und Sylvia das erste Mal in unseren Ehekurs kamen, ging es ihnen wie vielen anderen Paaren auch. Ihre Ehe war voll von unverheilten Wunden und die beiden gingen sozusagen mit ausgefahrenem Schutzschild durch ihre Beziehung – nicht die beste Voraussetzung für Leidenschaft und Begehren. Jahrelang hatte Brad mehr Sex gewünscht, aber seine Frau hatte fast nie Lust gehabt. „Irgendwann hab ich aufgehört, um mehr Sex zu betteln", sagte Brad. „Ich war es satt, immer abgewiesen zu werden." Und Sylvia berichtete: „Ich wusste nicht, was er noch von mir wollte. Brad kapierte einfach nicht, wie fertig ich abends immer war, und richtig Lust hatte ich sowieso nicht." Brad fuhr fort: „Ich wollte mehr körperliche Liebe, aber nach und nach merkte ich, dass unsere Beziehung sich erst in vielen Punkten ändern musste, wenn unsere Intimität wirklich wachsen sollte."

Nach Catherine Hart Weber, Mitautorin einer amerikanischen Studie über männliche und weibliche Sexualität, stecken viele Paare in einem echten Dilemma: Bei Männern wächst die emotionale Intimität vor allem durch Sex – und bei Frauen durch seelischen Austausch. Ein Mann ist in der Regel nach einem Geschlechtsverkehr eher zu einem tieferen Gespräch aufgelegt, während die Frau nach einem tieferen Gespräch eher Lust auf Sex hat. Was also zuerst? Viele Reibereien zwischen Eheleuten drehen sich genau um diesen Punkt. Was die Sache nicht besser macht, ist, dass ein Paar, das im Streit festhängt, nicht so leicht zu einem guten, tieferen Gespräch kommt und nicht so leicht zu stressfreiem Sex.

Gott hat die sexuelle Intimität als kostbare Begegnung zwischen einem Mann und einer Frau erschaffen. Er möchte, dass sie unsere Herzen, Körper und Gefühle miteinander verbindet. Es ist ungeheuer wichtig, dass Sie und Ihr Ehepartner regelmäßig die Begegnung durch tiefe Intimität erleben; es ist eine wunderbare Möglichkeit, sich nahezukommen und die innere Verbundenheit seelisch und körperlich zu spüren. Dabei ist es gut zu wissen, dass Sie nicht deswegen Lust auf Sex bekommen, weil für das Ende der Woche ein romantisches Dinner auf dem Terminplan steht. Was Ihr Herz und Ihre Hormone für Ihren Partner in Bewegung bringt und überhaupt Romantik, Spaß und Leidenschaft in Ihre Ehe, das sind nicht die vorgeplanten Termine und Höhepunkte, sondern der Umgang miteinander im ganz normalen Alltag. Ob Sie sich nach dem Kinobesuch am Samstagabend in der Stimmung für Zärtlichkeiten fühlen, hängt nicht von diesen Stunden am Samstagabend ab, sondern von den vielen kleinen fröhlichen, neckischen und erotischen Augenblicken, die Sie im Laufe der Woche miteinander erlebt haben.

Achten Sie mehr auf die kleinen Alltagsmomente. Sehen Sie zu, dass Sie jeden Tag miteinander sprechen, sich austauschen, sich umarmen und küssen. Ich bin sicher, dass dies Ihr Sexleben nachhaltig verändern wird. Lieber Ehemann, das Herz Ihrer Frau wird viel offener für Ihre sexuellen Initiativen werden, wenn sie Ihnen in Ruhe erzählen kann, wie ihr Tag war, oder wenn Sie ihr die Füße massieren, während sie neben Ihnen auf dem Sofa sitzt und fernsieht oder strickt. Nehmen Sie Rücksicht auf sie. Wenn die Kinder besonders stressig waren, wenn sie sich nicht gut fühlt oder wenn Sie sich die halbe Woche nur gestritten haben, wird sie wahrscheinlich nicht in

Stimmung für Spontansex sein, aber offen für Ihre Liebe, Verständnis und Zärtlichkeit.

Wenn Sie Ihre Frau und Gott achten und ehren wollen, dann konzentrieren und reservieren Sie Ihre sexuelle Energie für Ihre Frau. Auch im Kopfkino. Reservieren Sie die Bilder für Ihre Frau – und sagen Sie ein deutliches Nein, wenn Sie versucht sind, einer anderen Frau lustvoll hinterherzuschauen oder wenn Sie angeflirtet werden. Setzen Sie sich Stoppschilder – und halten Sie sich daran. Auch wenn es in Ihrer Ehe vielleicht gerade zu viel Streit und zu wenig Sex gibt – versuchen Sie bewusst, vor Gott integer und klar zu leben, im Denken wie im Tun.

Und ein Wort an die Ehefrauen: Streitigkeiten und unverheilte Wunden können Ihr Herz für Ihren Mann und für die sexuelle Intimität mit ihm verschließen. Tun Sie das Ihre, um Wunden gut zu versorgen und Ihren Alltag mit Wärme und Lachen zu füllen. Es besteht ein tiefer innerer Zusammenhang zwischen den sexuellen Bedürfnissen Ihres Mannes und Ihrer eigenen Sehnsucht nach emotionaler Intimität. Ich will Sie ermutigen: Durch regelmäßige „Zeit zu zweit" können Sie beide nur gewinnen.

Ehemänner wie -frauen – wenn Sie eine gute, fröhliche, schöne, tiefe Beziehung wollen, dann halten Sie bewusst Ausschau nach Momenten und Möglichkeiten, die Sie einander emotional näherbringen. Achten Sie darauf, dass sich nichts wie ein Keil zwischen Sie und Ihren Partner schiebt und Ihre Fähigkeit, sich einander sexuell zu öffnen, behindert. Wenn Sie sich lustlos fühlen oder innerlich verletzt sind, reden Sie offen miteinander darüber. Suchen Sie gegebenenfalls Hilfe bei einem Arzt oder Paarberater. Es ist nicht nötig, dass Sie als Paar sexuell unerfüllt oder frustriert leben; beide brauchen Sie gute Gelegenheiten, Ihre sexuelle Energie auszuleben – gemeinsam mit Ihrem Partner. Schaffen Sie die Möglichkeiten dazu!

Ehefrauen, genießen Sie die Intimität mit Ihrem Mann, haben Sie keine falsche Scham! Wenn Sie merken, dass Ihr Verlangen nach Sex gering ist, dann nehmen Sie sich etwas Zeit für sich und für Gedanken an all das Positive und Gute, das Sie an Ihrem Mann und Ihrer Ehe schätzen. (Vielleicht hilfreich dazu: die Liste aus den „Fragen und Übungen" am Ende von Kapitel 6.) Erinnern Sie sich an besondere Momente miteinander. Catherine Hart Weber schreibt, dass liebevolle Gedanken und gute Erinnerungen wie kaum etwas anderes eine Frau zur sexuellen Begegnung mit ihrem Mann stimulieren. Und dann … Seien Sie kreativ und beginnen Sie Ihre Zeit zu zweit mit etwas, das Sie beide mögen, z. B. mit einer sanften Rückenmassage oder einem gemeinsamen warmen Bad, mit schöner Musik, oder lassen Sie sich von Ihrem Mann Hände und Füße mit einem Duftöl massieren. Seien Sie erfinderisch. Was könnte Ihnen gefallen und Sie so stimulieren, dass Sie es nicht erwarten können, mit Ihrem Mann ins Schlafzimmer und ins Bett zu kommen und ein erotisches Fest miteinander zu feiern?

Im Laufe der Gespräche mit Brad und Sylvia merkte Brad übrigens, dass der sexuelle Schlüssel zu Sylvias Herz Freundlichkeit und Sanftheit waren. Und Sylvia erkannte, dass ihre Angst davor, sich mit den sexuellen Problemen in ihrer Ehe auseinanderzusetzen, die innere Gemeinschaft mit ihrem Mann verhinderte, die sie doch brauchte, um sich sexuell öffnen zu können – ein typischer Teufelskreis.

Am Ende ihres kleinen Eheseminars nahm Brad Sylvias Hand und küsste sie. Dann sagte er leise: „Jetzt weiß ich, wie du das gemeint hast vor zehn Jahren."

Sie fragte verblüfft: „Was meinst du?"

„Ich hab die ganzen Jahre nicht gewusst, was du meintest, als du sagtest, dass du die innere Verbindung mit mir suchtest. Und ich dachte, dass ich ein guter Ehemann war und dass du halt aufhören solltest, mich mit deinen Stacheln zu verletzen, und öfter Sex mit mir haben solltest."

„Ja, jetzt erinnere ich mich", sagte Sylvia. „Ich war damals so sauer. Ich fühlte mich alleingelassen. Sex mit dir war das Letzte, was ich wollte."

Brad sagte – und seine Stimme klang fast aufgeregt –: „Damals hab ich meine Zeit damit verbracht, dir Vorwürfe zu machen, dass du so grantig warst. Jetzt möchte ich, dass wir wirklich innerlich verbunden sind und unser Leben miteinander teilen."

„Und ich sehe jetzt, wie ich dir wehgetan hab, als ich deine sexuellen Bedürfnisse links liegen gelassen hab. Aber jetzt, wo ich merke, dass du mich meinst, dich für mich als Person interessierst und auf mich eingehst", sagte Sylvia, „da möchte ich dir gerne näherkommen."

Wenn Sie und Ihr Partner innerlich herzlich miteinander verbunden sind, geschieht etwas Großartiges in Ihrer Beziehung. Wenn Sie wissen, dass Ihr Mann/Ihre Frau sich wirklich für Sie interessiert, Sie achtet und wertschätzt und Ihre Nähe sucht, erhält Ihre sexuelle Intimität eine neue Dimension und Bedeutung.

5. Achten Sie auf die Schlüsselmomente.

Ein Schlüsselmoment ist wie eine Weggabelung auf der Straße Ihrer Beziehung. Die Art, wie Sie das, was Sie sagen wollen, ausdrücken – Ihre Haltung, Wortwahl, Körpersprache, Stimme und Unterton –, entscheidet darüber, in welche Richtung sich Ihr Gespräch bewegen wird. Der eine Weg ist ein positiver Weg, der Sie und Ihren Partner sich zuwenden und sich füreinander öffnen lässt. Der andere Weg ist negativ und führt dazu, dass Sie sich voreinander verschließen und abwenden. Solche Schlüsselmomente können vom einen Augenblick zum nächsten ein positives, verbindendes Gespräch negativ und verletzend werden lassen.

Wenn Sie einmal darüber nachdenken, werden Sie merken, dass Sie ständig vor solchen Schlüsselmomenten stehen, vor allem dann, wenn Sie müde und erschöpft sind, nicht recht auf Ihre Worte und Gesten achten und einfach aus dem Bauch heraus reagieren, anstatt Ihre Worte bewusst zu wählen und auf Freundlichkeit und Takt zu achten.

Hier einige Beispiele für solche Weichenstellungen, die Ihr Gespräch und Ihre Beziehung in die eine oder die andere Richtung lenken können:

1. Der Gesprächsbeginn. Wenn Sie das Gespräch negativ und kritisch-irritiert beginnen, wird Ihr Partner sehr wahrscheinlich auf ähnliche Art reagieren.

2. Die kleinen Bitten und Reaktionen. Achten Sie darauf, in welchem Ton Sie mit Ihrem Partner in den kleinen Dingen des Alltags reden, etwa wenn Sie ihn um etwas bitten, sich über etwas ärgern, es eilig haben oder ihm eben etwas sagen wollen. Stellen Sie sich vor, wie Ihr Partner Ihnen die folgenden Sätze mit einem sympathischen Lächeln und freundlicher Stimme sagt. Wie werden Sie wohl reagieren?

- „Kannst du mal zur Seite rücken?"
- „Entschuldige, du bist mir gerade im Weg!"
- „Könnte ich das hier eben fertig machen, bevor ich dir helfe?"
- „Wann hättest du mal Zeit, mir zu helfen?"
- „Kannst du mir bitte die Marmelade reichen?"

Und jetzt stellen Sie sich vor, wie Ihr Partner dieselben Sätze sagt, aber in einem ungeduldig-irritierten Tonfall und mit vielsagend gerollten Augen, gefolgt von einem tiefen Seufzer. Wie würden Sie jetzt reagieren? Wahrscheinlich gerade anders herum als bei der „freundlichen" Variante.

Wie man einen negativen Schlüsselmoment zu einem positiven wenden kann	
Was Sie meistens sagen, wenn Sie verletzt oder frustriert sind:	*Eine weniger destruktive Art, auszudrücken, was Sie wirklich fühlen:*
Du bist ja so gefühllos!	Ich brauche etwas mehr Verständnis von dir; ein liebes, Mut machendes Wort würde mir helfen.
Sei doch ruhig!	Kannst du eben mal eine Pause machen? Ich bin gerade überfordert. Kannst du das, was du gerade sagtest, noch mal anders sagen?

Das ist doch wohl nicht dein Ernst!	Deine Idee ist *eine* Möglichkeit. Ich dachte gerade an eine andere. Willst du die mal hören?
Musst du dauernd nörgeln?	Ich weiß gerade nicht, was ich mit deinen Gefühlen machen soll. Du bist mir ganz wichtig, aber momentan weiß ich nicht, was ich sagen soll.
Bist du fertig?	Ich kann nicht so schnell denken wie du. Ich kriege gerade nicht alles auf die Reihe und bräuchte mal eine Pause, bevor wir weiterreden.

Wir alle erleben Schlüsselmomente im Umgang mit unserem Ehepartner. Wenn wir diese Augenblicke negativ füllen, strahlen sie Missachtung, Irritation und Rechthaberei aus und ziehen uns in den nächsten unguten Streit hinein. Wenn wir es uns bewusster machen, was für eine Macht diese Momente haben und dass es an uns liegt, ob diese Macht negativ oder positiv ist, können wir die ganze emotionale Grundatmosphäre unserer Beziehung verändern.

Wenn in Ihrer Ehe der nächste Schlüsselmoment kommt, dann seien Sie bewusst ein sicherer Hafen für Ihren Partner. Hören Sie ihm mehr zu, versuchen Sie, die Situation durch seine Brille zu sehen, haben Sie mehr Verständnis. Entschuldigen Sie sich öfter und seien Sie schneller bereit, zu vergeben. Konzentrieren Sie sich auf das Gute an Ihrem Partner. Werden Sie spielerischer, abenteuerlustiger, liebevoller. Werden Sie offener und kreativer beim Sex. Holen Sie sich Mut und Frieden aus Ihrem Glauben an Gott und aus der Kraft des Gebets.

Sie haben es in der Hand. Sie können hier und jetzt beschließen, jeden Morgen beim Aufwachen zu sagen: „Guten Morgen, Schatz. Dies ist der Tag, den der Herr gemacht hat. Lasst uns uns freuen und fröhlich an ihm sein. Was kann ich tun, um dich heute zu unterstützen und dir Mut zu machen?"

Lasst uns einander lieben: nicht mit leeren Worten,
sondern mit tatkräftiger Liebe und in aller Aufrichtigkeit.
(1. Johannes 3,18)

Redet nicht schlecht voneinander. Was ihr sagt,
soll für jeden gut und hilfreich sein, eine Wohltat für alle. ...
Mit Bitterkeit, Jähzorn und Wut sollt ihr nichts mehr zu tun haben.
Schreit einander nicht an, redet nicht schlecht über andere,
und vermeidet jede Feindseligkeit. Seid vielmehr freundlich
und barmherzig, und vergebt einander, so wie Gott euch
durch Jesus Christus vergeben hat.
(Epheser 4,29+31-32)

Fragen und Übungen

1. Unterhalten Sie sich mit Ihrem Partner darüber, wie Sie Ihr Leben entstressen und einfacher machen können, um mehr Zeit, Raum und innere Energie für Ihre eheliche Freundschaft zu bekommen.
2. Was für Alltagsmomente gibt es, die Sie zu Ritualen ausbauen können, die Ihrer Beziehung guttun? Schreiben Sie gemeinsam auf, was Sie einander Positives sagen können, wenn Sie aufwachen, zur Arbeit gehen, nach Hause kommen und schlafen gehen.
3. Wie können Sie eine Atmosphäre schaffen, die Ihre sexuelle Beziehung verbessert? Fragen Sie Ihren Mann/Ihre Frau, was er/sie braucht, um mehr Spaß am Sex zu haben.
4. Lassen Sie die vergangene Woche Revue passieren. Wann haben Sie in ihr Schlüsselmomente erlebt, in denen Sie die Wahl hatten, negativ oder positiv zu reagieren?
5. An solchen Weggabelungen im Leben können Sie sich entscheiden. Sie können entweder mürrisch, irritiert, negativ und kritisch reagieren oder positiv, aufgeschlossen und taktvoll. Wie machen Sie es meistens? Wie können Sie Ihren Umgangston mit Ihrem Partner so ändern, dass er positiver wird?

6. Was können Sie tun, um Ihren Partner mehr zu lieben, zu achten und zu ehren?

Zum Schluss eine persönliche Anmerkung

von Dr. Sharon Morris May

Ich habe in meinem Leben festgestellt, dass Gott eine Realität ist und dass er treu ist. Ich kann ehrlich sagen, dass es in meinem Leben nichts gegeben hat, das nicht zuvor durch die Hände Gottes gegangen war, und diese Hände haben Nägelmale und sind Hände der Liebe und Gnade. Das Leben ist nicht einfach, aber inmitten unseres Schmerzes und unserer Leiden und Probleme haben wir immer eine Wahl. Wir können entscheiden, ob diese Dinge uns kaputt machen oder ob sie uns weiterbringen. Schwere Zeiten können unsere Hoffnung zerfressen, bis wir in einer Haltung der hilflosen Bitterkeit gelandet sind. Aber unser Leben kann anders werden, wenn wir es vor Gott leben.

Das Leben ist es wert, gelebt zu werden, weil Gott da ist – und das verändert alles. Weil Gott mir die Kraft gibt, habe ich den Mut zur Veränderung. Christus geht mir voran. Er gibt mir Ruhe mitten im Sturm und die Kraft, den Frieden und den Mut, das Beste aus meinem Leben zu machen.

Es ist meine Hoffnung, dass auch Sie sich Gott öffnen und das überfließende Leben bekommen, das er uns anbietet. Es ist mein Gebet, dass Sie die Hoffnung nicht aufgeben. Geben Sie die Hoffnung für Ihre Ehe, Ihren Ehepartner und Ihre Familie niemals auf!

Falls Sie Gott noch nicht kennen, möchte ich Sie einladen, das zu ändern. Lesen Sie die Bibel und ein Buch, das Ihnen erklärt, was es mit dem Christsein auf sich hat. Gott existiert und alles, was er in der Bibel sagt, ist wahr. Er kann auch Ihr Leben neu und anders werden lassen – *wie* anders, das werden Sie erfahren, wenn Sie ihn suchen, ihn kennenlernen und anfangen, an seiner Hand durch Ihr Leben zu gehen.

Sie hatten schon einmal einen Anfang mit Gott gemacht, aber sind ihm die letzte Zeit Ihres Lebens nicht gerade nahe gewesen? Dann suchen Sie ihn von Neuem. Das Leben unter dem Schutz und Schirm Gottes ist ein Leben, das sich lohnt. Sie wissen das bereits. Also: Verlieren Sie keine Zeit und kehren Sie um zu Gott. Wenn Sie ihn von Herzen suchen, wird er sich von Ihnen finden lassen. Das hat er uns verheißen. Lesen Sie dazu Jeremia 29,11-14 und Psalm 91!

Ich kenne Sie nicht persönlich, aber ich werde Sie in meine Gebete einschließen.

Sharon Morris May

> Ich bitte Gott, dass er euch aus seinem unerschöpflichen Reichtum
> Kraft schenkt, damit ihr durch seinen Geist innerlich stark werdet
> und Christus durch den Glauben in euch lebt.
> In seiner Liebe sollt ihr fest verwurzelt sein; auf sie sollt ihr bauen.
> Denn nur so könnt ihr mit allen anderen Christen
> das ganze Ausmaß seiner Liebe erfahren, die wir doch
> mit unserem Verstand niemals fassen können.
> Dann wird diese göttliche Liebe euch immer mehr erfüllen.
> (Epheser 3,16-19)

Anmerkungen

[1] Die Emotionally Focused Therapy (EFT, deutsch etwa: „emotional zentrierte Therapie") geht auf Dr. Susan Johnson und Dr. Les Greenberg zurück. Ich lernte die EFT durch Dr. Brent Bradley kennen, einen Mitstudenten in meinem Doktorandenstudium, der heute Professor an der Wesleyan University und Schüler von Dr. Susan Johnson ist. Die „Haven of Safety"-Eheseminare, die auf einer christlichen Sicht der EFT und der Beziehungstheorie aufbauen, haben das Ziel, Paaren zu helfen, ihre Streitrituale zu verstehen und zu ändern, indem sie die emotionale Komponente in ihren Beziehungen pflegen. Dieses Buch gründet in meiner Paararbeit in den „Haven of Safety"-Seminaren. Es versucht, das Streiten von Paaren durch die Brille der Beziehungstheorie zu sehen, und benutzt die in der EFT dargestellten Veränderungsschritte.

[2] Vgl. die Angaben von Neil Jacobson in seinem Buch *Reconcilable Differences*, den Bericht von Mike McManus auf dem WinShape Leaders Retreat 2004 und den Bericht von Susan Johnson auf der Konferenz in San Diego 2004.

[3] Diese Ergebnisse basieren auf Arbeiten von John Gottman.

[4] John Bowlby, *Attachment and Loss, Volume 1: Attachment* (New York: Basic Books, 1969, 1982), S. 182.

[5] Daniel Siegel, *The Developing Mind: How Relationships and the Brain Interact to Shape Who We Are* (New York: Guilford, 1999), S. 72.

[6] Die Bindungstheorie ist eine Theorie der Liebe, die darzustellen versucht, warum wir in unseren Beziehungen so lieben und leiden, wie wir das tun. Die neuere Forschung benutzt die Bindungstheorie, um die Neurobiologie der Bindungen und den Einfluss unserer frühkindlichen Beziehungen auf die Entwicklung unseres Gehirns zu untersuchen. Eine eingehende Darstellung der

Art, wie unser Aufwachsen unsere Persönlichkeit prägt, bietet: Robert Karen, *Becoming Attached: Unfolding the Mystery of the Infant-Mother Bond and Its Impact on Later Life* (New York: Warner, 1994).

[7] John Bowlby, *Attachment and Loss, Volume 2: Separation: Anxiety and Anger* (New York: Basic Books, 1973), S. 23.

[8] John Bowlby sagt, dass wir unsere schmerzlichsten und intensivsten Gefühle beim Aufbau, bei der Pflege und beim Auflösen unserer wichtigsten Bindungen bekommen.

[9] Weiteres zu diesem Thema bietet: R. Kobak, „The Emotional Dynamics of Disruptions in Attachment Relationships", in: Jude Cassidy und Philip R. Shaver, *Handbook of Attachment* (New York: Guilford Press, 1999), S. 33.